联合国维和行动：
一种公共安全产品的视角

LIANHEGUO WEIHE XINGDONG:
YIZHONG GONGGONG ANQUAN CHANPIN DE SHIJIAO

程子龙◎著

中国政法大学出版社
2024·北京

图书在版编目（ＣＩＰ）数据

联合国维和行动:一种公共安全产品的视角/程子龙著. —北京：中国政法大学出版社，2024.6

ISBN 978-7-5764-1505-6

Ⅰ.①联… Ⅱ.①程… Ⅲ.①维和行动 Ⅳ.①D813.2

中国国家版本馆 CIP 数据核字(2024)第 108200 号

出　版　者	中国政法大学出版社
地　　　址	北京市海淀区西土城路 25 号
邮寄地址	北京 100088 信箱 8034 分箱　邮编 100088
网　　　址	http://www.cuplpress.com（网络实名：中国政法大学出版社）
电　　　话	010-58908285(总编室) 58908433（编辑部）58908334(邮购部)
承　　　印	固安华明印业有限公司
开　　　本	720mm×960mm　1/16
印　　　张	15.5
字　　　数	255 千字
版　　　次	2024 年 6 月第 1 版
印　　　次	2024 年 6 月第 1 次印刷
定　　　价	69.00 元

总 序 / FOREWORD

　　四秩芳华，似锦繁花。幸蒙改革开放的春风，上海政法学院与时代同进步，与法治同发展。如今，这所佘山北麓的高等政法学府正以稳健铿锵的步伐在新时代新征程上砥砺奋进。建校 40 年来，学校始终坚持"立足政法、服务上海、面向全国、放眼世界"的办学理念，秉承"刻苦求实、开拓创新"的校训精神，走"以需育特、以特促强"的创新发展之路，努力培养德法兼修、全面发展，具有宽厚基础、实践能力、创新思维和全球视野的高素质复合型应用型人才。四十载初心如磐，奋楫笃行，上海政法学院在中国特色社会主义法治建设的征程中书写了浓墨重彩的一笔。

　　上政之四十载，是蓬勃发展之四十载。全体上政人同心同德，上下协力，实现了办学规模、办学层次和办学水平的飞跃。步入新时代，实现新突破，上政始终以敢于争先的勇气奋力向前，学校不仅是全国为数不多获批教育部、司法部法律硕士（涉外律师）培养项目和法律硕士（国际仲裁）培养项目的高校之一；法学学科亦在"2022 软科中国最好学科排名"中跻身全国前列（前 9%）；监狱学、社区矫正专业更是在"2023 软科中国大学专业排名"中获评 A+，位居全国第一。

　　上政之四十载，是立德树人之四十载。四十年春风化雨、桃李芬芳。莘莘学子在上政校园勤学苦读，修身博识，尽显青春风采。走出上政校门，他们用出色的表现展示上政形象，和千千万万普通劳动者一起，绘就了社会主义现代化国家建设新征程上的绚丽风景。须臾之间，日积月累，学校的办学成效赢得了上政学子的认同。根据 2023 软科中国大学生满意度调查结果，在本科生关注前 20 的项目上，上政 9 次上榜，位居全国同类高校首位。

　　上政之四十载，是胸怀家国之四十载。学校始终坚持以服务国家和社会需要为己任，锐意进取，勇担使命。我们不会忘记，2013 年 9 月 13 日，习近平主席在上海合作组织比什凯克峰会上宣布，"中方将在上海政法学院设立中国-上海合作组织国际司法交流合作培训基地，愿意利用这一平台为其他成员国培训司法人才。"十余年间，学校依托中国-上合基地，推动上合组织国家司法、执法和人文交流，为服务国家安全和外交战略、维护地区和平稳定作出上政贡献，为推进国家治理体系和治理能力现代化提供上政智慧。

历经四十载开拓奋进，学校学科门类从单一性向多元化发展，形成了以法学为主干，多学科协调发展之学科体系，学科布局日益完善，学科交叉日趋合理。历史坚定信仰，岁月见证初心。建校四十周年系列丛书的出版，不仅是上政教师展现其学术风采、阐述其学术思想的集体亮相，更是彰显上政四十年发展历程的学术标识。

著名教育家梅贻琦先生曾言，"所谓大学者，有大师之谓也，非谓有大楼之谓也。"在过去的四十年里，一代代上政人勤学不辍、笃行不息，传递教书育人、著书立说的接力棒。讲台上，他们是传道授业解惑的师者；书桌前，他们是理论研究创新的学者。《礼记·大学》曰："古之欲明明德于天下者，先治其国"。本系列丛书充分体现了上政学人想国家之所想的高度责任心与使命感，体现了上政学人把自己植根于国家、把事业做到人民心中、把论文写在祖国大地上的学术品格。激扬文字间，不同的观点和理论如繁星、似皓月，各自独立，又相互辉映，形成了一幅波澜壮阔的学术画卷。

吾辈之源，无悠长之水；校园之草，亦仅绿数十载。然四十载青葱岁月光阴荏苒。其间，上政人品尝过成功的甘甜，也品味过挫折的苦涩。展望未来，如何把握历史机遇，实现新的跨越，将上海政法学院建成具有鲜明政法特色的一流应用型大学，为国家的法治建设和繁荣富强作出新的贡献，是所有上政人努力的目标和方向。

四十年，上政人竖起了一方里程碑。未来的事业，依然任重道远。今天，借建校四十周年之际，将著书立说作为上政一个阶段之学术结晶，是为了激励上政学人在学术追求上续写新的篇章，亦是为了激励全体上政人为学校的发展事业共创新的辉煌。

党委书记　葛卫华教授

校　　长　刘晓红教授

2024 年 1 月 16 日

前 言 /PREFACE

　　我们仍然生活在一个不平静的世界，世界规模的战火虽然已熄灭久矣，但是地区内、国家内的暴力冲突仍此起彼伏。近年来，国际暴力冲突出现了恶化的趋势。现今的暴力冲突情况更为复杂，持续时间越来越长，涉及更多国际和地区内的非国家行为体，越来越多地与气候变化、自然灾害、网络安全和跨国有组织犯罪等全球性挑战联系在一起。预计到 2030 年，受高暴力水平影响的国家人口中将有一半以上是贫困人口，这完全违背了联合国《2030年可持续发展议程》中关于不让任何人掉队的承诺，损害了人类的福祉。国际社会一直没有放弃解决暴力冲突，联合国就是最为主要的实践者。建立在二战废墟之上的联合国，其主要目标之一是维护国际和平与安全。为实现此目标，联合国采取了制裁、调解、预防冲突、促成冲突各方达成和平、维持和平及建设和平、保持和平等一系列手段，并且将这些手段交叉或同时运用。而其中的维持和平行动[1]是目前国际社会中最为重要的冲突管理手段和工具。

　　维和行动是一项集体行动，具有公共产品的特征。本书以公共产品理论为分析框架，论证联合国维和行动作为一项国际公共安全产品所具有的独特属性，对其产品演化、生产决策、供给过程进行论述，同时对于联合国维和行动的成效进行评估，并提出改进措施。

　　第一章在介绍公共产品理论的基础上，提出联合国维和行动是一项国际联合公共安全产品，联合国维和行动兼具了国际公共安全效益和供给方的私

──────────

　　[1] 后文如不特别说明，均用"维和行动"代指。

有利益双重结果。维和行动是一种中间公共产品，维和行动作为一个整体，其中的具体任务以及相关的国际机制和规范，都是作为产生和平与安全最终结果的中间产品。同时，第一章指出一个国家内部的公共产品供给不足或不公是冲突发生和复发的根本解释变量，维和行动是改变冲突国家公共产品供给的重要手段。联合国和平行动及其联合公共安全产品的特征在预防冲突、维持和平、建设和平等和平进程的不同阶段具有不同的体现。

第二章对联合国维和行动的演化过程进行分析，指出联合国维和行动作为国际公共安全产品，在冷战前后经历了从单维型、多维型向综合型维和行动演化的过程。联合国维和行动已经从核心的维持和平阶段向前延伸至冲突预防阶段，向后延伸至建设和平阶段，形成了一条完整的和平行动链条。联合国维和行动在未来的发展过程中将出现维和规模的精简化、维和任务的治理化、维和参与方的网络化等趋势。

第三章对联合国维和行动的决策进行分析，认为联合国维和行动的决策是一种代理决策制度。联合国秘书处、安全理事会〔1〕和大会是主要的代理机构，也是维和行动的主要决策行为体，其中联合国秘书处负责维和行动的提议与执行；安理会负责行动的决议与授权；大会负责行动的审查和资金筹措。三方之间会形成一定的相互制约与监督关系。联合国维和决策具有一些弊端，从公共产品的角度来看，维和行动决策表现出的这些弊端的根本原因在于偏好差异的问题。维和行动决策结果是决策者们的偏好集聚的结果，并未真正体现消费方的所需、所想，维和行动供给中的偏好问题本质变为了决策偏好难题。

第四章对联合国维和行动的供给模式进行总结归纳。目前，国际社会已经形成了一个全球性的伙伴网络，联合国维和行动是国际多层次行为体合作以及全球公私伙伴关系的集中体现。联合国维和供给是单一最大努力型与联合努力型相结合的模式，为实现一定的目标供给水平，既需要集体会员的共同努力，也需要个别大国发挥引领作用。联合国维和行动公私兼具的联合产品属性决定了其特有的生产供给模式，维和行动供给大体形成了一种会员间分工、伙伴间协作的具体模式。第四章还从维和行动供给方、消费方，以及维和制度变迁三个角度综合解释现有供给模式的成因。

---

〔1〕 以下除个别情况，简称安理会。

　　第五章将成效作为评估联合国行动的价值标准。成效包含效率和效力两个层面，第五章采用维和行动人员授权人数与实际派遣人员间的差额、会员国缴纳维和摊款的拖欠情况作为评估维和效率的子指标；将冲突管控、国家能力作为效力的子指标，两项子指标又由多项分指标构成，从而构建了本书的评估框架。评估结果认为联合国维和行动具备一定的成效，主要表现在多数时期内，联合国都有一定的资源保障维和行动的部署与实施，同时联合国维和行动也具备一定的效力，并且其冲突管控的效力明显好于其国家能力建设的效力。不过，联合国维和行动的供给效率仍有待提升，关于维和人员、维和资金、维和行动的时效三个方面的现实表现都与对之的期许之间存在着一定的差距。本章又从集体行动困境、国际公共产品与冲突后国家国内公共产品之间的关系两个方面，来提出如何改进维和行动的效率和效力。

　　第六章选取联合国在刚果（金）的维和行动作为案例研究。本章采用的是比较分析联合国对于刚果（金）同一国别内的两次不同阶段的维和行动的案例研究方法。两次行动分别为 1999 年部署的联合国刚果（金）特派团（简称联刚特派团），与在 2010 年实现转型的联合国刚果（金）稳定特派团（简称联刚稳定团）。这两次行动是联合国在全球部署的维和行动中规模最大、任务最为复杂的多维型和综合型维和行动。本书既希望通过比较案例研究对于上述章节的理论予以佐证，又希望能进一步总结联合国维和行动存在的一些问题和改进方向。

目 录 / CONTENTS

导　论

　　我们仍然生活在一个不平静的世界，世界规模的战火虽然已熄灭久矣，但是地区内、国家内的暴力冲突仍此起彼伏。暴力冲突是现今人类社会最大的苦难和伤痛，大量的人口因冲突而伤亡、流离失所，承受着难以言喻的身心痛苦。同时，国际社会提供着大量的人力、物资遏制暴力，并提供人道主义救助。仅 2012 年，遏制暴力活动的经济成本估计为 9.46 万亿美元，相当于全球生产总值的 11%，[1]而这些资源本可以投入人类的发展事业中。暴力冲突日益成为实现 2030 年可持续发展目标的一大障碍。近年来，国际暴力冲突出现了恶化的趋势。2016 年，经历暴力冲突的国家比近 30 年来任何时候都多，与战争相关的死亡人数比 2005 年冷战后的最低点增加了 10 倍，恐怖袭击和死亡人数也在过去 10 年大幅上升。[2]现今的暴力冲突情况更为复杂，持续时间越来越长，涉及更多国际和地区内的非国家行为体，越来越多地与气候变化、自然灾害、网络安全和跨国有组织犯罪等全球性挑战联系在一起。预计到 2030 年，受高暴力水平影响的国家人口中将有一半以上是贫困人口，这完全违背了联合国《2030 年可持续发展议程》中关于不让任何人掉队的承诺，损害了人类的福祉。

　　国际社会一直没有放弃解决暴力冲突，联合国就是最为主要的实践者。建立在二战废墟之上的联合国，其主要目标之一是维护国际和平与安全。为实现此目标，联合国采取了制裁、调解、预防冲突、促成冲突各方达成和平、

---

　　〔1〕 See World Bank, United Nations, *Pathways for Peace：Inclusive Approaches to Preventing Violent Conflict*, Washington, DC, 2018, p. 70.

　　〔2〕 See World Bank, United Nations, *Pathways for Peace：Inclusive Approaches to Preventing Violent Conflict*, Washington, DC, 2018, p. xvii.

维持和平及建设和平、保持和平等一系列手段，并且将这些手段交叉或同时运用。而其中的维持和平行动是目前国际社会中最为重要的冲突管理手段和工具。自冷战初期维和行动创造性地介入了中东地区冲突起，国际冲突中经常能看见联合国维和行动的身影。联合国维和行动随着冷战格局以及国际冲突形势的变化而有所发展。从早期执行单一任务的单维型维和行动，转化为冷战后的多维型行动，到如今多元行为体参与的综合型维和行动，维和行动被赋予了更多的职责去维持甚至是创造和建造和平，同时也承担着更加沉重的国际社会的期待。然而，联合国维和行动并非最为有效的国际冲突管理工具。关于维和行动的成效、维和行动自身的合法性以及维和人员的不端行为，国际社会一直存在着争议与诟病。不过，迄今为止，联合国维和行动仍是最难以替代的冲突管理方式，以联合国为主导的国际维和行动仍具有一定的优势，失去联合国维和行动的国际社会，也许会更加不安。

一、提出问题

因此，关键的问题并非寻求新的工具替代联合国维和行动，而是如何确保联合国维和行动能够富有成效并得到更多的政治支持。首先，从维和行动的现状来看，维和行动整体规模呈不断扩大的趋势。截至 2017 年，全球正在部署和开展 16 项维和行动，而执行维和任务的警察和军事人员从 2000 年的 3.4 万人增至 2017 年 8 月的 9.4 万人，增加了近两倍。虽然维和人员数量有所扩大，但是现今的冲突环境较之以往更为复杂，维和任务也有所扩展，维和人员在履行基本职责的基础上，还应有能力进行自卫，并且执行人道主义救援和建设和平的工作，现有的维和人员规模仍难以胜任维和任务。到 2016 年，维和任务的总成本已攀升至每年近 80 亿美元，然而维和行动仍是最经济的手段。维和行动的总体开支仅占全球管控暴力冲突支出的 1%[1]，不足全球军费支出的 5%[2]，也就意味着维和行动的人员和资金的供给和支出与现实需求相比仍存在不足。同时，不同国家和地区对维和行动的贡献态度也呈

---

〔1〕 See World Bank, United Nations, *Pathways for Peace: Inclusive Approaches to Preventing Violent Conflict*, Washington, DC, 2018, p. 71.

〔2〕 See United Nations Peacekeeping, https://peacekeeping. un. org/en/how-we-are-funded, last access on June 8, 2019.

现显著的差异。目前，前十大维和人员派出国均是发展中国家。发达国家和地区不仅减少了对于维和人员的提供，而且还意图削减对于维和经费的支持。诚然，不同国家和地区会因对于冲突的利益攸关程度不同、国家（地区）的资源禀赋差异、政策选择偏好等因素而产生不同的冲突管控手段，而且国家（地区）自利的特性决定了国家和地区会优先选择投入自身的军事实力而不是选择参与集体行动。显然，国家和地区在自助和他助之间存有踌躇。在所有管控暴力冲突的工具箱中，制裁的有效性已经饱受诟病，[1]预防性外交手段的重要性尚未得到应有的重视，而国家和地区自助又要承担过高的成本。既然维和行动是最为重要和经济的冲突管理手段，那么现实中的国际社会为什么无法投入足够的资源用于维和行动，为什么维和行动仍无法达到预期成效？这是本书试图回答的核心问题。

为回答该问题必然要回归到维和行动的本质属性。有别于国家和地区的自助手段，维和行动是一项集体行动，具有公共产品的特征。那么应该通过公共产品的视角来解读，为什么会存在维和行动供给和需求之间的明显赤字和决策差异呢？进一步来看，维和当事方支持维和行动的动因有哪些，尤其是维和行动贡献方提供维和人员和资金的动力是什么，维和策略是如何制定的，维和机制的变化对于维和供给与政策制定有何种影响？对于上述问题的回答零星散落在现有的研究中。从既有的分析框架来看，学界目前对维和行动的讨论总体围绕着国际社会对于维和行动的态度、维和行动资源匹配程度、维和行动策略三个方面来进行。但多数研究仅突出其中的某项条件，鲜有研究采用综合的分析框架。实际上，三个问题间具有紧密的逻辑。只有在国际社会支持维和行动，特别是维和供给方支持时，维和行动才会得到充分的资源配给，维和授权才能得到有效执行。为回答上述问题，需要具备三者兼顾的分析框架。鉴于此，本书试图构建一个综合性分析框架，系统地论述和回答联合国维和行动的成效问题，并且认为通过公共产品的理论视角，可以探索出兼容上述问题的新的分析路径。

---

[1] See Robert A. Pape, "Why Economic Sanctions Do Not Work", *International Security*, Vol. 22, No. 2, 1997, pp. 90-136; Dursun Peksen, "Better or Worse? The Effect of Economic Sanctions on Human Rights", *Journal of Peace Research*, Vol. 46, No. 1, 2009, pp. 59-77.

二、文献回顾

关于联合国维和行动研究大致可以分为集体安全机制、维和机制的改革、维和行动与冲突管理和安全治理、维和行动的法理和规范、维和行动的成效研究、维和行动的国别研究、维和行动的国际公共安全产品视角这七个方面。

（一）联合国维和行动与集体安全机制

建立在二战废墟上的联合国，被国际社会寄予了维持世界和平与安全的厚望。而联合国的集体安全机制正是新的国际和平与安全秩序的重要支柱。然而，在冷战格局下，联合国集体安全机制因为美苏大国间的对立，无法发挥其作用。为解决地区性冲突，避免美苏两个超级大国间的直接对峙，联合国维和行动成为解决地区冲突的一个创新手段，也是联合国在冷战期间无法实现其集体安全目标情况下的折中办法和替代方案。[1] 有些学者认为，联合国维和机制成为联合国集体安全机制体系的重要组成部分和行动机制，充分体现了联合国对国际和平与安全的庄严承诺。[2] 维和行动之所以是一项创新性的国际安全机制，是因为联合国在维和实践中形成了一定的原则、准则、规范和决策程序，这些构成了联合国维和机制。[3] 联合国维和机制的创新表现在主导原则的创新、基本原则和规范的创新、决策程序的创新、军队作用和职能的创新以及组织职能的创新等。[4] 有部分学者持否定的观点，认为联合国维和行动与集体安全机制并非完全一致。夏路指出，联合国维和的定义与集体安全概念存在偏离，已经突破了集体安全的范畴，更接近于国际危机管理的性质。[5] 聂军认为，联合国维和行动之所以不是集体安全行为，是因为其与集体安全行动具有不同的成功条件，并通过集体安全的要义将两者进

---

〔1〕 See William J. Durch, "Building on Sand: UN Peacekeeping in the Western Sahara", *International Security*, Vol. 17, No. 4, 1993, p. 151.

〔2〕 参见门洪华：《联合国维和机制的创新》，载《国际问题研究》2002 年第 6 期。

〔3〕 参见聂军：《联合国维和与集体安全辨析》，载《欧洲研究》2005 年第 3 期。

〔4〕 参见门洪华：《和平的纬度：联合国集体安全机制研究》，上海人民出版社 2002 年版，第 296~307 页。

〔5〕 参见夏路：《联合国维和：集体安全?》，载《国际政治研究》2006 年第 3 期。

行了区分。[1]米尔斯海默则认为，维和行动也不是集体安全的弱化版本，相反，它是促进稳定的、不那么雄心勃勃的替代性选择。[2]

（二）联合国维和机制的改革

关于联合国维和机制的改革研究大致包括：机制改革的内容、改革动因和改革过程中存在的问题三个方面。联合国维和行动正在发生重大变革：一是"联合国维和行动"改称为"联合国和平行动"，维和行动内容逐渐综合化、行动范围扩大；二是重视发挥地区组织在维和行动中的作用；三是坚持性别平等。[3]维和机制的改革一方面是因为国际形势的发展和变化，另一方面是源于对现实问题的反思，主要包括联合国维和行动的能力、效力和国际社会贡献三方面的问题。[4]维和机制改革涉及多方面内容，"维和原则、维和法典与维和资源问题是维和机制改革的主要焦点，维和组织机制的改革是维和机制改革的首要问题。[5]"构建联合国维和伙伴关系特别是与非洲的伙伴关系，是联合国维和改革的重要方向，也是提升联合国非洲维和有效性的重要方式。[6]不过维和机制改革过程中存在大量问题和挑战，主要概括为"当前维和行动的常态化与大国化倾向对联合国维和机制的改革提出了新的挑战"[7]，维和机制涉及联合国会员国的国家主权与联合国对地区安全的干预权之间的

---

〔1〕　参见聂军：《冲突中的守望——联合国维和行动成功条件研究》，世界知识出版社 2011 年版，第 75~80 页。

〔2〕　See John J. Mearsheimer, "The False Promise of International Institutions", *International Security*, Vol. 19, No. 3, 1994, p. 34.

〔3〕　参见蒋振西：《大变革中的联合国维和行动与中国的参与》，载《和平与发展》2018 年第 2 期；[加拿大] 罗纳德·哈托著，李强译：《从维持和平到建设和平：和平行动中联合国作用的发展与演变》，载《红十字国际评论——多国行动与法律》2015 年；张永义、周琦：《联合国维和机制改革问题析论》，载《湘潭大学学报（哲学社会科学版）》2009 年第 1 期。

〔4〕　参见赵磊：《联合国维和行动改革及各方回应》，载《中国党政干部论坛》2011 年第 10 期。

〔5〕　张永义、周琦：《联合国维和机制改革问题析论》，载《湘潭大学学报（哲学社会科学版）》2009 年第 1 期。

〔6〕　参见周玉渊：《非洲维和伙伴关系：联合国维和改革与中国的角色》，载《外交评论（外交学院学报）》2018 年第 2 期；卢张哲、濮方圆：《试析区域主导型维和行动对非洲恐怖主义威胁之应对》，载《武警学院学报》2016 年第 9 期；Cedric de Coning, Mateja Peter eds., *United Nations Peace Operations in a Changing Global Order*, Palgrave Macmillan, 2019.

〔7〕　张永义、周琦：《联合国维和机制改革问题析论》，载《湘潭大学学报（哲学社会科学版）》2009 年第 1 期。

深刻矛盾。[1]新的问题是联合国现有的内部安全管理系统对维和中安全风险的理解存在误区等。[2]

（三）联合国维和行动与冲突管理和安全治理

维和行动的设立初衷是管控地区性冲突，预防冲突恶化，因此被视为一种国际冲突管理手段和工具。[3]唐永胜指出，联合国维和行动处在外交手段和强制手段的折中地带，更接近二战后冲突管理的本质。[4]何曜认为，维和行动是指通过联合国体制来实施的一种冲突管理形式，它包括冲突预防、冲突调解和冲突解决三个层次，包括预防性外交、建立和平、维持和平、强制执行和平以及冲突后缔造和平这一系列相互联系又有所区别的手段的综合运用。[5]随着安全局势的不断变化，维和行动也进行着渐进的发展和调整，并被赋予了更多的任务与期许。维和任务从单一的军事行动，向政治、法治、社会、经济等不同领域发展，逐渐演变为综合安全治理手段。特别是维和行动对于冲突中的平民保护职责，与安全治理间有密切的联系，是安全治理的重要一部分。[6]"联合国维和行动概念与安全治理概念日益接近。"[7]维和行动已然成为一种国际安全治理行为。[8]维和行动从最早的管理国家（地区）间冲突，到管理国家（地区）内部冲突和人的安全，直到今天发展成为管理冲突后国家（地区）的全面建设与和平。联合国维和行动已经成为全球安全治

---

〔1〕 参见黄仁伟：《冷战后联合国维和机制改革的影响及其与国家主权的冲突》，载《上海社会科学院学术季刊》1995 年第 4 期；徐纬地：《摇摆与彷徨中的探索——联合国维和行动面临的困难与挑战》，载《世界经济与政治》2005 年第 5 期；刘丹：《联合国维和行动的困境及前景》，时事出版社2015 年版；陈东晓主编：《全球安全治理与联合国安全机制改革》，时事出版社 2012 年版。

〔2〕 参见何银：《反思联合国维和行动中的安全风险及应对》，载《世界经济与政治》2018 年第5 期；胡二杰：《联合国马里维和行动的反恐挑战与成就》，载《当代世界》2016 年第 7 期。

〔3〕 参见陆建新等：《国际维和学》，国防大学出版社 2015 年版；扈大威：《冷战后国际关系中的冲突预防》，世界知识出版社 2018 年版。

〔4〕 参见唐永胜：《联合国维和机制的演变及决定其未来走势的主要因素》，载《世界经济与政治》2001 年第 5 期。

〔5〕 参见何曜：《联合国维和行动：冲突管理的理论框架分析》，载《欧洲》2000 年第 2 期。

〔6〕 参见李东燕：《从平民保护到安全治理——加强联合国与所在国政府及民间组织的合作》，载《国际安全研究》2014 年第 3 期；Cedric De Coning, "Adaptive Peacebuilding", *International Affairs*, Vol. 94, No. 2, 2018, pp. 301-317.

〔7〕 李东燕：《中国国际维和行动：概念与模式》，载《世界经济与政治》2018 年第 4 期。

〔8〕 参见陈楷鑫：《联合国维和行动：一种全球安全治理的视角》，复旦大学 2018 年博士学位论文。

理的一项重要活动。[1]而中国积极参与联合国维和行动是扩大中国参与全球安全治理的形式。[2]

（四）联合国维和行动的法理和规范

作为冷战期间解决冲突的创新手段，维和行动在《联合国宪章》中没有明确的规定作为指导，但这并不意味着联合国维和行动缺乏法理依据。然而，维和行动发展至今尚未形成比较完整规范的国际制度。[3]学界对于已经产生的规范仍有争论。在维和行动的各项原则和规范中，争议较大的是"人权保护"和"武力使用"两项原则和规范。关于维和行动中的"人权保护"原则，随着国际人权运动的发展、联合国安全观的变化以及国际安全的现实促使冷战后联合国维和行动增加了保护人权的职责。[4]"人权保护"，或是"保护平民"，已经成为联合国维和行动的核心职能，然而并没有系统的证据来证明维和行动一定会起到保护平民的作用。[5]这主要是因为不同行为体对于"保护平民"概念和"保护的责任"原则存在异议。从某种程度上说，人道、人权以及维和团体所建构的"保护平民"的概念各自发展演变，导致各方对相关的规范性依据、实质内容和责任的理解不同。[6]联合国维和行动中的保护平民议程和"保护的责任"具有明确的区分，但随着武装团体蓄意攻击当地民众，使基于"保护的责任"的强制行动和保护平民的强力维和，在概念和行动上的区别变得模糊。[7]这就涉及维和行动中的武力使用问题。维和行动的本质是一种维护世界和平的政治手段，但是维和行动并不排斥武力，武力使用伴随维和行动发展而不断演变，对武力使用的谈论，应从"应不应该

〔1〕　参见张逸潇：《从管理冲突到管理和平——联合国维和行动与冲突后国家的安全治理》，载《国际安全研究》2015 年第 1 期。

〔2〕　参见李东燕：《全球安全治理与中国的选择》，载《世界经济与政治》2013 年第 4 期。

〔3〕　参见盛红生：《联合国维持和平行动法律问题研究》，时事出版社 2006 年版；唐永胜：《联合国维和机制的演变及决定其未来走势的主要因素》，载《世界经济与政治》2001 年第 5 期。

〔4〕　参见孙洁琬：《冷战后联合国维和行动与人权保护职责探究》，载《扬州大学学报（人文社会科学版）》2016 年第 2 期。

〔5〕　See Lisa Hultman, Jacob Kathman, Megan Shannon, "United Nations Peacekeeping and Civilian Protection in Civil War", *American Journal of Political Science*, Vol. 57, No. 4, 2013, pp. 875-891.

〔6〕　参见［澳］海迪·威尔莫特、斯科特·希兰著，丁玉琼译：《联合国维和行动中保护平民的职责：调和保护的概念与实践》，载《红十字国际评论——多国行动与法律》2015 年。

〔7〕　参见［澳］萨拉·泰特著，杨宏译：《"保护的责任"与中国的联合国维和政策》，载《国际政治研究》2017 年第 4 期。

使用"转到"该如何使用"上。[1]若武力使用不当，从长期来看，会对联合国公正仲裁者的形象造成不利影响。[2]针对联合国维和行动中频繁授权使用武力与武力使用规范模糊性之间的矛盾，有学者指出，这是联合国部分会员小范围的"集体维护"（group-preserving）行为。[3]还有学者认为联合国在借用规范的模糊性来维护其中立的地位和身份。[4]从国际法的角度看，维持和平行动的中立性及其对武力使用的合法性并不影响或者排除国际人道法对其的适用，在联合国维持和平行动不仅介入了冲突当事方之间的武装冲突并且还使用了武力的情况下，国际人道法应当得以对其使用，但仅国际人道法的普遍性原则和精神得以适用于维持和平行动。[5]鉴于此，中国学者提出了"发展和平"的规范理论，并认为"自由和平"和"发展和平"两个和平规范之间存在相互学习和互为补充的趋势。[6]

(五) 联合国维和行动的成效研究

联合国维和行动是否能实现其指定的任务目标是个极为重要的问题。对于联合国 70 年间 70 多项维和行动的评价可谓毁誉参半，其中诚然会有评判标准的差异，并且对于维和行动的成功与否也很难给出明确的评价方法。但总体来看，维和行动仍是解决冲突最为重要的手段，主要是因为维和行动可以平衡冲突方之间的战略优势、阻碍武装行动。[7]评估维和行动成效的一个

---

〔1〕 参见陈楷鑫、张贵洪：《联合国维和行动武力使用规范的思考》，载《湘潭大学学报（哲学社会科学版）》2018 年第 1 期；汤蓓：《规则制定与联合国维和部队武力使用》，载《世界经济与政治》2015 年第 3 期。

〔2〕 See John Karlsrud, "The UN at War: Examining the Consequences of Peace-enforcement Mandates for the UN Peacekeeping Operations in the CAR, the DRC and Mali", *Third World Quarterly*, Vol. 36, No. 1, 2015, pp. 40-54.

〔3〕 See Lise M. Howard, Anjali K. Dayal, "The Use of Force in UN Peacekeeping", *International Organization*, Vol. 72, No. 1, 2018, pp. 71-103.

〔4〕 See Marion Laurence, "An 'Impartial' Force? Normative Ambiguity and Practice Change in UN Peace Operations", *International Peacekeeping*, Vol. 26, No. 3, 2019, pp. 256-280.

〔5〕 参见蒋圣力：《论国际人道法在联合国维持和平行动中的适用》，载《西部法学评论》2018 年第 2 期；蒋圣力：《联合国维持和平行动法律问题研究》，法律出版社 2019 年版。

〔6〕 参见何银：《规范竞争与互补——以建设和平为例》，载《世界经济与政治》2014 年第 4 期。

〔7〕 See Kyle Beardsley, Kristian Skrede Gleditsch, "Peacekeeping as Conflict Containment", *International Studies Review*, Vol. 17, No. 1, 2015, pp. 67-89; Virginia Page Fortna, *Does Peacekeeping Work? Shaping Belligerents' Choices after Civil War*, Princeton University Press, 2008.

主要难点在于维和行动间的差异性。不同的冲突形势需要不同任务的维和行动。但学者们仍总结出了一些笼统的维和行动成功标准，即冲突的控制和冲突的解决[1]，以及能确保维和行动成功的条件，例如大国对维和行动的一致支持、冲突方的同意、冲突中不含有领土和种族因素、适当的维和策略、维和行动的部署时机等。[2]有部分学者对于维和行动持负面态度，认为其积极影响微不足道，有时候甚至事与愿违。[3]也有学者认为维和行动是"有组织的伪善"（organized hypocrisy），在面对冲突压力时，国际组织的言行往往自相矛盾。[4]对于维和行动的批评，一方面体现在维和行动没有采取有效的策略、配备适当的资源应对冲突；[5]另一方面，维和行动并不了解、适应冲突地区的情况，并没有重视维和行动的"地方所有权"（local ownership）。[6]再

　　〔1〕　See Paul F. Diehl, *International Peacekeeping*, Johns Hopkins University Press, 1994；[美] 保罗·F. 戴尔、丹尼尔·德鲁克曼著，聂军译：《和平行动的评价》，知识产权出版社2013年版。

　　〔2〕　参见张逸潇：《大国政治意愿对联合国维和行动的影响》，载《武警学院学报》2015年第11期；聂军：《联合国维和行动成功的条件》，载《国际政治科学》2008年第2期；刘丹：《联合国维和行动的困境及前景》，时事出版社2015年版；Virginia Page Fortna, "Does Peacekeeping Keep Peace? International Intervention and The Duration of Peace After Civil War", *International Studies Quarterly*, Vol. 48, No. 2, 2004, pp. 269–292；Lise M. Howard, *UN Peacekeeping in Civil Wars*, Cambridge University, 2008.

　　〔3〕　See Paul Diehl et al., "United Nations Intervention and Recurring Conflict", *International Organization*, Vol. 50, No. 4, 1996, pp. 683–700；Benjamin Reilly, "Political Parties and Post-Conflict Peacebuilding", *Civil Wars*, Vol. 15, No. S1, 2013, pp. 88–104；Szymon Stojek, Jaroslav Tir, "The Supply Side of United Nations Peacekeeping Operations: Trade Ties and United Nations-Led Deployments to Civil War States", *European Journal of International Relations*, Vol. 21, No. 2, 2015, pp. 352–376.

　　〔4〕　See Michael Lipson, "Peacekeeping: Organized Hypocrisy?", *European Journal of International Relations*, Vol. 13, No. 1, 2007, pp. 5–34.

　　〔5〕　See Lisa Hultman, "UN Peace Operations and Protection of Civilians: Cheap Talk or Norm Implementation?", *Journal of Peace Research*, Vol. 50, No. 1, 2013, pp. 59–73；Lisa Hultman, Jacob Kathman, Megan Shannon, "United Nations Peacekeeping and Civilian Protection in Civil War", *American Journal of Political Science*, Vol. 57, No. 4, 2013, pp. 875–891.

　　〔6〕　See Séverine Autesserre, *Peaceland-Conflict Resolution and the Everyday Politics of International Intervention*, Cambridge University Press, 2014；Cedric de Coning, "From Peacebuilding to Sustaining Peace: Implications of Complexity for Resilience and Sustainability", *Resilience*, Vol. 4, No. 3, 2016, pp. 166–181；Marika Theros, "Understanding Local Ownership in Peacebuilding Operations in Afghanistan", *Friedrich Ebert Stiftung*, 2012；Gearoid Millar, "Disaggregating Hybridity: Why hybrid Institutions do not Produce Predictable Experiences of Peace", *Journal of Peace Research*, Vol. 51, No. 4, 2014, pp. 501–514；Oliver P. Richmond, "Resistance and the Post-liberal Peace", *Millennium-Journal of International Studies*, Vol. 38, No. 3, 2010, pp. 665–692.

者，维和人员的性别平衡也被视为影响维和成效的一个关键因素。[1]近年来，增加女性维和人员比例，也成为联合国维和行动改革的一项重要内容。提升维和成效的另一项重要改革内容是构建全球伙伴关系，其中地区组织是联合国维和行动的重要伙伴。[2]但随着地区组织维和自主性的不断加强，联合国与地区组织之间的关系越发复杂，合作机制有待加强。而联合国与非洲联盟（以下简称非盟）之间的伙伴关系建设则成为重点。[3]为了提高维和行动部署的效率并消减成本，一些维和内容还会外包给一些私人企业，维和行动已不仅仅是一种国际组织和国家行为。[4]随着维和行动内容不断扩展，维和行动中逐渐增加了民事任务的内容，这就为一些非政府组织参与维和行动提供了空间，然而，非政府组织参与维和行动是否能够缓解冲突，存在着很大的争议。[5]

---

〔1〕 See Sabrina Karim, Kyle Beardsley, "Explaining Sexual Exploitation and Abuse in Peacekeeping Missions: The Role of Female Peacekeepers and Gender Equality in Contributing Countries", *Journal of Peace Research*, Vol. 53, No. 1, 2016, pp. 100-115; Dyan Mazurana, Angela Raven-Roberts, Jane Parpart eds., *Gender, Conflict, and Peacekeeping*, Lanham: Rowman & Littlefield Publishers, 2005.

〔2〕 参见王媚：《冷战后联合国与区域组织在和平行动实践上的关系及对中国的启示》，载《联合国研究》2014 年第 1 期；仪名海：《联合国和区域组织在解决地区冲突中相互关系初探》，载《前沿》2000 年第 5 期；Paul D. Williams, Arthur Boutellis, "Partnership Peacekeeping: Challenges and Opportunities in the United Nations-African Union Relationship", *African Affairs*, Vol. 113, No. 451, 2014, pp. 254-278; Alex J. Bellamy, Paul D. Williams, "Who's Keeping the Peace? Regionalization and Contemporary Peace Operations", *International Security*, Vol. 29, No. 4, 2005, pp. 157-195; Paul D. Williams, "Global and Regional Peacekeepers: Trends, Opportunities, Risks and a Way Ahead", *Global Policy*, Vol. 8, No. 1, 2017, pp. 124-129.

〔3〕 参见周琦、陈楷鑫：《联合国在非洲的维和行动与非盟的伙伴地位浅析》，载《当代世界与社会主义》2014 年第 6 期；周玉渊：《非洲维和伙伴关系：联合国维和改革与中国的角色》，载《外交评论（外交学院学报）》2018 年第 2 期；程子龙：《联合国、非盟和中国：基于非洲和平安全架构合作的和平伙伴关系》，载《国际关系研究》2018 年第 2 期；Paul D. Williams, Arthur Boutellis, "Partnership Peacekeeping: Challenges and Opportunities in the United Nations-African Union Relationship", *African Affairs*, Vol. 113, No. 451, 2014, pp. 254-278.

〔4〕 See Christopher Spearin, "Between Public Peacekeepers and Private Forces: Can there be a Third Way?", *International Peacekeeping*, Vol. 12, No. 2, 2005, pp. 240-252; Oldrich Bures, "Private Military Companies: A Second Best Peacekeeping Option?", *International Peacekeeping*, Vol. 12, No. 4, 2005, pp. 533-546; Åse Gilje østensen, "In the Business of Peace: The Political Influence of Private Military and Security Companies on UN Peacekeeping", *International Peacekeeping*, Vol. 20, No. 1, 2013, pp. 33-47.

〔5〕 See Henry F. Carey, "Conclusion: NGO Dilemmas in Peace Process", *International Peacekeeping*, Vol. 10, No. 1, 2003, pp. 172-179; Francis Kofi Abiew, Tom Keating, "NGOs and UN Peacekeeping Operations: Strange Bedfellows", *International Peacekeeping*, Vol. 6, No. 2, 1999, pp. 89-111; Francis Kofi Abiew, "NGO-Military Relations in Peace Operations", *International Peacekeeping*, Vol. 10, No. 1, 2003, pp. 24-39.

近些年来，有部分学者开始采用田野调研的方法评估维和建和行动的成效。比较具有代表性的是由挪威国际事务研究所（Norwegian Institute of International Affairs）的高级研究员塞德里克·考宁（Cedric de Coning）牵头的"和平行动成效评估网络（Effectiveness of Peace Operations Network，EPON）"项目。该项目汇聚了全球范围内的维和建和问题专家和从业者，针对部队的维和任务组建相应的专家团队，通过实地参访、问卷、访谈的形式，目前已对刚果（金）、南苏丹和马里的维和行动进行了评估。其评估报告已成为研究维和行动成效问题的重要参考。

（六）联合国维和行动的国别研究

联合国维和行动的成功与否很大程度上依赖于会员国的支持。不过，会员国参与联合国维和行动的动机和立场不尽相同。不同国家，特别是大国的参与，对于维和行动的影响也有所不同。这便需要大量的关于联合国维和行动的国别研究，尤其是关于重要大国的研究。目前的研究多集中在美国、欧盟国家、其他中等强国，分别探讨了这些国家的维和动机和政策演变，以及对于维和行动成效影响等内容。[1]近些年来，中国对于联合国的维和贡献却在不断上升，开始逐渐转向了引领的角色。参与联合国维和行动是中国积极开展多边外交的体现[2]，是新中国军事外交的重要形式[3]，也是中国外交的一种"创造性介入"[4]。关于中国参与联合国维和行动研究有三个热点议

---

〔1〕　参见况守忠：《美国维和行动研究》，中国社会科学出版社 2012 年版；赵磊：《冷战后美国维和政策的演变及特征》，载《美国研究》2011 年第 4 期；余凯等：《试析冷战后美国维和行动政策的演变及未来走向》，载《南京政治学院学报》2010 年第 1 期；陈鲁直：《美国与冷战后的联合国维持和平行动》，载《国际问题研究》2001 年第 2 期；刘铁娃：《中美联合国维和行动比较与合作空间分析》，载《国际政治研究》2017 年第 4 期；李廷康：《美国通过联合国安理会授权使用武力问题研究——基于委托—代理理论》，载《国际关系研究》2018 年第 1 期；贺建涛：《中等强国在联合国维和行动中地位边缘化的根源——以加拿大为例》，载《外交评论（外交学院学报）》2013 年第 4 期；简军波：《欧盟参与联合国全球治理——基于"冲突性依赖"的合作》，载《欧洲研究》2013 年第 2 期；赵磊：《日本参与联合国维和行动的历史脉络及特征分析》，载《教学与研究》2012 年第 3 期；张晓磊：《日本参与联合国维和行动的新变化与战略动机分析》，载《东北亚学刊》2017 年第 2 期。

〔2〕　参见庞森：《改革开放与中国的多边外交政策》，载《世界经济与政治》2008 年第 11 期；赵磊：《建构和平：中国对联合国外交行为的演进》，九州出版社 2007 年版。

〔3〕　参见杜农一等：《新中国军事外交与国际维和研究》，国防大学出版社 2015 年版；赵磊等：《中国参与联合国维持和平行动的前沿问题》，时事出版社 2011 年版。

〔4〕　参见王逸舟：《中国维和应"创造性介入"》，载《中国报道》2010 年第 2 期。

题：中国对维和态度的变化，中国扩大参与联合国维和行动的动机，中国对维和机制的影响。[1]首先，中国对联合国维和行动的态度从谨慎、不参与，逐步发展为关注和深入地介入[2]；其次，中国参与联合国维和行动的动机包括履行大国责任、提高国际形象、提升国家实力、加速军队现代化、维护海外利益、建设和谐世界等；[3]再其次，中国的参与产生了广泛的影响，中国参与联合国维和行动是有效参与全球公共产品和区域公共产品供给的重要示范；[4]最后，中国的参与，会对现有的西方主导的维和规范进行修正。正如有学者指出的，西方的自由主义和平规范主导着联合国和平行动，中国和平崛起的实践经验蕴含被称作发展和平的规范，发展和平弥补了自由和平的不足，两种和平规范可以互补共生。[5]然而，中国参与联合国维和行动仍存在一些问题和挑战，以及有待完善的空间。一是关于中国面临的问题和挑战，有学者认为，"多主体共同参与的和平行动、联合国对维持和平行动的修正以及中国维和行动的自身不足，成为中国参与联合国维和行动的主要障碍"[6]。二是中国在非洲维和引发的外界对中国意图的警惕和忧虑。[7]三是盛红生指出中国参加联合国维和行动的国内法依据仍有待完善的问题。现今的国内法律依据主要有宪法、其他法律（国防基本法）和军事法规等，但具体法律规范仍不能满足需要。根据《中华人民共和国宪法》和《中华人民共和国立法法》制定专门适用于中国参加联合国维持和平行动等国际维和行动的法律既有必要性又具备可行性。[8]此外，何银提出中国维和实得话语权不足。他认为会员国在联合国维和事务中的话语权可以分为应得话语权和实得话语权，"尽管中国是安理会常任理事国和支持联合国维和事务的中坚力量，但是在维

---

〔1〕 参见孟文婷：《中国参与联合国维和行动的研究述评》，载《国际政治研究》2017年第4期。

〔2〕 参见［新西兰］马克·兰泰尼著，程子龙译：《试析中国维和观念的演变》，载《国际政治研究》2017年第4期。

〔3〕 参见赵磊等：《中国参与联合国维持和平行动的前沿问题》，时事出版社2011年版。

〔4〕 参见吴志成、李金潼：《国际公共产品供给的中国视角与实践》，载《政治学研究》2014年第5期。

〔5〕 参见何银：《发展和平：联合国维和建中的中国方案》，载《国际政治研究》2017年第4期。

〔6〕 吕蕊：《中国联合国维和行动25年：历程、问题与前瞻》，载《国际关系研究》2015年第3期。

〔7〕 赵磊：《"为和平而来"——解析中国参与非洲维和行动》，载《外交评论（外交学院学报）》2007年第1期。

〔8〕 参见盛红生：《中国参与联合国维持和平行动的国内法依据》，载《法学评论》2018年第1期。

和事务中的实得话语权排名远远落后于应得话语权排名"[1]。李东燕提出，中国应在坚持传统维和原则的基础上发挥传统领域优势，同时扩大非传统领域的参与，拓展与非传统行为体之间的合作关系，中国对于国际维和行动从概念上应该有新的认知，在模式上应该随着维和行动的发展而调整。[2]总之，"中国参与联合国维和行动是一个持续不断的学习实践过程。伴随着联合国维和行动自身的发展演变，中国参与维和行动的学习实践重塑了中国对联合国维和行动的认知，进而建构和重构了其对维和行动的身份认同，并在与联合国维和行动正向演变的互动中实现了从形式、分配到价值承认的身份承认转变。"[3]中国的维和之路仍在不断前进之中。

（七）联合国维和行动的国际公共安全产品视角

国际公共产品是公共产品向国际领域的延伸。奥尔森（Mancur Olson）、鲁塞特（Bruce M. Russett）等人是较早运用公共产品概念解释国际问题的学者，在 1966 年以北大西洋公约组织（NATO）（以下简称北约）等国际组织为案例进行研究。奥尔森在 1971 年最早使用了"国际公共产品"的概念，在国际公共产品理论框架内探讨了如何激励国际合作的问题。[4]金德尔伯格（Charles P. Kindleberger）较早地运用公共产品概念解释国际体系的稳定问题。他认为在国际社会中同样存在着公共产品，并以此奠定了霸权稳定论的基础。[5]桑德勒（Todd Sandler）是研究国际公共产品的又一重要学者，他的一系列研究将国际公共产品理论扩展至了更为广泛的领域。[6]1999 年，考尔

---

〔1〕　何银：《联合国维和事务与中国维和话语权建设》，载《世界经济与政治》2016 年第 11 期。

〔2〕　参见李东燕：《中国参与联合国维和建和的前景与路径》，载《外交评论（外交学院学报）》2012 年第 3 期；李东燕：《中国国际维和行动：概念与模式》，载《世界经济与政治》2018 年第 4 期。

〔3〕　冯继承：《中国参与联合国维和行动：学习实践与身份承认》，载《外交评论（外交学院学报）》2012 年第 1 期。

〔4〕　See Mancur Olson, "Increasing the Incentives for International Cooperation", *International Organization*, Vol. 25, No. 4, 1971, pp. 866–874; Mancur Olson, Richard Zeckhauser, "An Economic Theory of Alliances", *The Review of Economics and Statistics*, Vol. 48, No. 3, 1966, pp. 266–279.

〔5〕　See Joseph E. Stigliz, "Knowledge as a Global Public Goods", in Kaul et al., eds, 1999, 转引自李增刚：《全球公共产品：定义、分类及其供给》，载《经济评论》2006 年第 1 期。

〔6〕　See Todd Sandler ed., *Theory and Structures of International Political Economy*, West View Press, 1980.

（Inge Kaul）等作者在《全球公共产品：面向 21 世纪的挑战》中对于"国际公共产品"给出了一个相对完整的定义。国际公共产品理论为解释国际关系，尤其是国际合作提供了新的视角。[1]中国学者对于国际公共产品理论同样进行了积极的探索，并提供了独特的中国视角与实践。[2]地区一体化和地区多边治理的兴起为国际公共产品理论地区化的发展提供了新的动力，国外已有大量的研究运用区域公共产品的概念。[3]以樊勇明教授为代表的一些国内学者也同样运用区域公共产品分析了地区一体化、地区合作问题，具体的案例包括欧盟、北美自由贸易区（NAFTA）、八国集团（G8）、大湄公河次区域（GMS）等地区组织和国际多边机制。中国学者特别将区域公共产品理论运用于周边地区的合作，尤其是东亚区域。[4]

〔1〕　See Charles P. Kindleberger, "International Public Goods Without International Government", *American Economic Review*, Vol. 76, No. 1, 1986, pp. 1–13; Barry B. Hughes, *Continuity and Change in World Politics: The Clash of Perspectives*, Pearson Education, 1996; Inge Kaul, Isabelle Grunberg, Marc A. Stern, eds., *Global Public Goods: International Cooperation in the 21st Century*, Oxford University Press, 1999; Randall W. Stone, Branislav L. Slantchev, Tamar R. London, "Choosing How to Cooperate: A Repeated Public-Goods Model of International Relations", *International Studies Quarterly*, Vol. 52, No. 2, 2008, pp. 335–362.

〔2〕　参见李增刚：《全球公共产品：定义、分类及其供给》，载《经济评论》2006 年第 1 期；吴志成、李金潼：《国际公共产品供给的中国视角与实践》，载《政治学研究》2014 年第 5 期；黄河：《金融发展对国际公共产品供给的影响》，载《当代经济研究》2005 年第 4 期；黄河、戴丽婷：《"一带一路"公共产品与中国特色大国外交》，载《太平洋学报》2018 年第 8 期；李新、席艳乐：《国际公共产品供给问题研究评述》，载《经济学动态》2011 年第 3 期；席艳乐、李新：《国际公共产品供给的政治经济学——兼论中国参与国际公共产品供给的战略选择》，载《宏观经济研究》2011 年第 10 期；庞珣：《国际公共产品中集体行动困境的克服》，载《世界经济与政治》2012 年第 7 期；陈小鼎、王亚琪：《战后欧洲安全公共产品的供给模式》，载《世界经济与政治》2015 年第 6 期；杨鲁慧：《中国崛起背景下的中美新型大国关系——国际安全公共产品供给的分析视角》，载《山东大学学报（哲学社会科学版）》2013 年第 6 期。

〔3〕　See Todd Sandler, Daniel G. Arce M., *Regional Public Goods: Typologies, Provision, Financing and Development Assistance*, Almqvist & Wiksell International, 2002; "Global and Regional Public Goods: A Prognosis for Collective Action", *Fiscal Studies*, Vol. 19, No. 3, 1998, pp. 221–247; Patrik Stålgren, "Regional Public Goods and the Future of International Development Cooperation: A Review of the Literature on Regional Public Goods", *Working Paper*, 2000; Jurgen Brauer, André Roux, "Peace as an International Public Good: An Application to Southern Africa", *Defense and Peace Economics*, Vol. 11, No. 4, 2000, pp. 643–659 and etc.

〔4〕　参见樊勇明：《从国际公共产品到区域性公共产品——区域合作理论的新增长点》，载《世界经济与政治》2010 年第 1 期；樊勇明、薄思胜：《区域公共产品理论与实践：解读区域合作新视点》，上海人民出版社 2011 年版；张建新主编：《国际公共产品与地区合作》，上海人民出版社 2009 年版；张建新：《霸权、全球主义和地区主义——全球化背景下国际公共物品供给的多元化》，载《世界经济与政治》2005 年第 8 期；陈翔：《小国集团有效供给区域安全公共产品的逻辑——以东盟为例》，载《外交评论（外交学院学报）》2018 年第 5 期；卢光盛：《区域性国际公共产品与 GMS 合作的深化》，载《云南

国际公共产品理论为解释国际合作提供了新的视角，其研究成果多集中于分析国际多边机制的产生和发展，那么国际维和行动作为一项多边安全机制，也同样可以在国际公共产品视域里得到新的认知和启迪。将维和行动作为一种公共产品来理解、分析，正是在国际公共产品理论发展的背景下产生的，是国际公共产品种类的细化的结果。博布罗（David B. Bobrow）和波伊尔（Mark A. Boyer）较早通过论述联合国维和行动和国际体系稳定的关系，系统地总结了联合国维和行动的非纯国际公共产品的属性。[1]桑德勒是研究维和行动作为国际公共安全产品较具代表性的学者，他明确地将国际维和行动界定为一种"联合产品"，桑德勒的"联合产品"供给模型为解释维和行动的供给问题提供了一个基本的解释框架。[2]在他的政治经济学的理论框架影响下，产生了一些关于维和行动成本分摊的研究成果，其中指出了不同国家和地区贡献维和行动的动因，并说明了集体行动中的会员间具有"搭便车"和"溢出效应"（spillover effect）的相互影响，而维和行动的公共产品属性决定了对其供给的过程中不可避免地会存在"搭便车"现象，这同时决定了维和行动的实际供给与现实需求之间的差距。[3]

（接上页）师范大学学报（哲学社会科学版）》2015 年第 4 期；雷珺：《区域性安全公共产品供给的"湄公河模式"——以湄公河流域联合执法安全合作机制为例》，载《南洋问题研究》2015 年第 3 期；黄河：《公共产品视角下的"一带一路"》，载《世界经济与政治》2015 年第 6 期；王玉主：《区域公共产品供给与东亚合作主导权问题的超越》，载《当代亚太》2011 年第 6 期；高程：《区域公共产品供求关系与地区秩序及其变迁——以东亚秩序的演化路径为案例》，载《世界经济与政治》2012 年第 11 期；赵思洋：《区域公共产品与明代东亚国际体系的变迁》，载《国际政治研究》2015 年第 3 期；郭延军：《美国与东亚安全的区域治理——基于公共物品外部性理论的分析》，载《世界经济与政治》2010 年第 7 期；刘昌明、孙云飞：《安全公共产品供求矛盾与东亚安全困境》，载《当代世界社会主义问题》2014 年第 1 期。

　〔1〕　See David B. Bobrow, Mark A. Boyer, "Maintaining System Stability: Contribution to Peacekeeping Operations", *Journal of Conflict Resolution*, Vol. 41, No. 6, 1997, pp. 723-748; David B. Bobrow, Mark A. Boyer, *Defensive Internationalism: Providing Public Goods in an Uncertain World*, The University of Michigan Press, 2005.

　〔2〕　See Todd Sandler, Keith Hartley, *The Political Economy of NATO: Past, Present, and into the 21st Century*, Cambridge University Press, 1999; Todd Sandler, Keith Hartley, "Economics of Alliances: The Lessons for Collective Action", *Journal of Economic Literature*, Vol. 39, No. 3, 2001, pp. 869-896; Todd Sandler, "International Peacekeeping Operations: Burden Sharing and Effectiveness", *Journal of Conflict Resolution*, Vol. 61, No. 9, 2017, pp. 1875-1897.

　〔3〕　See Hirofumi Shimizu, "UN Peacekeeping as a Public Good: Analyses of the UN Member States' Peacekeeping Financial Contribution Behavior", *Retrospective Theses and Dissertations*, 1999; "An Economic Analysis of the UN Peacekeeping Assessment System", *Defense and Peace Economics*, Vol. 16, No. 1, 2005,

　　国际公共产品理论极大地丰富了维和行动的内涵，弥补了维和行动理论研究的不足，对于现实决策也有积极的指导意义。然而，目前国际维和行动的公共产品研究主要集中于维和行动的供给问题，假定维和行动的规模、人员数量决定了维和成效。诚然，维和行动的规模是影响维和成效的关键因素，但只是必要条件而非充分条件。如若没有明晰的任务，或是决策失当，抑或得不到冲突当事方以及国际社会的支持，维和行动即使规模庞大，也仍难奏效，反而会造成资源的浪费。国际维和行动研究仍应被设置在一个更为广泛的框架内，需要将维和行动的决策、成效评估和维和机制等议题和维度容纳进去。而以桑德勒为代表的学者多是经济学的背景出身，过于强调"理性经济人"的假设，将提供维和行动的动机仅局限在利益的计算上。这种基于公共经济学的分析框架为研究奠定了基础，但仍需要不断地修正与完善。纵观上述维和行动的不同研究视角，可以发现，维和研究最为核心的一个问题是维和行动的成效问题，即如何确保国际维和行动能更好地适应国际冲突变化的形势，能更好地缓解冲突、解决冲突。而上述的这些研究视角虽然只是窥其一面，但都有很大的价值，本书希望站在这些研究的高度上，继续采用国际公共产品的理论框架，并加以改进，增加联合国维和行动演化、决策和成效评估等内容，试图吻合公共产品生产的整个链条（决策—生产—消费），因此也能更为系统和综合地分析联合国维和行动，更好地理解联合国维和行动。

（接上页）pp. 1-18；Hirofumi Shimizu, Todd Sandler, "Peace-keeping and Burden-Sharing, 1994-2000", *Journal of Peace Research*, Vol. 39, No. 6, 2002, pp. 651-668；Alexander Kocks, "The Political Economy of Peacekeeping: Providing UN Peace Op-erations as Transnational Public Goods", paper prepared for presentation at the Sixth Pan-European International Relations Conference of the ECPR Standing Group on International Relations (SGIR), August 2007；Jonah Victor, "African Peacekeeping in Africa: Warlord Politics, Defense Economics, and State Legitimacy", *Journal of Peace Research*, Vol. 47, No. 2, 2010, pp. 217-229；Vincenzo Bove, Leandro Elia, "Supplying Peace: Participation in and Troop Contribution to Peacekeeping Mission", *Journal of Peace Research*, Vol. 48, No. 6, 2011, pp. 699-714；Khusrav Gaibulloev, Justin George, Todd Sandler and Hirofumi Shimizu, "Personnel Contributions to UN and Non-UN Peacekeeping Missions: A Public Goods Approach", *Journal of Peace Research*, Vol. 52, No. 6, 2015, pp. 727-742；Timothy J. A. Passmore, Andrew F. Hart, Megan Shannon, "Rallying the Troops: Collective Action and Self-interest in UN Peacekeeping Contributions", *Journal of Peace Research*, Vol. 55, No. 3, 2018, pp. 366-379.

三、方法论问题

（一）概念界定

维和行动、公共产品和冲突是本书中最为核心的三个概念，对于它们的界定如下。

维和行动：在涉及国际维和行动时，学界一般认为既包括以联合国主持或授权的维和行动，也包括联合国框架之外得到联合国授权或未经联合国授权的行动。本书主要围绕着联合国维和行动进行讨论。联合国维和行动是一个不断发展的概念。目前学界中有使用"联合国维和建和"，或直接使用"联合国维和"，但国内学者较少运用"和平行动"的概念。为便于规范和所指涉内容的全面性，本书采用一种广义的维和概念，用"联合国维持和平行动"（联合国维和行动）作为核心概念，指代联合国从事的一切关于维护国际和平与安全的事务，具体包含预防冲突、维持和平、建设和平三项和平进程中最为重要的环节。

公共产品：罗伯特·萨缪尔森（Robert A. Samuelson）在其 1954 年《公共支出的纯理论》中给出了明确定义，认为公共产品是每个人的消费不会减少任意其他人对这种物品的消费的物品。奥尔森在其 1965 年《集体行动的逻辑》中关于公共产品的定义也很具代表性，他将其定义为集团中任何个人的消费都不妨碍同时被其他人消费的物品。再者，丹尼斯·缪勒（Dennis C. Mueller）的定义也时常被引用，他认为公共产品是能以零的边际成本给所有社会成员提供同等数量的物品。[1] 从这些概念中可以总结出消费的非竞争性和非排他性是公共产品的本质属性。1999 年，联合国开发计划署出版了题为《全球公共产品：21 世纪的国际合作》的论文集，对于"国际公共产品"给出了一个相对完整的定义，认为国际公共产品是这样一些公共产品，其受益范围，从国家看，不仅仅只包含一个国家团体；从会员组成看，扩展到几个，甚至全部人群；从世代看，既包括当代，又包括未来数代，或者至少在

---

〔1〕　参见［美］丹尼斯 C. 缪勒著，杨春学等译：《公共选择理论》，中国社会科学出版社 1999 年版。

不妨碍未来数代发展选择的情况下满足目前几代。[1]本书认为，联合国维和行动是国际性的联合公共安全产品。

冲突：马克斯·韦伯（Max Weber）认为冲突的发生源自对权力、财富和声望的关注，当某一个人或者某一人群为了权力、财富或者声望，阻挠竞争对手甚至是消灭竞争对手的时候，冲突就产生了。政治学角度的冲突，是为了争夺价值以及稀有的地位、权力和资源的斗争，敌对双方的目标是压制、伤害或消灭对方。在冲突中行为体采取公开的对抗活动，其目的在于追求己方目标，迫使对方放弃或修改目标，抵消对方的行为及其影响，以及惩罚对方的所作所为。政治学意义上的冲突，指涉的范围包括国家内部冲突和国家间冲突；斗争的形式包括革命、政变、恐怖活动、暴乱、示威、制裁等；使用的手段包括武力和非武力，前者主要指双方使用武器并造成人员伤亡，后者指制裁、封锁、禁运、断交等非暴力方式。[2]本书中的国家内部武装冲突是指发生在一国政府与一个有组织的非政府武装力量之间的对抗行为，冲突目的具有政治性，有明确的政治目标，冲突形式中使用了武力，造成了一定数量的人员伤亡。为了与恶性的犯罪活动进行区分，本书将伤亡人数在25人以上的暴力事件视为武装冲突，这一标准参考了瑞典乌普萨拉大学冲突数据库的定义。

（二）行文逻辑和理论假设

本书采用国际公共产品理论分析联合国维和行动的决策、供给和成效问题。全球性公共问题的兴起推动了国际公共产品理论的发展，公共问题最大的特征在于共同性以及不可分割性。个体在处理公共问题时会存在个体理性与集体理性的矛盾，个体的理性往往导致集体行动的非理性。这一定律同样适用于国际社会领域，尤其是在安全问题领域，时常出现个体越是追求个体安全，反而越发感觉不安全的困境。因此国际社会中个体的安全，或是对于

---

〔1〕 参见［美］英吉·考尔等编，张春波、高静译：《全球化之道——全球公共产品的提供与管理》，人民出版社2006年版，第20页。

〔2〕 参见李学保：《西方国际冲突研究：视角、内涵与趋向》，载《社会主义研究》2008年第6期；［美］L.科塞著，孙立平等译：《社会冲突的功能》，华夏出版社1989年版，第2页；胡平：《国际冲突分析与危机管理研究》，军事谊文出版社1993年版，第45页；倪世雄等：《当代西方国际关系理论》，复旦大学出版社2001年版，第269~270页，转引自胡文秀：《外国内部武装冲突与和平解决》，中国社会科学出版社2014年版，第12~15页。

安全的感知，不仅取决于自身，更取决于与他者的互动。国际公共安全产品的有效供给，本书特指联合国维和行动的有效供给，将会改善国际社会的安全状况，有利于国际体系的稳定，这是本书研究中最基本的理论假设。联合国维和行动和国际体系稳定是主要的两个变量。关于两者之间的关系，本书首先认为国际社会中的相互依赖关系决定了个体的安全不仅需要自助，更需要他助。而国际社会中安全的缺失，是国际公共安全产品供给不足的结果所致。其次，暴力冲突，尤指国（地区）内暴力冲突的外溢，是当前国际体系不稳定的重要原因之一。而国内暴力冲突爆发或复发的原因在于冲突当事方内部长期的公共产品（政治和社会经济物品）供给不均或不足导致了部分民众的"怨恨"，破坏了统治合法性，从而为冲突打开了机会窗口。当冲突发起方使用暴力获取的收益大于成本的预期和计算时，暴力冲突发生了。最后，改善冲突当事方的公共产品供给能力和供给制度是解决冲突的根源所在。而联合国维和行动作为一项重要的国际公共安全产品，其公共利益体现在了国际和国家两个层面。在国际层面，其公益性体现为维和行动可以阻止冲突外溢；其在国家层面的公益性体现为对于国家公共产品供给的改善，特别是政治公共产品的供给。正是通过国家和国际两个层面的分析，得出联合国维和行动起到稳定国际体系作用的结论。然而，现实中，联合国维和行动的成效有待进一步评估。

本书的行文结构如下：

第一章"维和行动的公共安全产品内涵"，首先对于公共产品理论的发展脉络进行回溯，总结了公共产品的定义、特性和分类，以及决策和供给模式。在此基础上，本章总结归纳了安全作为公共产品的特有属性，进而对于联合国维和行动作为一种公共安全产品进行了界定，认为联合国维和行动是一种国际联合公共安全产品，指出其在供给上存在私利与公利的双重动机，在影响上具备国际层面维持体系稳定、国家层面改善国家能力的双重公共影响。

第二章"维和行动作为公共安全产品的演化过程"，在国际政治的大背景下回顾了国际维和行动的发展历程，指明了维和行动从传统型维和转向复合型维和，乃至综合型维和的发展脉络，这也是维和行动作为公共安全产品逐渐从单一产品转型为产品综合化的历程，文章还进一步论述了维和行动的发展趋势。

第三章"维和行动作为公共安全产品的生产决策"，首先概括了联合国行动的决策主体、各自的职能以及主体间的相互关系。然后对于联合国维和决策流程进行系统描述，并进一步通过公共产品决策的理论视角指出了维和决策中存在的决策与需求间的偏好差异。

第四章"维和行动作为公共安全产品的供给模式"，根据联合国记录的历次维和行动的背景资料总结了发达会员国与发展中会员国不同的维和分工，进一步通过国家利益分析框架总结了行为模式差异的原因，论述了维和机制变迁与维和供给之间的关系。

第五章"维和行动作为公共安全产品的成效评估"，在既有的维和行动成效评估标准的基础上，在公共产品的供给理论框架内，提出了"效率—效力"的评估模式，进而指出了提高维和成效的策略。

第六章"联刚特派团与联刚稳定团的比较研究"，通过案例分析来检验该研究的理论框架和假设，并针对如何完善联合国维和行动供给和提高维和行动成效总结了一些建议，希望对于联合国更富有成效地推进维和行动能有所启示。

（三）研究方法

1. 历史分析法：

本书回顾了冷战结束以来联合国维和行动的发展历史，总结了联合国维和行动的各阶段发展特征，进而在安全公共产品的理论框架内归纳出联合国维和行动作为一项重要的国际安全公共产品的演化路径、生产决策的过程以及产品供给模式和成效。

2. 文本分析法：

联合国维和行动官方网站上关于维和行动的统计数据、政策和指导、相关的出版物和报告，以及历次维和行动的记录文档是该研究所关注的重要文本。此外，国内外对于维和行动研究的一系列学术著作，相关的国际组织机构发布的报告等也是本书的重要参考依据。这些文本资料是本书进行数据统计、观点归纳的重要依据。

3. 案例研究（混合案例研究）：

本书以刚果民主共和国（刚果金）的国内武装冲突和相应的联合国组织刚果民主共和国特派团（联刚特派团）作为案例分析。整个案例的实践跨度从1999年至今。选取依据是，刚果（金）是非洲第二大国，矿产资源丰富，却是世界上最不发达的国家之一，经济与民生发展饱受武装冲突的困扰，是二战结束后典型的国内冲突国家。联合国、欧盟、非盟等国际组织积极介入和管控刚果（金）的冲突形势，但管理效果饱受诟病。刚果（金）的国内形势与联合国维和行动的发展和变革息息相关，从刚果（金）的案例中能够观察到联合国维和行动的发展脉络、国际社会在维和领域的竞合，以及维和规范的变化等。从对于联刚特派团的批评质疑中也可以进一步总结出维和行动的经验和教训，以供参考。

维和行动的公共安全产品内涵

在任何集体生活中，都不可避免地存在公共需求。人为什么会利他，社会如何最大化地产生公益，是值得探讨的本源问题。先贤们很早就注意到了公共性问题，如亚里士多德说过，那由最大人数所共享的事物，却只得到最少的照顾。这体现出哲学家们对于人性悲观的一面，认为人的本性是自利的。但是这并不意味着人类的所有行为都是以自身利益为出发点，孟子便认为"人皆有不忍人之心"，当看到他人遭受不幸、困苦时，恻隐之心会驱使人们做出利他的行为。中国自古就有"天下为公"的社会理想，《吕氏春秋》中说："天无私覆也，地无私载也，日月无私烛也，四时无私行也。"[1]《礼记》更是将"天下为公"视为理想的社会境界。这也意味着，人的集体社会存在着公益的理想目标，无论是通过"礼数"的引导，也通过制度设计对于人性中恶的规约，人类社会即便无法实现乌托邦，也可以尽可能地消除公共的恶，而最大化公共的利。公共产品理论即是在这样的思想背景下产生，人类社会的公益问题可以简化为公共产品的供给问题。

第一节　公共产品理论

一、公共产品理论的发展

公共产品的理论形成可以追溯至 17 世纪，英国著名的政治学家和哲学家托马斯·霍布斯（Thomas Hobbes）在 1646 年创作的《利维坦》的第二部分

---

〔1〕《吕氏春秋·纪·孟春纪》。

"论国家"中，从人性需求和契约的角度出发，阐述了自己的公共观。人们普遍认为对公共产品问题最早进行研究的是大卫·休谟（David Hume）。早在300多年前，休谟在《人性论》中通过"草地排水问题"论述了公共问题领域中的"搭便车"现象。他注意到"某些任务的完成对单个人来讲并无什么好处，但对于整个社会却是有好处的，因而只能通过集体行动来执行。这大概可以看成是对公共产品研究的起源"[1]。此后，亚当·斯密（Adam Smith）在《国富论》一书中比较系统地提出了君主或国家提供公共服务的类型和义务，但政府的权力应受到限制，并非所有的公共产品都适合政府来提供。斯密的创见在于区分了纯公共产品和准公共产品，并明确了公共物品供给过程中政府与市场的边界。虽然经济运行中应主要发挥市场"看不见的手"的作用，但在公共支出方面，市场往往是低效的。约翰·斯图亚特·穆勒（John Stuart Mill）在《政治经济学原理》中也总结了政府提供准公共产品的职能，并且提出了政府积极外部性的视角。这一阶段可以被视为公共产品理论的萌发阶段，即以劳动价值论为基础，从政府的职能作用出发提出了公共产品的范围、分类、供给方式，如把国防、安全、教育、医疗卫生和法律制度作为公共产品看待。尽管尚未提出明晰的公共产品概念，但是此时已经出现了明显的公、私领域的界分。一方面确立了某些物品的公共性和公益性，另一方面指出市场难以在供给这类产品的过程中发挥有效作用，政府是这类产品的主要供给者。

理论的初创阶段回答了什么是公共产品，谁来提供公共产品的问题，在公共产品理论的成型阶段则回答了如何为公共产品定价的问题。公共产品理论的成型则是始于奥意财政学派把边际效用理论运用在财政学中。经济学上的"边际革命"发生之后，人们逐渐认识到，政府的活动也能够带来效用，也是有价值的生产性活动，因而是与市场活动相融合的。这一阶段的理论发展适应了国家干预经济的发展需要，从理论上证明了政府行为与市场活动并不完全相悖。[2]起初的代表人物有潘塔莱奥尼（Panteleoni）、马佐拉（Mazzola）和马尔科（Marco）。马尔科在《公共财政学基本原理》中最早提

---

〔1〕　秦颖：《论公共产品的本质——兼论公共产品理论的局限性》，载《经济学家》2006年第3期。

〔2〕　参见张翼飞：《边际革命对公共财政学的影响》，载《东南学术》2007年第3期。

出了"公共产品"这一概念。此后经瑞典学派的维克赛尔（Knut Wicksell）、林达尔（Lindahl）加以发展。维克赛尔的一项主要贡献在于揭示了政治程序对于公共产品有效供给的影响，提出了应按一致同意原则来确定公共产品的供给。林达尔在继承维克赛尔思想的基础上，将之模型化。

萨缪尔森给予公共产品科学化的定义一直被沿用，并且还进行了公共产品的一般均衡分析，回答了公共产品如何供给的问题。此后，马斯格雷夫（Richard Abel Musgrave）、科斯（Ronald H. Coase）、布坎南（James M. Buchanan, Jr.）、斯蒂格利茨（Joseph E. Stiglitz）等学者又进一步丰富了公共产品理论。其中布坎南在 1965 年的文章《俱乐部的经济理论》中，提出了公共产品的划分方法。他否定了公共产品与私人产品间的简单对立，认为介于两者之间的大部分产品具有俱乐部的性质。而公共产品理论最新的发展体现在新制度经济学的产生。新制度经济学认为制度安排会影响交易成本，那么不同的制度会导致不同的供给效率，形成不同的供给模式，而公共产品应当由交易成本较低的一方来供给，同时政府应当建立完善的产权制度，从而解决外部性问题。因此在公共产品的供给问题上，新制度经济学提供的是开放式的答案。这有别于早期公共产品供给的双主体（政府或市场）的讨论，进入了三元主体合作（政府、市场和第三部门）和多元主体互动供给的讨论阶段。

公共产品理论的另一重要发展是被用于国际问题领域。国际公共产品的产生是国际生产专业化分工过程的衍生物，是国际专业化过程中为了协调、承担分工利益的产物。[1] 国际公共产品（International Public Goods）的概念最早由奥尔森提出，他认为公共产品是促使会员参与集体活动的重要激励因素。金德尔伯格（Charles P. Kindleberger）也较早地运用了国际公共产品概念，国际公共产品的供给成了以其为代表的霸权稳定论中的核心问题。[2]桑德勒和考尔进一步推动了国际公共产品理论的发展，他们不仅提出了完整的国际公共产品概念，并且拓宽了国际公共产品的分析领域，认为国际公共产

---

〔1〕 参见黄河：《金融发展对国际公共产品供给的影响》，载《当代经济研究》2005 年第 4 期。

〔2〕 See Charles P. Kindelberger, "International Public Goods without International Government", *The American Economic Review*, Vol. 76, No. 1, 1986, pp. 1-13; Charles P. Kindelberger, *The World in Depression：1929-1939*, The University of California Press, 1986；［美］罗伯特·吉尔平著，杨宇光等译：《国际关系政治经济学》，经济科学出版社 1989 年版。

品不仅指涉经济、安全问题，还包括卫生、通信、环境等领域。更为重要的是，桑德勒对于国际公共产品理论假设的修正。20世纪70年代奥尔森等人的理论中采用的是"纯公共产品理论"模型，而桑德勒提出了"联合产品理论"模型（Joint Product Model）。他认为人们在提供公共产品时并非完全出于利他的目的，而是夹杂着私利。但追求狭隘的私利并非与追求共同的公益相矛盾，因此具有私利的人所组成的集体供给的往往是联合产品。联合产品包括两种以上的产出结果，每个产出结果的公共性（publicness）有所差异。[1]

　　纵观公共产品理论的发展历史，可以看到，其理论体系的形成和演变过程主要围绕着三方面的问题不断深化探索，即为什么需要公共产品、什么是公共产品、如何供给公共产品。公共产品逐渐从政治学、伦理学中的一个附属物转变为经济学、公共政策学中关于探讨福利、公平、社会效益等问题的独立概念，对于分析一些社会现象，特别是关系组织合作问题有很大的裨益。然而，任何理论发展都是源于它当时特有的时代背景和历史经验，在对社会现实进行高度抽象概括的过程中难免会有局限。公共产品理论的重要发展阶段处于凯恩斯国家干预主义思想盛行的时期，一些新自由主义经济学派对其提出了大量批评。因此，公共产品理论也难免存在阶级、意识形态等方面的局限。而从历史发展角度来看，随着技术进步，某些因时因地的公共产品也许会转化为私人产品，找出公私之间的界分始终是该理论的难点。另一方面，公共产品的消费很难体现真实的需求。公共经济学中，资源配置的社会边际效益等于其社会边际成本的定理并不完全适用于公共产品。而在现实中，公共产品的需求并非全部消费者需求的加权或叠加，而往往体现的是公共部门里官僚们的需求。[2]鉴于此，本书采取公共产品理论与国际政治理论相结合的视角，希望从广泛的角度来减少对于现实问题理解的偏颇。

---

　　[1]　See Todd Sandler, "Impurity of Defense: An Application to the Economics of Alliances", *Kyklos*, Vol. 30, No. 3, 1977, pp. 443-460; *Global Collective Action*, Cambridge University Press, 2004, p. 53.

　　[2]　参见余斌:《西方公共产品需求理论的局限与公共经济需求的影响因素》，载《经济纵横》2015年第3期。

二、公共产品的定义、特性及分类

（一）公共产品的定义

无论是早期休谟在讨论众人如何达成协议排出公用草地的积水时，还是斯密探讨政府应提供国防、司法、基础设施等公共服务时，基本是用"集体性消费品"以指代公共产品，未能突出公共产品的独特性。直到萨缪尔森给出了明确定义，认为公共产品是每个人的消费不会减少任意其他人对这种物品的消费。[1]奥尔森关于公共产品的定义也很具代表性，他将其定义为集团中任何个人的消费都不妨碍同时被其他人消费的物品。[2]再者，缪勒的定义也时常被引用，他认为公共产品是能以零的边际成本给所有社会成员提供同等数量的物品。[3]迟迟无法得到明确定义的原因在于，现实中集体性消费的物品十分丰富，而产品的公共性是程度的问题，测量一个物品具有多大的公共性难以达成普世的标准。从供给的角度，虽然"所有的公共产品都是共同提供的，但不是所有公共提供的产品或服务都是公共产品"[4]，如自来水、煤气、电力等。而关于公共产品讨论的政府职能视角也禁锢了理论和概念的发展。显然，公共产品的理论发展是在西方经济学的话语框架内，过于强调了产品的交换价值，而中国学者余斌指出，《资本论》中说明一个物可以是使用价值而不是价值。在这个物并不是以劳动为中介而对人有用的情况下就是这样，例如，空气、处女地、天然草地等。他给出定义是"公共产品是以人的活动为中介的没有交换价值或不是价值的使用价值"[5]。该定义突出了公共产品的使用价值。此外，有学者指出了提供公共产品的过程性，从而提出了中间公共产品和最终公共产品的概念，认为最终公共产品就是可以直接用来消费的那些公共产品，

---

〔1〕 See Paul A. Samuelson, "The Pure Theory of Public Expenditure", *The Review of Economics and Statistics*, Vol. 36, No. 4, 1954, pp. 387–389.

〔2〕 参见［美］曼瑟尔·奥尔森著，陈郁等译：《集体行动的逻辑》，上海三联书店、上海人民出版社1995年版，第13页。

〔3〕 参见［美］丹尼斯 C. 缪勒著，杨春学等译：《公共选择理论》，中国社会科学出版社1999年版，第15页。

〔4〕 李增刚：《全球公共产品：定义、分类及其供给》，载《经济评论》2006年第1期。

〔5〕 余斌：《西方公共产品理论的局限与公共产品的定义》，载《河北经贸大学学报》2014年第6期。

为生产最终公共产品而投入的公共产品可被称为中间公共产品。[1]

奥尔森等学者虽然将公共产品的运用拓宽至国际层面，但仍未给出明确的定义。1999 年，联合国开发署出版了题为《全球公共产品：21 世纪的国际合作》的论文集，其中考尔等人对于"国际公共产品"给出了一个相对完整的定义，认为国际公共产品是这样一些公共产品，其受益范围，从国家看，不仅仅只包含一个国家团体；从成员组成看，扩展到几个，甚至全部人群；从世代看，既包括当代，又包括未来数代，或者至少在不妨碍未来数代发展选择的情况下满足目前几代。[2]国际公共产品的概念是国内公共产品的演变，仍是从产品的消费角度出发，强调受益人的范围超越了国籍、区域和族群的边界，从受益的时间看也具有延续性。这便扩大了公共产品概念的适用范围，同时也增加了概念的复杂性。由于国际社会的无政府特性，研究国际公共产品的供给通常采取多元供给的模式。鉴于国际的范围过于宽泛，在理论运用中往往会细化层次，从而产生了区域公共产品的概念。在公共经济学中，"地区性的公共产品由各级地方政府提供，只满足某一特定地区居民的生产和消费需求……将这一理论延伸至国际政治经济学领域，便可提出'区域性国际公共产品'的概念。"[3]显然，区域公共产品与国际公共产品间是共性与个性的差别，国际公共产品满足的是全球会员的共同利益，而区域公共产品更多地服务于地区利益，在多个国家共存的区域中存在着共同的需求和共同的利益，虽然这不一定与全球需求和全球利益相悖，却是有个性的。[4]

（二）公共产品的特性

任何社会科学的定义都是针对某一类社会事实的高度归纳和概括。高度的抽象性便于理论分析，但难以避免在现实对照中出现失真。本书将公共产品放在一个广义的视角，尽可能捕捉公共产品的特性。因此本书并未对于某

---

〔1〕　参见李增刚：《全球公共产品：定义、分类及其供给》，载《经济评论》2006 年第 1 期。

〔2〕　See Kaul, Grunberg & Stern, "Defining Global Public Goods", in Kaul, Grunberg & Stern eds., *Global Public Goods*, Oxford University Press, 1999, 转引自李新、席艳乐：《国际公共产品供给问题研究评述》，载《经济学动态》2011 年第 3 期。

〔3〕　樊勇明：《区域性国际公共产品——解析区域合作的另一个理论视点》，载《世界经济与政治》2008 年第 1 期。

〔4〕　参见樊勇明：《区域性国际公共产品——解析区域合作的另一个理论视点》，载《世界经济与政治》2008 年第 1 期。

个定义具有明显偏好，而是在基于既有研究和上述最具代表性的定义的基础上，厘清公共产品的本质属性，借助这些属性作为分析的工具。公共产品是相对于私人物品的概念。所谓私人物品，是一类具有明晰产权，在消费上具有竞争性和排他性的物品。显然，公共性是公共产品的最为本质的属性。公共性和私人性在大多数情况下都是社会的概念。从许多方面来看，公共性是事物存在的一个自然状态。在人类发展的早期，不存在财产权。而将事物带离出公共领域是一种人类的发明、人为制度的表现。除了某些持久不变的公共性，如人们享受阳光，公共性与私人性是具有高度易变性与可延伸性的社会准则。[1]公共领域是所有人都可以获取并自由消费的事物的集合，其中包括自然界的共有物以及人为的公共物品，甚至是公共劣品（public bads）。从实践中得知，公共性是一个程度性的概念。绝对公共性的产品更多的是理想化的概念，因此公共产品会因公共性程度的差异而表现不同。也就是说，有些公共产品并非要同时兼具消费非排他性和非竞争性的特征，或者是具有不那么排他或不那么竞争的特征。但是此处的非排他性和非竞争性只是从消费角度来看。考尔等学者还从决策的公共性和净收益分配中的公共性两方面来补充了公共产品的公共性特征，提出了公共性的三角结构。这一结构被用于分析全球公共产品的供应改善问题，以及评估作为全球公共产品主要特征的消费准公共性与将这些产品挑选出来并置于全球公共领域内的决策过程有限的公共性之间的差异。[2]

　　公共产品的第二个重要特性是外部性。公共产品同时还是外部性的来源。经济学上的外部性是指一种经济活动所造成的对不直接相关的他人的成本或收益之影响，使社会或他人无补偿受损或无偿受益。"公共产品就是外部性问题的产物，而外部性就是一种公共产品———一种第三方公共产品。"[3]经济学中的外部性定义有正外部性和负外部性之分。正外部性不仅会为生产者带来好处，其他人也能随之受益；而负外部性是产品生产过程为其他人带来的消

〔1〕 参见［美］英吉·考尔等编，张春波、高静译：《全球化之道——全球公共产品的提供与管理》，人民出版社 2006 年版，第 8 页。

〔2〕 参见［美］英吉·考尔等编，张春波、高静译：《全球化之道——全球公共产品的提供与管理》，人民出版社 2006 年版，第 21 页。

〔3〕 王野林：《关于公共产品属性与其外部性的思考》，载《经济视角（中旬）》2011 年第 11 期。

极影响，如果公共物品的生产者承担了这些消极影响的成本，那么这些消极外部性就被"内部化"了。[1]当具有正外部性时，实际上就是公共产品了。而讨论负外部性实际就是为了找到应对办法，对负外部性的治理和消除也就是一种公共产品。公共产品的外部性一方面来源于公共决策本身，特别是政府提供公共产品时所产生的外部性。这是因为政府的决策并非每个消费者利益的汇总，由于政府仅是部分利益集团的代表，其偏好并不完全代表公共的偏好。另一方面，由于公共产品的公共性，很多人不付出任何成本也不妨碍其对于公共产品的消费，这就诱发了"搭便车"心理，导致公共物品提供的生产成本与收益不一致，削弱公共产品生产者为之付费的动机，进而产生公共产品的外部性。[2]由此也可以发现，供给过程中易出现"搭便车"现象是公共产品的另一个重要特性。此外，外部性的范围还可以作为区分国内公共产品和国际公共产品的标准，而在全球公共产品中还存在着存量外部性（stock externalities）的问题，特别是在环境问题领域，有学者指出目前的影响或损害依赖于长期累积起来的资本和污染存量。[3]因此，存量外部性构成了某些全球公共产品的特殊性质。

（三）公共产品的分类

产品可依据公共性（publicness）的程度大小，亦即其排他性和竞争性的程度大致分为私人产品、准公共产品（包含非排他可竞争的产品、非竞争可排他的产品两类）和纯公共产品三大类。准公共产品中常见的一种产品是俱乐部产品（club goods）。俱乐部产品的消费是完全排他和部分竞争的，例如收费的公路、军事联盟等。现实中还存在着这样一类准公共产品，它并没有明确的公共性，或者说这类产品可以产出多种不同程度的公共性结果，桑德

---

〔1〕　See Patrik Stalgren, "Regional Public Goods and the Future of International Development Cooperation: A Review of the Literature on Regional Public Goods", *Working Paper*, No. 2, 2000, p. 8.

〔2〕　参见王野林：《关于公共产品属性与其外部性的思考》，载《经济视角（中旬）》2011 年第 11 期；郭延军：《美国与东亚安全的区域治理——基于公共物品外部性理论的分析》，载《世界经济与政治》2010 年第 7 期。

〔3〕　See William D. Nordhaus, "Global Public Goods and the Problem of Global Warming", Annual Lecture, 1999, http://idei.fr/sites/default/files/medias/doc/conf/annual/paper_ 1999. pdf, last access on June 8, 2019.

勒将这类产品定义为联合产品（joint products）。[1]联合产品可兼具纯公共产品、私有产品和俱乐部产品的多重结果。例如，对于雨林的保护措施，既是减缓气候变化、增加生物多样性的国际纯公共产品，又是增加地方旅游收入的私有产品。鉴于公共产品的提供有时是一系列的过程，在获得最终公共产品的过程中还要提供一系列的公共产品与私人产品的组合，即联合产品，所以联合产品还经常以中间产品的形式出现。在现实生活中，纯公共产品的形态较为少见，人们更多面对的是处于中间形态的准公共产品。准公共产品大量存在的原因在于社会的公益目标和产品排他的技术性难度之间难以完全耦合。[2]也就是说提供这一类产品是为了实现公益目标，但是在提供的过程中存在着将某些个体排除消费此类产品的可能，如收费的高速公路、不完全报销的医疗设施等。如果排他性技术越容易获得，那么更多的公共产品将以准公共产品的形态呈现。通常认为社会的效率原则是公共产品与准公共产品间转化的决定性因素。[3]

表 1-1　公共产品的分类

	排他性	非排他性
竞争性	私人产品 例：衣服	准公共产品非排他 可竞争的产品 例：森林、灌溉渠道
非竞争性	准公共产品非竞争 可排他的产品（俱乐部产品） 例：有线电视	纯公共产品 例：国防

资料来源：笔者自制。

〔1〕 桑德勒的定义原文为 "Joint products arise when an activity yields two or more outputs that may vary in their degree of publicness." via Todd Sandler, "Regional Public Goods and International Organizations", *The Review of International Organizations*, Vol. 1, No. 1, 2006, p. 9；同时参考马歇尔（Alfred Marshall）的定义，"不易独立生产的；是并于同一来源的"，参见［英］阿尔弗里德·马歇尔著，陈良璧译：《经济学原理》（下卷），商务印书馆1994年版，第76页。
〔2〕 参见陈其林、韩晓婷：《准公共产品的性质：定义、分类依据及其类别》，载《经济学家》2010年第7期。
〔3〕 参见陈其林、韩晓婷：《准公共产品的性质：定义、分类依据及其类别》，载《经济学家》2010年第7期。

根据公共产品的外部性空间范围来划分的话，可以分为国内公共产品和国际公共产品。随着全球化进程不断深入发展，环境污染、气候变暖、金融动荡、国际冲突等问题逐渐成为具有全球影响的公共问题。全球公共问题之所以被视为一种国际公共产品，并可以用公共产品理论对之进行分析，最主要的理由在于全球公共问题所具有的不可分性特点。[1]国际公共产品进而又可分为全球公共产品和区域公共产品。[2]全球公共产品与区域公共产品间是共性与个性的差别。全球化与区域化的发展进程并不同步，区域间的一体化进程也有差异，即不同区域需要差异化的公共产品。奥尔森在其 1971 年的论文中还将国际公共产品分为三大类：稳定的国际金融货币体系、完善的国际自由贸易体制、国际宏观经济政策的协调与标准化的度量衡；国际安全保障体系以及公海的自由航行；国际经济援助体系。[3]斯蒂格利茨则将全球公共产品划分国际经济稳定、国际安全（政治稳定）、国际环境、国际人道主义援助和知识。[4]

三、公共产品的供给

关于公共产品的供给主要包含由谁来供给、如何有效供给两方面的问题。关于公共产品供给行为体的问题，经历了早期政府职能主张到后期的政府与市场共同供给的公私合作、多中心等学说。主张公共产品供给是政府职能的观点认为国家具有权威的中央政府，可以通过强制手段征税，所得税收解决了供给成本的问题。由于国家内部具有稳定的政权组织形式，通过公共选择确定的这些偏好反映了选民或者能够影响政府公共政策制定的利益集团的需求。此外，政府还不被认为是解决市场失灵的有效手段。企业和市民社会同样可以参与供给。但是，鉴于国际社会的无政府状态本质，政府职能主张不

---

〔1〕 参见苏长和：《全球公共问题与国际合作：一种制度的分析》，上海人民出版社 2009 年版。

〔2〕 参见许多学者将国际公共产品等同于全球公共产品来使用，例如 Olson, Kindelberger, Kaul, Morrissey 等，认为在全球化时代，国际公共产品的提供实际上所要解决的也是全球问题，全球公共产品的提供最终解决的还是国际问题。但在本研究中为了理论的严谨还是将两者进行了区分，认为在某些情况下，全球公共产品的消费和供给范围应大于国际公共产品。

〔3〕 参见张建新：《国际公共产品理论：地区一体化的新视角》，载《复旦国际关系评论》2009 年第 1 期。

〔4〕 See Joseph E. Stiglz, "Knowledge as a Global Public Goods", in Kaul et al., eds., *Global Public Goods*, 1999.

适用于国际公共产品的供给。

现实生活中普遍存在着公共产品供给不足的问题。根据林达尔均衡理论，公共产品的最优供给取决于"每一个社会成员都愿意真实地显示自己从公共产品的消费中得到的边际效用，并且都自觉地按其所获得的边际效用大小支付自己理应分担的公共产品成本"〔1〕。萨缪尔森则认为"公共产品生产的边际转换率等于该产品所有消费者的边际替代率之和"〔2〕。然而在现实中，消费者既不会如实地显示其偏好，也不会完全支付其公共消费。公共产品供给不足的本质在于公共产品的公共性，由于人们不需要承担，或承担很少成本就能享用公共产品，理所当然地就削弱了人们提供公共产品的动机。而如果人人都能不受限制地享用有限的资源，那么所有人的利益都将受损。1968 年时，加勒特·哈丁（Garret Hardin）在期刊《科学》发表的《公地悲剧》（The Tragedy of the Commons），充分论证了这一现象。也就是说具有理性的个体往往会导致集体行动的非理性结果，即"集体行动的逻辑"。并且，由于不需要有所支出即可享有公共物品，无形中会鼓励"搭便车"的现象，从而导致公共产品不充分的供给。最直接的解决办法就是对产品进行私有化，明确产权，使产品的消费具有排他性和竞争性。〔3〕由于公共产品的特征和社会意义，私有化通常因为经济与社会的原因难以实现，而外部性（externalitiy）的内化也绝非易事。〔4〕但是，以鲁塞特和桑德勒为代表的一些学者认为，追求狭隘的自我利益并不一定与追求集体的共同目标相悖。〔5〕根据桑德勒的公共产品供给的联合产品模型，多数产品同时包含公共利益与提供者的私有利益，当具有较高比重的私有利益时，行为体更有可能为此类商品的供给作出贡献。

---

〔1〕 李增刚：《全球公共产品：定义、分类及其供给》，载《经济评论》2006 年第 1 期。

〔2〕 李增刚：《全球公共产品：定义、分类及其供给》，载《经济评论》2006 年第 1 期。

〔3〕 See Ronald H. Coase, "The Problem of Social Cost", *The Journal of Law and Economics*, Vol. 3, No. 1, 1960, pp. 1-44; Water Block, "Public Goods and Externalities: The Case of Roads", *The Journal of Libertarian Studies*, Vol. 7, No. 1, 1983, pp. 1-34.

〔4〕 See Avinash Dixit, Mancur Olson, "Does Voluntary Participation Undermine the Coase Theorem?" *Journal of Public Economics*, Vol. 76, Issue 3, 2000, pp. 309-335; James M. Buchanan, Milton Z. Kafoglis, "A Note on Public Goods Supply", *The American Economic Review*, Vol. 53, No. 3, 1963, p. 403，转引自庞珣：《国际公共产品中集体行动困境的克服》，载《世界经济与政治》2012 年第 7 期。

〔5〕 See Bruce Russett, *What Price Vigilance?*, Yale University Press, 1970; Todd Sandler, "The Impurity of Defense: An Application to the Economics of Alliances", *Kyklos*, Vol. 30, No. 3, 1977, pp. 443-460.

国际公共产品的供给本质上是国际合作的问题。与国内公共产品主要由政府供给的方式不同,在国际社会的无政府状态中,国际公共产品只能通过国际行为体之间的合作来提供。国际公共问题的涌现不是国际合作的充分条件。仅有共同利益的存在,或者仅有问题的"公共性",并不必然保证各国之间自发地实现合作。国际合作也并非一定需要在个体利他的动机和行动下才能够展开。[1]关于国际公共产品的供给问题,现有国际关系理论主要从国际结构和行为体出发来解释合作的困难和可能,主要形成了以霸权稳定论为主的供给学派和以国际制度论为主的需求学派。根据霸权稳定论的假设,霸权国的公共产品供给保证了国际体系的稳定。但在这种情况下,国际公共产品的供给偏好往往取决于霸权国,霸权国又经常将国际公共产品私物化。另外霸权国提供国际公共产品的持续性也会由于成本—收益的变动面临挑战。[2]鉴于霸权稳定论从供给角度出发,因此被视为国际公共产品的供给学派。国际制度论则认为,国际体系的稳定程度取决于国际制度对于各个国家间相互依赖关系的管控情况。在国际制度论的视域里,对于国际合作的解释经历从早期的功能一体化理论、新功能地区一体化理论、相互依赖理论,到此后的新自由制度主义理论。[3]新自由主义明确认为,国际制度为改善国家之间的集体福利而出现,是会员国需求的集中体现,国际公共产品则是国际制度的直接福利。那么,国际制度稳定与否几乎只取决于其生产公共物品以及改善

---

[1] 参见苏长和:《全球公共问题与国际合作:一种制度的分析》,上海人民出版社 2009 年,第 61 页。

[2] 参见樊勇明、薄思胜:《区域公共产品理论与实践——解读区域合作新视点》,上海人民出版社 2011 年版,第 47 页。

[3] 关于功能一体化理论,参见:David Mitrany, *A Working Peace System*, Quadrangle Press, 1966; Ernst B. Haas, *Beyond the Nation-State*: *Functionalism and International Organization*, Standford University Press, 1964; 关于新功能主义的理论,参见:Ernst B. Hass, *The Uniting of Europe*: *Political*, *Economic*, *and Social Forces*, *1950-1957*, Standford University Press, 1958; Ernst B. Haas, "Technology, Pluralism and the New Europe", in Joseph S. Nye, ed., *International Regionalism*, Little Brown, 1968, pp. 149-176; Joseph S. Nye, "Comparing Common Markets: A Revised Neo-Functional Model", in Leon N. Lindberg, Stuart A. Scheingold, eds., *Regional Integration*: *Theory and Research*, Harvard University Press, 1971; 关于相互依赖理论,参见:Edward S. Morse, "The Transformation of Foreign Polices: Modernization, Interdependence, and Externalization", *World Politics*, Vol. 22, No. 3, 1970; Robert O. Keohane, Joseph S. Nye, *Power and Interdependence*: *World Politics in Transition*, Little Brown, 1977; 关于新自由制度主义理论,参见 [美] 罗伯特·基欧汉著,苏长和等译:《霸权之后:世界政治经济中的合作与纷争》,上海人民出版社 2006 年版。

国家福利的能力。[1]因此，国际制度论被视为国际公共产品供给的需求学派。

供给学派与需求学派都有一定的局限性，霸权稳定论过于强调霸权的作用，而忽视了国际合作的可能性。而国际制度论则忽略了权力的作用，忽视了强制措施确保集体行动的作用，并且也未能解释为什么会有一些坏制度的存在。因此，解释国际公共产品的供给应该从供给学派与需求学派之间的调和寻求答案，应采用国际公共产品的供给方—消费方双向互动的视角。[2]学派间的共识是，每个国家在对待全球公共问题的态度上，都可能是潜在的"观望者"或"搭便车者"。公共物品产生的外部性效应和"搭便车"问题，是国际政治市场失灵的重要根源之一。[3]然而，分歧在于，"搭便车"不足以解释公共产品供给低效的问题，某些供给方，例如霸权国家，往往默许"搭便车"现象，这是因为供给国际公共产品还有巨大的现实回报，例如可以将国际公共产品"私物化"，或是国际公共产品供给方往往将其国内实践作为公共产品的基础甚至范本。[4]国际公共产品供给效率低下的根源更多地还在于供给意愿和消费方的理性选择，供给意愿一方面取决于供给方对于供给成本和收益，以及"搭便车"的机会成本之间的计算。另一方面，还受到国际制度和国际规范的塑造。而消费方的理性选择，极可能导致不同的供给方关系模式，例如，如果消费方选择单一供给方供给，则导致霸权的供给模式；如对供给方不做选择，而是对所有公共产品都持"搭便车"态度，则是供给方决定供给的关系模式；如果消费方依据供给方的比较优势而选择不同的公共产品，则会导致供给方间良性的竞争模式。[5]因此，供给方与消费方之间的互动关系，明

〔1〕 See Robert O. Keohane, Lisa L. Martin, "Institutional Theory as a Research Program", *Progress in International Relations Theory：Appraising the Field*, in Colin Elman and Miriam F. Elman eds., MIT Press, 2003, pp. 83, 98; Lisa L. Martin, Beth A. Simmons, "Theories and Empirical Studies of International Institutions", *International Organization*, Vol. 52, No. 4, 1998, p. 738；[美] 罗伯特·基欧汉著，苏长和等译：《霸权之后：世界政治经济中的合作与纷争》，上海人民出版社 2006 年版，第 6 章。

〔2〕 参见张春：《国际公共产品的供给竞争及其出路——亚太地区二元格局与中美新型大国关系建构》，载《当代亚太》2014 年第 6 期。

〔3〕 参见苏长和：《全球公共问题与国际合作：一种制度的分析》，上海人民出版社 2009 年，第 94 页。

〔4〕 参见张春：《国际公共产品的供给竞争及其出路——亚太地区二元格局与中美新型大国关系建构》，载《当代亚太》2014 年第 6 期。

〔5〕 参见张春：《国际公共产品的供给竞争及其出路——亚太地区二元格局与中美新型大国关系建构》，载《当代亚太》2014 年第 6 期。

显地决定国际公共产品的供给效率。鉴于在国际无政府状态中，公共产品的生产过程是通过个体选择所设计的国际制度来完成的。[1]国际制度既是供给方与消费方之间主要的互动平台，又是双方的互动结果。所以，分析国际公共产品的供给问题，即分析消费方与供给方如何通过权利互动来建构符合自身利益的制度，以及制度如何继续影响利益计算和意愿塑造的问题。

第二节　维和行动的公共产品属性：一种国际联合公共安全产品

国际公共物品的目标是保障国际体系稳定地运行、国际社会可持续发展，显然安全是国际体系存续的最低保障，是最低限度的道德标准。安全是国际政治中最基本的概念和价值，保障安全是国际行为体最根本的职责和政策核心。安全概念具有很大的模糊性，安全从未是一个绝对客观的状态，随着主体、时间、地点等因素的变化而变化。安全从词义来讲，一方面指一种免于危险、恐惧的状态，另一方面指维护安全的措施和机构。安全涉及主观和客观两个方面，客观方面是指外界的现状，主观方面指代人们对于是否安全的感知，概言之，"所谓安全，就是客观上不存在威胁，主观上不存在恐惧。"[2]在全球化的时代，安全是一种互动关系，一个国家的安全不可避免地受到另一国家安全的影响，因此在国际社会中，安全具有整体性和共生性，对于安全的供给和享用，是国际社会的共同事业。

一、联合公共安全产品界定

在一个日趋相互依赖的世界上，国际社会应该寻求一种共同的、普遍的安全。"普遍安全是真正实现可持续和平的有效途径。"[3]共同的或全面的安全观，客观上决定了安全的实现和维护需要多边的和集体的协调行动。[4]然

---

〔1〕　参见苏长和：《全球公共问题与国际合作：一种制度的分析》，上海人民出版社2009年版，第96页。

〔2〕　李少军：《论安全理论的基本概念》，载《欧洲》1997年第1期。

〔3〕　张贵洪：《联合国与人类命运共同体》，载《当代世界与社会主义》2018年第1期。

〔4〕　参见苏长和：《全球公共问题与国际合作：一种制度的分析》，上海人民出版社2009年版，第6~7页。

而，理性的国际行为体在选择维持自身安全的行动结果上，往往是集体的不理性，过于维护自身安全的同时，导致的却是安全困境和集体公共安全产品不足，这反而加剧了自身的不安全感。部分有能力提供公共安全产品的国家时常带有私利，这说明公共安全产品的非纯粹性，是一种具有多重结果的联合产品。而没有能力或意愿提供安全的国家，更多地成了"搭便车者"。不过安全并非免费的午餐，这些国家在免费享有安全的同时往往要损失其他方面的利益。联合国维和行动是典型的国际公共安全产品，具有其他安全产品的普遍属性的同时也包含一些自身的独特属性。

联合国维和行动因其产生的集体安全效益而具备公共产品的属性，但并非一种纯公共产品，而是一种国际联合公共安全产品。在第一节中已经指出，联合产品可以产出多种不同程度的公共性结果，或者说是公共产品与私有产品组合成的中间产品。联合国维和行动兼具了国际公共安全效益和供给方的私有利益双重结果。从国际公共安全效益来看，联合国维和行动又兼有全球、地区和国家三个层面的安全效益。在全球层面，虽然维和行动主要应对的是局部地区的国家（地区）间或国家（地区）内部冲突，然而地区安全是全球集体安全的重要基础，而且维和行动可以抑制局部冲突引发的，例如恐怖主义、人口贩卖、毒品走私等全球性威胁，通过维和作为干预手段，往往还能避免全球性大国之间的直接对抗。在地区层面，维和行动可以减少冲突扩散的概率以及地区大国不受欢迎的干涉行为，管理冲突地区内的难民外溢等问题，从而维护一个地区的和平与稳定，确保地区内稳定的商业发展环境。[1]在国家层面，维和行动可以在当事方冲突停止、国内秩序尚待恢复之时，提供临时性的安全、政治秩序保障，往往扮演临时公共部门的角色。而且建设和平环节恢复、重建了国家机构和重塑了国内公共产品的供给与分配，间接地促进了当事方的国家能力建设。鉴于此，不仅冲突当事方受益于维和行动，其周边的国家、地区，乃至整个国际社会也会因为维和行动产生的正外部效益而获益。基于这种非排他、非竞争性的安全公益效应，维和行动最初被视

---

〔1〕 See David B. Bobrow, Mark A. Boyer, "Maintaining System Stability: Contribution to Peacekeeping Operations", *Journal of Conflict Resolution*, Vol. 41, No. 6, 1997, p. 727; Timothy JA Passmore, Megan Shannon, Andrew F Hart, "Rallying the Troops: Collective Action and Self-interest in UN Peacekeeping Contributions", *Journal of Peace Research*, Vol. 55, No. 3, 2018, p. 368; Kyle Beardsley, "Peacekeeping and the Contagion of Armed Conflict", *The Journal of Politics*, Vol. 73, No. 4, 2011, pp. 1051-1064.

为一种"纯公共安全产品"。[1]然而，国家供给维和行动的初衷并非仅仅出于公益，更多地还夹杂着供给国家的私利（contributor-specific benefits），例如，与冲突方之间的贸易、投资、安全等地缘政治经济利益，或是单纯地从参与维和行动中获益。因此，国际维和行动是不纯粹的公共产品，是一种"联合产品"（joint product），它既能产生针对国际社会的纯公共安全利益，又能为特定国家集团带来不纯粹的公共利益，还能为参与国家带来具体的国别利益。[2]

此外，维和行动只是一种中间公共产品，在全球安全的范畴内，和平与安全才是最终公共产品。显然，维和行动作为一个整体，或者维和行动中的具体任务，以及相关的国际机制和规范，都是为了生产和平与安全的中间产品。而"为了生产这些产品，需要投入的物品可能是私人产品，也可能是公共产品"[3]。从这一角度来看，维和行动也具有"联合产品"的性质。国际公共产品普遍存在着供给与消费不对称的特点，维和行动则尤为显著。通常情况下，维和行动都由两个以上的国家提供，而直接消费该项维和行动的仅为一个国家或地区，其他国家和地区更多是享有维和行动带来的间接正外部性效益。再者，供给维和行动过程中的"搭便车"现象也较为独特。不同于其他公共安全产品，往往是能力较弱的小国搭载大国的供给"便车"，大国通常会默认这一现象，并从中获取垄断利益。在提供维和行动的过程中，大国也存在着"搭便车"的现象，而一些发展相对落后的小国，反而较为积极地参与维和行动，尤其是在提供维和军事人员方面，这主要是由于供给维和行动所特有的激励因素所导致。最后，虽然消费方在消费公共产品时，不会轻易地被"排他"和"竞争"，只会自己选择放弃对产品的消费。但是，在某些国家和地区享用维和行动时，有时会出现被动消费的情况，被强制手段强制实现和平，也就是国际社会中存在着借维持和平之名行使武力干涉内政的现象。

本书认为一个国家（地区）内部的公共产品供给不足或不公是冲突发生和复发的根本解释变量，维持和平行动是改变冲突国家（地区）公共产品供

---

〔1〕　可根据公共性（publicness）程度，将公共产品分为纯公共产品、准公共产品、俱乐部产品、联合产品，参见樊勇明、薄思胜：《区域公共产品理论与实践——解读区域合作新视点》，上海人民出版社 2011 年版，第 31 页。

〔2〕　See Hirofumi Shimizu, Todd Sandler, "Peacekeeping and Burden-Sharing, 1994-2000", *Journal of Peace Research*, Vol. 39, No. 6, 2002, pp. 651-668.

〔3〕　李增刚：《全球公共产品：定义、分类及其供给》，载《经济评论》2006 年第 1 期。

给的重要手段。一国（地区）政府稳定、公正地供给公共产品可以显著地降低国（地区）内冲突复发的风险。持久和平的维持取决于公共产品的供给水平。[1]长期的政治和社会经济产品供给不公或不足会导致民众的"怨恨"，破坏统治合法性，从而为反政府武装组织的动员和招募打开机会窗口，激发国（地区）内冲突。[2]签订和平协议，随之终止冲突并不会直接化解和平息怨恨，怨恨的平息与化解更直接地取决于公共产品的重新供给安排。冲突后新的政治权力结构和制度安排不可回避地要回答如何解决公共产品的供给问题。"公共物品供给本质上是资源的分配或再分配，其物质基础主要来源于国家建设、经济增长和社会整合。"[3]强大的国家能力是实现最低必要水平公共产品供给的必要条件。[4]而约束政府的权力，限制政府对于社会资源的汲取能力，并确保有代表性、负责任的政府是实现最低必要水平公共产品供给的充分条件。联合国维和行动在时机选择上对于冲突国家能力有不同的影响，预防冲突是为防止暴力冲突发生、升级和扩散所作的努力，其目的是尽早发现社会群体间的"怨恨"情绪，并尽可能地对其疏导。至于维和行动，是针对冲突的结束方面发挥作用，是对于已经爆发了的冲突进行限制、控制。而维和结束以后需要建设和平来巩固成果，通过建立公平、公正、包容性的制度来化解和转换"怨恨"的根源，或是因"怨恨"而引发冲突的行为动机。因此，联合国维和行动的国际安全联合产品属性在和平进程的不同阶段具有不同的、具体的体现。

加利在1992年的《和平纲领：预防外交、建立和维持和平》（以下简称

---

〔1〕 参见卢凌宇：《公共物品供给与国内冲突的复发》，载《国际安全研究》2018年第4期。

〔2〕 主流研究认为，国（地区）内冲突的起因可以归咎于机会、贪婪和怨恨这三类主要因素，详见：James Fearon, David D. Laitin, "Ethnicity, Insurgency and Civil War", *American Political Science Review*, Vol. 97, No. 1, 2003, pp. 75-90; Paul Collier, Anke Hoeffler, "Greed and Grievance in Civil War", *Oxford Economic Papers*, Vol. 56, No. 4, 2004, pp. 563-595; Lars-Erik Cederman, Nils B. Weidmann, Kristian Skrede Gleditsch, "Horizontal Inequalities and Ethnonationalist Civil War: A Global Comparison", *American Political Science Review*, Vol. 105, No. 3, 2011, pp. 478-495. 关于国内冲突研究进展的评论和回顾，详见：Christopher Blattman, Miguel Edward, "Civil War", *Journal of Economic Literature*, Vol. 48, No. 1, 2010, pp. 3-57; Lars-Erik Cederman, Manuel Vogt, "Dynamics and Logics of Civil War", *Journal of Conflict Resolution*, Vol. 61, No. 9, 2017, pp. 1992-2016; 唐世平、王凯：《族群冲突研究：历程、现状与趋势》，载《欧洲研究》2018年第1期；陈冲：《机会、贪婪、怨恨与国内冲突的再思考——基于时空模型对非洲政治暴力的分析》，载《世界经济与政治》2018年第8期。

〔3〕 卢凌宇：《公共物品供给与国内冲突的复发》，载《国际安全研究》2018年第4期。

〔4〕 See Francis Fukuyama, *State-building: Governance and World Order in the 21st Century*, Cornell University Press, 2004.

《和平纲领》）报告中把预防性外交、缔造和平、维持和平与冲突后建设和平并提，认为四者构成了一个完整的维和机制体系[1]。但是，实际情况中，维和行动并非一个明确、统一的概念，上述四者间往往相互混淆或相互指代。2018 年安理会的一份关于预防冲突的主席声明中，即认为一项全面的预防冲突战略应包括预警、预防性部署、调解、维持和平、不扩散、责任制措施和冲突后建设和平，承认这些组成部分是相互依存、相互补充和非连续的。[2]由于缔造和平时常发生在维持和平阶段，而强力和平具有合法性争议，所以两者不单独进行分析。本书承认预防冲突、缔造和平、维持和平与建设和平相互之间具有不可分割性。但为了便于分析，本书还是采用了狭义的概念，将它们设定为和平进程的不同阶段，在不同阶段有明确的具体任务，是三个独立的概念。本书用联合国维和行动来指代包括三者的和平进程，并认为在三个阶段中体现了不同的联合公共安全产品属性。

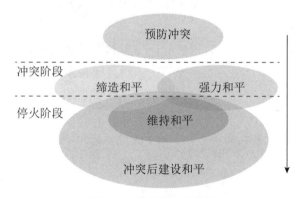

图 1-1 联合国和平进程

资料来源：DPKO and DFS, *United Nations Peacekeeping Operations：Principles and Guidelines*, 2008, p. 16.

二、预防冲突与公共安全产品的设计

预防冲突（conflict prevention）是联合国安全治理从反应文化转至防止文

---

〔1〕 参见刘文祥：《论联合国的预防性外交》，载《当代世界与社会主义》2005 年第 1 期。

〔2〕 See United Nations, "Statement by the President of the Security Council", S/PRST/2018/1, 2018.

化的集中体现。预防冲突与维和行动的不可分割性和综合性是其最主要的特点。预防冲突是维和行动的前奏和补充，改变了维和行动事后反应的行动方式，降低了冲突管控的成本和损害。[1]根据《和平纲领》的定义，预防性外交（preventive diplomacy）通过采取行动，防止两方发生争端，防止现有的争端升级成为冲突，并在发生冲突时限制冲突的扩大。[2]预防性外交可以由秘书长及其幕僚、专门机构、安理会、联合国大会决定实施，由区域组织同联合国合作进行。预防性外交的具体手段为：建立信任措施，以收集资料、事实调查为基础的早期预警以及预防性部署，乃至设立非军事区等。[3]不过在现实的操作中，联合国的实际举措已经超越了外交手段，开展更多的是预防性部署、预防性武装解除、预防性人道主义等行动，联合国的冲突预防已经越发成为"结构性预防"行动，即试图找出冲突发生的社会、政治和经济的根本结构原因，以及采取何种措施来防止国家失能和崩溃，怎样在冲突后重建经济、政治和社会架构。[4]从以外交军事手段为主扩展为政治、经济、社会、制度建设等综合领域。

联合国是预防冲突的最为积极的倡导者和实践者。联合国成立本身就可以被视为一项防止暴力冲突的重要举措。联合国在多项文件中重申了预防冲突是国家的首要职责，[5]在早期，德奎利亚尔曾表示，一盎司的预防价值相当于一磅的治疗。现任联合国秘书长安东尼奥·古特雷斯（Antonio Guterres）在上任的第一年就把预防冲突放在了他工作的首要和中心议程上。[6]然而，现实中预防冲突是一件供给严重赤字的公共产品，防患于未然的意识仍未得到

---

〔1〕 参见刘文祥：《论联合国的预防性外交》，载《当代世界与社会主义》2005 年第 1 期。

〔2〕 参见联合国秘书长报告：《和平纲领：预防外交、建立和平与维持和平》，A/47/277-S/24111，1992 年，第 8 页。

〔3〕 参见联合国秘书长报告：《和平纲领：预防外交、建立和平与维持和平》，A/47/277-S/24111，1992 年，第 26 页。

〔4〕 参见［瑞典］卡琳·埃格斯坦著，常竹亭译：《冲突预防与非政府组织的作用》，载《外交评论（外交学院学报）》2006 年第 5 期。

〔5〕 参见联合国安理会第 2015 号决议；联合国和平行动高级别独立小组的报告：《集中力量，促进和平：政治、伙伴关系和人民》，A/70/95-S/2015/446，2015 年 6 月 17 日。

〔6〕 See United Nations: "Remarks to the Security Council Open Debate on 'Maintenance of International Peace and Security: Conflict Prevention and Sustaining Peace'", https://www.un.org/sg/en/content/sg/speeches/2017-01-10/secretary-generals-remarks-maintenance-international-peace-and, last access on June 8, 2019.

应有的重视。这主要是因为眼前的问题总是优先于潜在的问题，因为预防的效果要以后才能体现出来，而且很难量化，可是代价却现在就要付出。[1]预防冲突具有明显的公共安全产品属性，能够尽早地探测到社会中的"怨恨"情绪，及其转化为冲突的准备行动。预防性外交即肇始于冷战期间东西方对峙的情况下，由联合国积极出面对地区冲突灭火，以防止地区冲突的火花引燃超级大国的对抗。冷战结束后的动荡与新旧格局转换为预防性行动的延续与突破提供了可能。预防冲突的公益性也越加丰富，除了与拯救人命和防止暴行有关的道德价值之外，预防还将暴力循环造成的破坏成本降至最低。通过防范一个有可能出现大规模武装暴力的地区，预防也可以尽量减少暴力的间接成本，例如减少军事开支、潜在冲突外溢邻国和地区，以及潜在经济发展的损失。从现实情况来看，联合国较多运用的预防手段包括事实调查、秘书长及其代表的斡旋、维和部队的预防性部署以及预防性裁军。其中的预防性部署，就其指导思想而言，实际上是提前了的维和行动。[2]

除了对于公共利益的考量，投入预防冲突行动还受到供给方私有利益的驱动，其中最主要的是对于现有预防行动的投入和长期和平收益，以及管控未来冲突的成本三者之间的计算。由于对于未来长期和平收益抱有很大的不确定性，以及高估了现有的预防行动投入，所以无法充分确保投入预防能获得较理想收益的计算结果，往往成为国际社会投资预防冲突行动的阻碍。很多学者试图通过预防的成本效益计算模型的正面结果来重新塑造供给方的行为动机，这些结果普遍认为，预防冲突是一项合理和成本效益高的战略，对国际社会来说，在暴力爆发之前采取预防行动比在暴力发生期间或之后进行干预要节约得多。[3]马尔科姆·查莫斯（Malcolm G. Chalmers）则具体指出，预防的成本—效益比介于 1：2 和 1：7 之间。也就是说，从中期到长期来看，投资者在预防有关活动中每投资 1 美元可以为在冲突爆发后介入节省 2 美元

---

〔1〕　联合国秘书长报告：《预防武装冲突》，A/55/985-S/2001/574，2001 年，第 6 页。

〔2〕　参见扈大威：《冷战后国际关系中的冲突预防》，世界知识出版社 2018 年版，第 104 页。

〔3〕　See Foreign and Commonwealth Office, *The Global Conflict Prevention Pool: A Joint U. K. Government Approach to Reducing Conflict.* Foreign and Commonwealth Office, 2003; IEP（Institute for Economics and Peace）, *Measuring Peacebuilding Cost - Effectiveness*, IEP, 2017; H. Mueller, "How Much Is Prevention Worth?", *Background paper for the United Nations - World Bank Flagship Study*, Washington, DC, 2017; World Band, United Nations, *Pathways for Peace: Inclusive Approaches to Preventing Violent Conflict*, Washington, DC, 2018.

至7美元。[1]由此可见，当供给方如若能明确在冲突爆发之前积极投入预防行动，则可避免冲突爆发后投入更多的资源，那么就可以确保预防冲突可以得到稳定和充足的供给。诚然，这只是一种理想、简化了的假设，现实中，不同的行为体还具有更为复杂的利益关切和供给驱动，比如地理、贸易依赖程度、文化认同等因素还将会细化利益的计算。此外，一些其他方面的利益仍是供给预防冲突行动的重要驱动力，例如，预防冲突往往是一些国家介入他国内政的口实，一些国家甚至通过建立早期预警机制来进行情报收集活动。

三、维持和平与公共安全产品的内核

自1948年成立了联合国（驻巴勒斯坦）停战监督组织以来，经过70余年的发展，联合国维和行动经历了深刻的发展和变化。从早期的维持停火、隔离部队和监督撤军等单一的军事安全职能，发展为加入了武装人员的解除武装、复员和返乡的所谓 DDR 的政治职能，以及目前逐渐融入政治、发展、人道主义援助、人权等综合职能。联合国维和行动已经从一种"治标"的冲突管理手段，转化为试图解除冲突根源的包括预防冲突、维持和巩固和平在内的，即一种"治本"的综合治理。从这个意义上讲，维和不仅是一项行动，更是联合国主导的全球安全治理的核心内容，是为冲突地区和国际社会提供的一种公共安全产品。[2]为了与预防冲突行动和建设和平行动有所区别，此处使用的是狭义的维和行动概念，仅指在实际运作中，维和行动的两项最为根本的任务：一是制止或遏制战争行动，为和平解决争端创造条件；二是监督落实已达成的协议。维和行动针对冲突的结束方面发挥作用，对于已经爆发了的冲突进行限制、控制。

首先，维和行动最主要的公共产品属性体现在，它可以制止或遏制暴力冲突所产生的负外部性，也就是说维和行动本身会产生正面外部性。维和行动的正面外部性是个逐层外溢的过程，也就从冲突当事方外溢至周边地区，乃至更大范围的国际层面。维和行动首先维持了国家层面的稳定局面。当前

---

〔1〕 See Malcolm G. Chalmers, "Spending to Save? The Cost-Effectiveness of Conflict Prevention", *Defense and Peace Economics*, Vol. 18, No. 1, 2007, pp. 1-23.

〔2〕 参见张贵洪：《联合国与人类命运共同体》，载《当代世界与社会主义》2018 年第 1 期。

的武装冲突形式多是国内冲突，并且是国内局部的地区冲突，全国范围的武装冲突仍为少数。维持和平行动通过减少地方冲突，影响到国家层面的稳定。有效的维持和平行动制止了冲突的升级和扩散，虽然和平协议和停火为政府和叛军当局提供了加强其力量的机会，但同时也为进一步终止冲突提供了机会窗口，此时的维和人员通过提供政府和叛军领导人行动的透明度来协助和平进程，[1]从而增强冲突双方对和平进程的信任。维和人员还可以避免冲突地区出现法治真空的局面。所有这些因素对支持全国范围内和平协定都是必不可少的。其次，成功的维和行动能避免国（地区）内冲突发展为地区性国际冲突，减少邻国（地区）的潜在损失。外溢性是冷战后武装冲突的一大特点。伯顿（John W. Burton）认为，国际层次的冲突是一些国内机构或个人问题外溢而形成的。[2]例如，在 20 世纪 80 年代哥斯达黎加出现局部冲突后，其邻国萨尔瓦多、危地马拉、洪都拉斯、尼加拉瓜相继都被卷入了内战之中。有时这种外溢效果对邻国（地区）的影响比战乱国（地区）自身受到的影响还要大。其原因包括需要应对战乱产生的国际难民、贸易路径和市场的中断、环境压力、旅游收入损失，以及用以防卫边境地区和保护难民营地的额外支出等。最后，维和行动潜在地维护了更大范围的国际体系的稳定。维和行动创始的一个初衷是避免冷战期间美苏两个超级大国的直接对抗。冷战结束后，全球范围内有组织的犯罪、恐怖袭击、大规模杀伤性武器，以及小型武器的扩散等这些非传统的安全议题成为威胁安全体系的重要因素，是更为普遍的安全关切，并且这些问题往往来源于地方性的冲突。地区安全是全球安全不可分割的一部分，在全球化、联系日益紧密的时期，地区安全，或是单独的冲突事件很难成为孤立的个案，事件间、议题间具有密切的联系性和传导性。对于具体冲突事件的有效管控，间接杜绝了其诱发其他恶性安全结果的可能。综上可以看出，维和行动是维护国际体系稳定的重要公共安全产品。

　　国际行为体的任何一项国际干预行为都包含有自利的动机。库珀（Robert Cooper）和别尔达（Mats Berdal）认为，第三方介入他国（地区）内部武装冲突有多种考虑，可能是为了边界利益，为了谋求地区稳定，或是为了保护

---

〔1〕　See Andrea Ruggeri, Han Dorussen and Theodora-Ismene Gizelis, "Winning the Peace Locally: UN Peacekeeping and Local Conflict", *International Organization*, Vol. 71, No. 1, 2017, p. 164.

〔2〕　参见 ［澳］约翰·W. 伯顿著，马学印、谭朝洁译：《全球冲突：国际危机的国内根源》，中国人民公安大学出版社 1991 年版，第 118 页。

自身的外交、经济、军事利益和人权等。[1]虽然联合国维和行动能产生一定的公共效益，但它同时会为行动的参与者们带来一定私有利益。维和附带的私有利益包括政治、经济、安全和规范的不同方面。就政治利益来看，一些国家（地区）能够通过参与联合国维和行动来实现一些政治目标，例如扩大他们在政治安全议题中的发声，[2]或是通过参与来推动联合国安理会的决策改革，以及提高自身的国际声望等。就经济利益来看，由于联合国会为会员国参与维和行动进行补偿，那么这便对于会员国，特别是发展中的小国，提供了一定的经济利益。同一个贡献维和行动的会员国家内部，还会有不同层面的经济收益。对于各国政府来说，特别是经济规模较小的发展中国家的政府，联合国的赔偿款项是一笔客观的财政收入和外汇来源。对于国防和安全部门来说，可能会在联合国维和补偿款项中看到增加部门预算的机会。对于军事和警察人员来说，联合国发放给维和人员的每月 1428 美元的津贴多于他们在国内的工资水平的部分，即他们获得的利益。对于私营企业和国家企业来说，它们便可以从联合国的采购合同中获利。就安全利益来看，关于冲突对于自身国家安全利益威胁程度的判断明显会左右一个国家维和行动的参与程度和获得安全利益的大小，[3]冲突的邻国或许会因参与维和行动而获得多于其他非邻国的安全利益。就规范利益来说，对于不结盟国家集团的会员，或是发展中国家，联合国框架内的维和行动是大国霸权的合理替代选择；[4]但对于西方大国来说，联合国维和行动则是他们推行自由价值、人权观念的重要工具。显然，不同的国家会有不同的私有获利。

四、建设和平公共安全产品的升级

建设和平是改变后冲突社会公共产品供给的重要手段。建设和平的实质

---

〔1〕 See Robert Cooper, Mats Berdal, "Outside Interventions in Ethnic Conflicts", *Survival*, Vol. 35, No. 1, 1993, pp. 118-142.

〔2〕 See Arturo C. Sotomayor Velázquez, "Why Some States Participate in UN Peace Missions While Others Do Not: An Analysis of Civil-Military Relations and Its Effects on Latin America's Contributions to Peacekeeping Operations", *Security Studies*, Vol. 19, No. 1, 2010, p. 169.

〔3〕 See Vincenzo Bove, Leandro Elia, "Supplying Peace: Participation in and Troop Contribution to Peacekeeping Missions", *Journal of Peace Research*, Vol. 48, No. 6, 2011, pp. 699-714.

〔4〕 See Alex J. Bellamy, Paul D. Williams eds., *Providing Peacekeepers: The Politics, Challenges, and Future of United Nations Peacekeeping Contributions*, Oxford University Press, 2013, p. 20.

是国际社会通过干预改变冲突后国家能力和政府性质的努力。[1]建设和平行动通过两个层面来影响冲突后社会的公共产品供给情况。一方面，在冲突协议达成后，建设和平行动可以及时补充利于社会秩序恢复方面的公共产品，这时起到的是补充性作用；另一方面，在任务的具体执行阶段，建设和平行动重新塑造当地的行政、司法和政治机构，从而确立了新的权力格局和公共产品供给规则，这时起到的是塑造性作用。建设和平的根本目标是恢复冲突后国家的公共产品供给能力，并确立公正的供给规则。冲突后对于政府而言，更大的挑战在于提供令社会基本满意的公共经济产品，而在战后初期，公共安全产品供给通常会被给予优先考虑，其他公共产品的供给依赖于安全稳定的社会环境。然而，建设和平的行动规范依托的是一种自由主义的和平价值观，强行在后冲突社会建立西方国家所坚持的自由主义和平秩序，往往无法满足后冲突社会的实际需求。

冷战后建设和平成为联合国维和行动的中心任务，"以建设和平为中心任务的多维维和行动（multi-dimensional peacekeeping operations），取代以维持和平为中心任务的传统维和行动（traditional peacekeeping operations），成为联合国最重要的冲突管理手段。"[2]1992年，联合国秘书长加利（Butros Butros-Ghali）在《和平纲领》中介绍了建设和平的定义，认为建设和平是旨在巩固和平和避免重陷冲突的一系列行动。1995年联合国秘书处推出《和平纲领补编》，强调了开展国家制度建设的必要性。[3]联合国秘书处于2000年推出的《联合国和平行动问题小组报告》（又称《卜拉希米报告》），给出了更为完整的定义，即在远离冲突的方面，进行活动，重新建立和平的基础以及提供工具，让人们能在那些基础上建设起不只是无战争的环境，并指出建设和平包括但不限于使前战斗人员重返民间经济，加强法治（例如通过当地警察的训练和改组以及司法和刑法改革）；通过监测、教育和调查过去和现在的侵犯

〔1〕 See Naazneen H. Barma, *The Peacebuilding Puzzle*: *Political Order in Post-Conflict States*, Cambridge University Press, 2017, p. 13.

〔2〕 何银：《联合国建设和平与人的安全保护》，载《国际安全研究》2014年第3期。

〔3〕 参见联合国秘书长报告：《和平纲领：预防外交、建立和平与维持和平》，A/47/277-S/24111，1992年，第55页；"Supplement to an Agenda for Peace: Position Paper of Secretary-General on Occasion of the Fiftieth Anniversary of the United Nations: Report of the Secretary-General on the Work of the Organization", A/50/60-S/1995/1, January 3, 1995.

人权状况加强对人权的尊重；提供促进民主发展的技术援助（包括选举援助和支持自由媒体），以促进解决冲突与和解的技巧。[1]之后秘书长又出台了多份关于冲突结束后立即建设和平的报告。其中2009年的报告指出，冲突后早期阶段的国家和国际努力应侧重于满足最紧迫和最重要的建设和平目标，即建立安全，建立对政治进程的信心，提供最初的和平红利，并扩展核心的国家能力。支助政治进程和重建和平稳定的政治秩序必须成为中心目标。冲突后的政府需要建立有助于恢复其合法性和有效性的国家核心能力，包括提供基本服务和基本公共安全、加强法治、保护和促进人权的能力。[2]核心的问题领域包括支助基本的安全和安保，包括地雷行动，保护平民，解除武装、复员和返乡，加强法治和启动安全部门改革；支助政治进程，包括选举进程，促进包容各方的对话与和解，以及发展国家和国家以下各级的冲突管理能力；支助提供基本服务，如供水和卫生、保健和初级教育，以及支助境内流离失所者和难民安全和可持续地返回和重返社会；支助恢复国家和国家以下各级的核心政府职能，特别是基本公共行政和公共财政；支助经济振兴，包括创造就业机会和提供生计（农业和公共工程），特别是为青年和复员的前战斗人员创造就业机会和提供生计，以及恢复基本的基础设施。[3]

由此可见，目前联合国干预下的建设和平过程可以简单地概括为国家建设（state-building）和民主化（democratization）的过程。制度建设和经济发展则是建设和平的两大支柱。[4]建设和平行动为冲突后国家提供了政治和社会—经济两种类型的公共产品。"经济和社会产品满足人们生存和发展的基本需要，而政治产品则既为资源分配和再分配制定了规则，又有助于降低公共怨恨，从而使潜在的反叛者不必再次犯险。"[5]在建设和平的不同阶段，公共产品的供给有不同的侧重。在达成和平协定的初期阶段，在冲突后社会仍处于失序、政府机构职能尚未恢复、人道主义尚处于危机的情况下，建设和平

---

〔1〕 参见联合国：《联合国和平行动问题小组的报告》，A/55/305-S/2000/809，2000年，第2页。

〔2〕 联合国：《秘书长关于冲突结束后立即建设和平的报告》，A/63/881-S/2009/304，2009年，第5~6页。

〔3〕 参见联合国：《秘书长关于冲突结束后立即建设和平的报告》，A/63/881-S/2009/304，2009年，第5~6页。

〔4〕 参见何银：《联合国建设和平与人的安全保护》，载《国际安全研究》2014年第3期。

〔5〕 卢凌宇：《公共物品供给与国内冲突的复发》，载《国际安全研究》2018年第4期。

行动的首要目标是改善国（地区）内安全。维和行动部队，特别是维和警察通常起到临时政府的作用，解除武装、维持治安、重新安置难民和国（地区）内流离失所者，并尽可能地提供人道救助。这时的建设和平行动旨在填补政府机构职能真空，发挥临时性的补充作用，提供以安全、社会—经济为主的公共产品。在冲突后社会秩序逐渐恢复之后，联合国建设和平行动开始进入了过渡性治理建设，在这一阶段，建设和平的目的旨在恢复冲突后国家的政府机构，强调了两套制度结构的建设：一套是行政结构，以便政府对民众行使控制权力，履行政府服务职能；一套是政治安排，以便保障民众的政治参与，并确保政治统治的合法性，这一阶段，建设和平一方面提供了政治公共产品，另一方面确立了公共产品供给的制度和规则。

联合国建设和平行动无疑是在冲突后国家（地区）政治能力不济的情况下对于公共产品的有力补充，然而，建设和平行动仍被供给方的私有利益裹挟，即供给方有意在建设和平过程中传播自由价值、植入民主制度。联合国建设和平的模式建立在一个自由价值的理想上，即运转良好的民主国家将提供公共产品和服务，共享繁荣，这是维持和平的支柱，体现着"民主和平论"的思想本源。然而，现实中往往忽视了冲突社会的实际情况和根本需求。一方面，在建设和平的两大支柱中，制度建设得到了过多的关注，而对于经济发展却投入不足。[1]另一方面，植入式的民主制度建设通常难以避免在冲突后国家的政治生态中水土不服，[2]往往产生新的政治寻租激励，有违民主制度的本质。由于建设和平过程中，并非能确保全部政治精英获得同等权力，势必形成新的权力格局。冲突后的权力结构中，新兴精英阶层为履行其承诺，通常会形成新的"庇护—客户"（patron-client）网络，[3]仅对于支持他们上台的民众或利益集团负责，提供倾向于这些群体的公共产品，而造成更广泛的民众公益受损。由于不需要在更广泛的民众中建立信誉，权威的正式结构——比如政府机构和制度化的政治党派——反过来被削弱了。而这种不公正的公共产品供给模式，即集团化的供给，又为集聚"怨恨"提供了可能。

---

〔1〕　参见何银：《联合国建设和平与人的安全保护》，载《国际安全研究》2014 年第 3 期。

〔2〕　See Virgina Page Fortna, "Peacekeeping and democratization", in Anna K. Jarstad, Timothy D. Sisk eds., *From War to Democracy*, 2008, pp. 39-79.

〔3〕　See Naazneen H. Barma, *The Peacebuilding Puzzle：Political Order in Post-Conflict States*, Cambridge University Press, 2017.

维和行动作为公共安全产品的演化过程

    联合国维和机制作为联合国集体安全机制体系的重要组成部分,在冷战前后经历了深刻的发展变化,即从一种单维的冲突管理方式演化为综合型的安全治理方式。联合国维和行动已经从核心的维持和平阶段向前延伸至冲突预防阶段,向后延伸至建设和平阶段,形成了一条完整的和平行动链条。联合国维和行动的任务范围也随着国际冲突形势及其对国际和平与安全威胁的变化而不断演进。维和行动作为国际公共安全产品,体现了随着安全市场需求变化而逐渐升级、演变的轨迹。总体看来,联合国维和行动经历了从单维型、多维型向综合型维和行动演化的过程,但这一过程并非线性的。联合国维和行动在未来的发展过程中将出现维和规模的精简化、维和任务的治理化、维和参与方的网络化等趋势。

第一节　维和行动的发展历程

    国际社会自始至终都存在通过集体行动来确保和平与安全的行为。和平行动的起源可追溯到 19 世纪末至 20 世纪中叶,当时的欧洲大国试图通过军事手段管控冲突、保护海外的基督徒,或是将他们的集体意志强加于其他国家。[1]早期的一些和平行动是拿破仑战争后欧洲协调机制的伴生物,例如1848 年~1849 年瑞典派出和平部队维持石勒苏益格和赫尔斯泰因之间的和平、1817 年大英帝国动用海军反对奴隶贸易、19 世纪 20 年代的多国部队对抗北非海盗、1821 年奥地利人对那不勒斯的干预等。这些行动或是出于维持国际

---

〔1〕 See Alex J. Bellamy, Paul D. Williams, *Understanding Peacekeeping*, Polity Press, 2010, p. 71.

现状的目的，或是出于维护殖民地利益、人道主义的目的，但都体现了国际维和行动的雏形。而第一次世界大战后的国际维和行动是国际集体安全机制的产物。1920 年国际联盟（以下简称国联）的成立标志着战后国际社会希望借由集体安全来确保每个会员国的安全利益。然而当时国际联盟无论在组织结构方面，还是理念、规范方面都存在诟病。虽然当时国联对于战后秩序重建也发挥了一定作用，例如对于德国萨尔地区和但泽港的托管，以及监督石勒苏益格、奥尔什丁、马林维尔德地区的公投活动等，但总体来看，国联是失败的，其倡导的集体安全主张无法从根本上解决大国间的矛盾，而其采取的一些和平行动更多的是维护强权的利益，只能暂时缓解冲突矛盾。第二次世界大战后，联合国的创立是国际社会寻求集体安全的又一次尝试，联合国维和机制是联合国集体安全机制体系的重要组成部分，在冷战前后经历了深刻的发展变化。

一、冷战时期维和行动作为公共安全产品的创始

现今所讨论的国际维和行动被公认为由联合国首创。第一项维和行动是根据联合国安理会第 50 号决议于 1948 年 6 月 11 日成立联合国（驻巴勒斯坦）停战监督组织。1956 年 11 月，为了应对苏伊士运河危机，联合国大会通过 998 号、1000 号和 1001 号决议，组建了紧急部队赴埃及苏伊士运河地区和西奈半岛，执行监督以色列、英国和法国军队从埃及领土撤军并在埃以部队之间建立缓冲区的任务。联合国紧急部队成为联合国历史上第一支成建制的武装维和部队。1964 年 3 月，为防止塞浦路斯国内希腊和土耳其两个民族之间的冲突再起，联合国成立塞浦路斯维和部队，民事警察首次加入维和人员行列。1965 年 4 月，多米尼加共和国爆发内战后，美洲国家组织根据第十次外长磋商会议的决定成立美洲国际和平部队，这是第一支区域组织领导的维和部队。埃及和以色列两国于 1979 年签订《埃以合约》的《附加议定书》。在《附加议定书》谈判过程中，两国请求联合国派遣国际部队和观察员对两国边境地区的驻军与武装数量进行监督。由于联合国无法满足这一请求，来自欧洲、美洲和大洋洲的 11 个国家自愿组成名为"多国部队与观察员"的国际维和部队，这是第一支由自愿国家联盟实施的维和行动。而 1989 年 4 月联合国成立的纳米比亚过渡时期援助团是维和行动历史上第一项承担政治、军

事、法治等多项职能的维和行动。1995 年 3 月，联合国在南斯拉夫联邦间部署了第一项预防性部署部队。[1]纵观 70 年的发展历程，截至 2018 年，已有逾 100 万人员参与了联合国展开的 71 项维和行动。[2]

联合国之外的维和行动也得到迅速发展，人数规模还一度超过了联合国维和人员。国际维和行动的手段和内容不断发展与丰富，概念已经从"维持和平"（peacekeeping）扩展到"预防性外交"（preventative diplomacy）、"建立和平"（peacemaking）、"强制执行和平"（peace enforcement）、"缔造和平"（peacebuilding）和"保持和平"（sustaining peace）。维和任务也主要从监督停火，扩展至监督选举、人道援助、难民遣返、前战斗人员解除武装、复员和返乡以及冲突国家的司法制度建设等。国际维和行动是国际社会参与最为广泛的安全治理行为。

总体看来，冷战期间的联合国维和行动是在美苏对峙的情况下，为寻求解决地区性冲突而产生的中间道路。第二次世界大战后联合国的集体安全机制正是新的国际和平与安全秩序的重要支柱。第二次世界大战是世界殖民历史的一个分水岭，带来了国际关系的深刻变化。战争导致了英法等老牌殖民主义国家的衰弱和被殖民国家的民族意识觉醒，反殖民主义、争取民族独立的民族解放运动成为不可阻挡的潮流。殖民地、半殖民地国家较为集中的撒哈拉以南非洲地区、中东、南亚和东南亚成为冷战期间冲突较为频发的地区。这些地区或多或少与美苏两国存在着直接或间接利益关系，或是美苏争取的势力范围，国际冲突往往上升为是"东方"还是"西方"的问题。联合国集体安全机制因为美苏大国间的对立，很难发挥其作用。1948 年爆发了第一次中东战争，联合国在调解不成功又无法实施强制性行动的情况下，采用了临时性的"维持和平"措施，即临时从一些会员国抽调军事人员对冲突地区进行观察和监督停火——联合国维和行动的历史由此发端。但是在美苏争霸的时代背景下，联合国也不免成了两个霸权的角力场，两大国时常直接插手其他国家的内部事务，致使联合国维和行动无法大有作为。[3]从 1978 年部署"联合国驻黎巴嫩临时部队"（UNIFIL）到 1988 年部署"联合国阿富汗和巴

---

〔1〕 参见陆建新等：《国际维和学》，国防大学出版社 2015 年版，第 2~3 页。

〔2〕 参见联合国官网：《联合国维持和平人员：七十年的奉献与牺牲》，载 http://www.un.org/zh/events/peacekeepersday/，最后访问日期：2018 年 8 月 20 日。

〔3〕 参见陆建新等：《国际维和学》，国防大学出版社 2015 年版，第 28 页。

基斯坦斡旋特派团"（UNGOMAP）的 10 年时间里，安理会未能通过部署一次维和行动的决议。只有在一些未涉及美苏根本利益的地区，在联合国维和行动的框架下进行有限的合作以维持国际和平与安全才是符合两国利益的，因而当这些地区有冲突发生时，联合国维和行动更容易通过安理会获得部署，如美苏在苏伊士运河危机中的合作。[1]

为解决地区性的冲突，避免美苏两个超级大国间的直接对峙，联合国维和行动成为解决地区冲突的一个创新手段，是联合国在冷战期间无法实现其集体安全目标情况下的中间道路和权宜办法。派遣联合国紧急部队的建议之所以被国际社会所接受，是因为它避免了美国和苏联为了急于填补中东"政治真空"而发生正面冲突的可能性。对于均已掌握核武器的美苏来说，双方都不愿意在可能发生的核战争中两败俱伤。于是，作为中间道路，联合国维和行动再次成为无奈的选择。[2]这一时期的维和行动之所以被视为中间道路，不仅是因为它是大国关系的"缓冲器"，还因为它是国际冲突的"防火器"。哈马舍尔德提出了"预防性外交"理念。此时的维和行动旨在防止冲突地区的战火蔓延，而并非从根本上解决冲突，并不是冲突的"灭火器"。这一时期的维和行动通常被视为单维或单角度（one-dimension）的冲突管理方式，内容较为单一，主要包括隔离交战双方部队、建立缓冲区、监督撤军等军事任务，人员构成也以军事人员为主。目的仅是解决一个庞大体系的某些方面的问题，往往会扭曲、转嫁或转移体系中的紧张局势，而不能以协调一致或综合全面的方式处理冲突的根源。[3]

二、冷战结束后维和行动作为公共安全产品的转型

冷战结束后，联合国维和行动开始逐渐成为国内冲突的最为主要的治理手段和解决方案，主要体现在维和行动开始获得更为广泛的国际支持，维和行动数量和规模开始扩大，行动内容不断丰富，维和行动已经成为一项重要的国际公共安全产品。作为一项重要的公共安全产品，联合国维和行动在产

---

〔1〕 参见刘丹：《联合国维和行动的困境及前景》，时事出版社 2015 年版，第 28 页。

〔2〕 参见陆建新等：《国际维和学》，国防大学出版社 2015 年版，第 31 页。

〔3〕 参见［挪］塞德里克·德·考宁：《联合国民事维和以及军民协作维和向综合方式的转变》，载赵磊等：《中国参与联合国维持和平行动的前沿问题》，时事出版社 2011 年版，附录四，第549 页。

品的供给数量、规模，产品内容和产品质量方面都发生了深刻的变化。

从供给数量和规模来看，从冷战时期的 1948 年到 1988 年联合国共开展了 13 次维和行动，而 1988 年至 2018 年则开展了 58 项维和行动，其中几项仍在执行中。其中，1988 年至 1995 年间，维和行动出现了明显的活跃期，联合国总共实施了 26 项维和行动。除了维和行动次数明显增加之外，维和行动的规模也在逐渐扩大。从 1948 年至 2018 年已有 100 余万人参与了维和行动，自 2000 年后，每年维和行动的平均人员达 10 万人。维和人员的结构也更加完善，除军事和警察人员外，还包括行政管理专家、经济学家、选举观察员、人权观察员、民政事务及管理专家、人道主义工作者、通信和公共信息专家在内的一系列民事人员，女性维和人员的参与也在逐步扩大。并且参与维和行动的国家在不断增多，目前联合国维和行动正从 124 个会员国接收军事和警察人员的派遣。此外，就维和开支而言，经费也大幅度的增长，进入 21 世纪后显得更为突出，尽管 2018 年度的经费有所削减，2018 年至 2019 年维和核准经费仍为 66.9 亿美元。[1]维和行动数量增加和规模扩大，主要是由于冷战结束后国际关系新的发展变化。冷战后大国关系改善、国际多边安全合作成为可能，联合国维和行动获得了更为广泛的国际支持。另一方面，冷战结束后，很多地区出现了权力真空，此前压抑已久的矛盾重新爆发，尤其国家内部的矛盾，在一些政权合法性欠缺、控制力较弱的国家中，政权更迭频繁，民族分裂进程加剧，由此造成了国家内部冲突的频度和烈度明显地加大了。国内、国际混合冲突已经取代了传统的国家间战争，成为国际系统中暴力的主要形式。[2]联合国维和行动是国际社会对地区冲突进行的第三方干预，联合国作为最具代表性和合法性的国际组织，维和行动坚持"当事方同意、保持中立、非自卫或履行授权不使用武力"的基本原则。因此，联合国成了最具公信力的维和行动执行者，易于被当事方接纳。

---

〔1〕 上述数据以 2018 年 7 月 31 日为节点，参见联合国维和行动官网：https://peacekeeping. un. org/en，最后访问日期：2019 年 6 月 8 日。

〔2〕 参见胡文秀：《外国内部武装冲突与和平解决》，中国社会科学出版社 2014 年版，第 28 页。

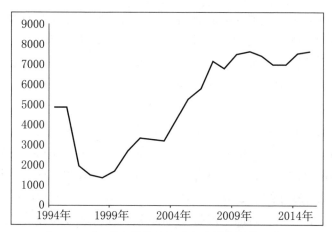

图 2-1　1994 年~2014 年 联合国维和行动年度摊款总额（单位：百万美元）

资料来源：Todd Sandler，"International Peacekeeping Operations：Burden Sharing and Effectiveness"，*Journal of Conflict Resolution*，Vol. 61，No. 9，2017，p. 1881.

从维和行动内容来看，冷战结束后，联合国维和行动开始由以监督国家间停火为主要职责，转变为内战或国内冲突后以支持和平协议的履行为主要职责。以建设和平为导向，维和行动实现了以军事为核心向以民事为核心的重心变迁，出现了军民协作的局面，维和行动已经从一种"治标"的冲突管理手段演化为"治本"的治理方案。时任联合国秘书长加利 1992 年 6 月发表的《和平纲领》中提出了预防外交、促成和平、维持和平、建设和平等一系列旨在"治本"的新措施。[1] 2000 年 8 月，联合国安理会通过的《卜拉希米报告》，又提出了和平行动的概念，肯定了传统"维和三原则"对行动成功的重要性，探讨了如何确保维和行动的部署迅速、执行高效等措施。这些措施反映了冷战结束后国际形势发生的重大变化，即一方面是国内冲突取代了国家间冲突成为主要的冲突形式，而这些发生冲突的国家多数缺乏善治、经济落后；另一方面，冲突的解决通常伴随着民主建设的过程，体现了后冷战时期国际社会出现的民主化倾向。[2] 因此，维和行动的内容开始加入监督或组

〔1〕　参见陆建新：《联合国维和行动：现状与挑战》，载《世界政治与经济论坛》2005 年第 4 期。

〔2〕　See M. D. White, *Keeping the Peace：UN and the Maintenance of International Peace and Security*, Manchester University Press, 1997, p. 216.

织选举；协助裁军和武器控制；排雷；预防性部署；行政管理以及人道主义援助等事务，广泛涉及法治、民政、人权以及经济发展等内容。维和行动的模式从单维行动转为多维行动，乃至综合方式的维和行动。如果说冷战时期以单维行动为主的维和是传统的维和行动，那么多维行动和综合行动则成为区别单维行动的非传统维和行动。

　　从产品质量的视角来看，尽管第二次世界大战后联合国维和行动有了突破性的进展，但维和行动的有效性仍存在很大的争议。维和行动作为联合国最为主要的冲突治理手段，其成效仍然有待改善。诚然，对于维和行动成效的理解本身就存在争议，公认的比较宽泛的标准认为，成功的维和行动的结果应与其目标相一致，而冲突的控制和冲突的解决是维和行动最为直接和根本的目标。[1]但并非所有的行动都以这两个目标为标尺。总体来看，如若将"联合国维和行动分为传统维和行动和非传统维和行动两种类型，并把冲突是否得到控制与冲突是否得到解决分别作为评价传统和非传统维和行动成功的标准。"[2]依此来看，冷战前后，联合国维和行动都有成功与失败的案例，难以得出结论认为冷战后的维和行动较冷战时期更为成功。即便有公认的成功的维和案例，如联合国莫桑比克行动、柬埔寨过渡时期联合国权力机构等。但是，冷战后的维和行动中还产生了许多新的问题，最为关键的是对于维和行动基本原则的挑战，比如关于强制性手段的使用。时任联合国秘书长加利指出，在必要时，联合国应该使用强制性手段，甚至使用武力来迫使有关国家实现和平。[3]因此，联合国维和行动曾一度激进化。安理会不仅对部分国家使用强制手段，还于1990年至1998年间通过12项强制性决议，对相关国家实行经济制裁。[4]激进的维和行动容易引发冲突中某一方的反对和抵制，维和部队也会因此而不同程度地卷入冲突，维和人员甚至成了被攻击的对象，从而导致冷战后的联合国维和行动在激进与保守之间不断徘徊。

---

〔1〕　See Paul F. Diehl, *International Peacekeeping*, Johns Hopkins University Press, 1994.

〔2〕　聂军：《联合国维和行动成功的条件》，载《国际政治科学》2008年第2期。

〔3〕　参见赵磊等：《中国参与联合国维持和平行动的前沿问题》，时事出版社2011年版，第27页。

〔4〕　参见门洪华：《和平的纬度：联合国集体安全机制研究》，上海人民出版社2002年版，第311页。

第二节　维和行动的分类

联合国维和行动是根据联合国安理会的授权部署的。随着冲突形势及其对国际和平与安全威胁的变化，联合国维和行动的任务范围也随之发展和演化。作为国际公共安全产品，体现出了产品随着安全市场需求变化而逐渐升级、演变的轨迹。维和行动的核心内容大体上已经从部署阻止冲突的爆发或跨境蔓延，或在停火后稳定冲突局势，从而为各方营造一种达成持久和平协定的环境，发展至协助执行全面和平协定，并引导相关国家或领地在民主原则、善治和经济发展的基础上向稳定的政府过渡。[1]在和平进程的阶段中，联合国维和行动已经从核心的维持和平阶段向前延伸至冲突预防阶段，向后延伸至建设和平阶段。联合国安理会根据冲突的具体情况而进行授权，每一项维持和平行动都不尽相同，但安理会的授权任务类型有相当程度的一致性。总体看来，联合国维和行动可以分为单维型维和行动、多维型维和行动和综合型维和行动三种类型。[2]不同类型的维和行动在职能、任务和维和人员结构等方面具有一定的差别，但差别并非绝对性的、非线性的。比如，对于刚刚摆脱内战的脆弱国家来说，和解、体制建设和发展的道路是漫长和非线性的，那么，联合国维和行动内容的演变和阶段的划分也是非线性的过程。又如，虽然单维型维和行动以军事人员构成为主，但也需要少数文职人员做管理保障方面的工作。再比如，单维型维和行动并非冷战时期所独有的，冷战后安理会仍会根据具体的监督停火需求部署单维的行动。此外，虽然保护平民的授权在冷战后的多维型维和行动中有所体现，但并非冷战期间的维和行动就不包含此项任务，最早的在非洲执行的保护平民任务就出现在刚果（金）的联刚行动中。因此可以发现，联合国维和行动部署是具体问题具体分析的，具有一定的灵活性。

---

〔1〕 See UN Department of Peacekeeping Operations and Department of Field Support, *United Nations Peacekeeping Operations: Principles and Guidelines*, 2008, p. 23.

〔2〕 部分学者将联合国维和行动的发展变化分为传统型维和行动、复杂型维和行动，或是第一代维和行动和第二代维和行动。

一、单维型维和行动与单一的产品供给

单维型维和行动多部署在冷战期间，主要针对国家间的武装冲突。其部署主要是为了监督落实交战国之间所达成的停火或和平协议，行动以军事内容为主，任务较为单一，主要处于冲突后的维持和平阶段，兼具部分的冲突预防阶段。这类以军事任务为主的维持和平行动通常不会在解决冲突的政治努力中发挥直接作用，仅是为了冲突达成最终的政治解决营造和平稳定的环境。当冲突得到政治解决后，单维型维和行动随即撤出。当然，单维型维和并非仅存在于冷战期间，冷战后也有一些部署，其目的主要是应对一些单一的监督停火任务，或是在完成监督停火后，由履行多维任务的特派团所承接。监督停火的具体任务又包括：监督停火、监督撤军和隔离交战方部队。[1]

监督停火：监督停火的任务通常由军事观察员完成，并不配备任何武器。军事观察员通常被部署在沿边境线或停火线两侧，通过定点观察和流动观察相结合的方式对双方遵守停火协议的情况进行监督，并将违反停火协议的事件逐级上报。定点观察主要在永久的观察哨内进行，也可以选择山顶等制高点作为临时观察点。流动观察主要是驾车巡逻，必要时也可以乘坐直升机或徒步进行巡逻。

监督撤军：监督撤军主要采取两种方式，也是由军事观察员来执行。一是在一方或双方撤军的路线部署观察员，对撤军过程进行监督；二是在完成撤军后对撤军方或双方原先占领的阵地进行考察，核实其当前状态。

隔离交战方部队：确保交战双方部队脱离解除，并在双方之间建立军事区作为缓冲，由武装部队来完成。首先，双方部队必须同时从边境线或停火线后撤一定的距离，从而在双方部队之间建立一个非军事区。其次，维和部队在非军事区部署，对双方部队进行隔离。最后，维和部队在非军事区沿线建立检查站，对出入非军事区的人员和车辆进行检查，以确保非军事区的非军事化。

---

〔1〕 关于监督停火的具体任务内容参见《联合国维持和平行动：原则和准则》，第20~21页；陆建新等：《国际维和学》，国防大学出版社2015年版，第107~110页。

表 2-1 单维型维和行动

和平进程	冲突预防+维持和平
任务	军事任务
职能	安全职能
人员结构	军事人员（军事观察员和维和部队）
案例	联合国停战监督组织 UNTSO（1948 年 5 月） 联合国印度和巴基斯坦观察组 UNMOGIP（1949 年 1 月） 联合国紧急部队一 UNEF I（1956 年 11 月–1967 年 6 月） 联合国黎巴嫩观察组 UNOGIL（1958 年 6 月–12 月） 联合国刚果行动 ONUC（1960 年 7 月–1964 年 6 月） 联合国驻西新几内亚安全部队 UNSF（1962 年 10 月–1963 年 4 月） 联合国也门观察团 UNYOM（1963 年 7 月–1964 年 9 月） 联合国驻塞浦路斯维持和平部队 UNFICYP（1964 年 3 月） 秘书长特别代表驻多米尼加共和国特派团 DOMREP（1965 年 5 月–1966 年 10 月） 印度和巴基斯坦军事观察组 UNIPOM（1965 年 9 月–1966 年 3 月） 第二期联合国紧急部队 UNEF II（1973 年 10 月–1979 年 7 月） 联合国隔离观察部队 UNDOF（1974 年 5 月） 联合国驻黎巴嫩临时部队 UNIFIL（1978 年 3 月） 联合国阿富汗和巴基斯坦斡旋特派团 UNGOMAP（1988 年 5 月–1990 年 3 月） 联合国伊朗/伊拉克军事观察团 UNIIMOG（1988 年 8 月–1991 年 2 月） 第一期联合国安哥拉核查团 UNAVEM I（1989 年 1 月–1991 年 6 月） 联合国中美洲观察团 ONUCA（1989 年 11 月–1992 年 1 月） 联合国驻伊拉克—科威特观察团 UNIKOM（1991 年 4 月–2003 年 10 月） 联合国萨尔瓦多观察团 ONUSAL（1991 年 7 月–1995 年 4 月） 联合国保护部队 UNPROFOR（1992 年 2 月–1995 年 3 月） 第一期联合国索马里行动 UNOSOM I（1992 年 4 月–1993 年 3 月） 联合国利比里亚观察团 UNOMIL（1993 年 9 月–1997 年 9 月） 联合国乌干达卢旺达观察团 UNOMUR（1993 年 6 月–1994 年 9 月） 联合国格鲁吉亚观察团 UNOMIG（1993 年 7 月–2009 年 7 月） 联合国奥祖地带观察组 UNASOG（1994 年 5 月–1994 年 6 月） 联合国塔吉克斯坦观察团 UNMOT（1994 年 12 月–2000 年 5 月） 第三期联安哥拉核查团 UNAVEM III（1995 年 2 月–1997 年 6 月） 联合国克罗地亚恢复信任行动 UNCRO（1995 年 3 月–1996 年 1 月） 联合国预防性部署部队 UNPREDEP（1995 年 3 月–1999 年 2 月） 联合国普雷维拉卡观察团 UNMOP（1996 年 2 月–2002 年 12 月） 联合国安哥拉观察团 MONUA（1997 年 6 月–1999 年 2 月） 联合国塞拉利昂观察团 UNOMSIL（1998 年 7 月–1999 年 10 月） 联合国苏丹阿卜耶伊临时安全部队 UNISFA（2011 年 6 月） 联合国叙利亚监督团 UNSMIS（2012 年 4 月–2012 年 8 月）

资料来源：笔者自制。

二、多维型维和行动与多样的产品供给

复杂的国内冲突形势使联合国维和行动更多地朝向了"多维度"（multi-dimensions）的方向转型。多维型维和是指在一个维和任务区，将军事、警务和民事三部门集中到一个领导机构的统一指挥之下的行动。[1]这些行动通常部署在国内暴力冲突刚刚结束之时，冲突后的社会环境极为复杂，仍然存在着大量的危险情况。有些行动甚至被部署在冲突尚未结束、无和平可以维护的情况下。多维型的维和行动意图从根源上解决冲突，通过建设和平来实现可持续的和平。因此，联合国维和行动的多维化转型是维和行动作为公共安全产品，为应对新的安全形势和需求，得以细化、转型和升级的必然过程。联合国多维型维和行动的核心职能不仅包括军事职能，还添加了政治职能。在和平进程中，开始涉及部分建设和平的任务，具体目标包括在充分尊重法治和人权的情况下，创造安全稳定的环境，同时加强国家提供安全的能力；通过促进对话与和解，支持建立合法有效的治理机构，促进政治进程；提供一个框架，确保所有联合国和其他国际机构以连贯和协调的方式在国家一级层面进行其活动。[2]根据《联合国维持和平行动：原则和准则》中的指导，多维型维和行动的具体任务包括：

战斗人员解除武装、复员和返乡（disarmament, demobilization and reintegration, DDR）。战斗人员解除武装、复员和返乡是努力创造安全和稳定的社会环境的关键部分。当战斗人员放弃武器时，也标志着冲突局面得以恢复的开始。联合国的多维型维和行动通常被授权执行和监督战斗人员解除武装、复员以及协助他们重新回归社会。具体活动包括提供技术咨询；确保解除武装和营地的安全；收集和销毁前战斗人员交出的武器、弹药和其他材料。战斗人员返乡通常还需要与联合国系统内的其他机构协调与合作，特别是与发展项目相关的机构，这些机构将通过创造或提供可持续的生计以帮助这些复员的战斗人员开启新的生活。

---

〔1〕 参见［挪］塞德里克·德·考宁："联合国民事维和以及军民协作维和向综合方式的转变"，载赵磊等：《中国参与联合国维持和平行动的前沿问题》，时事出版社 2011 年版，附录四，第551 页。

〔2〕 See UN Department of Peacekeeping Operations and Department of Field Support, *United Nations Peacekeeping Operations: Principles and Guidelines*, 2008, p. 23.

排雷行动（Mine action）。在许多冲突后的环境中，地雷和其他未爆炸武器装置对平民的安全构成威胁，是影响冲突后社会能否成功恢复的主要障碍。因此，必须采取扫雷行动，创造一个有利于正常生活和发展的安全环境。联合国多维型维和行动除了提供紧急排雷行动援助外，还经常被授权帮助当局制订中期和长期排雷行动计划。

安全部门改革和其他法治相关活动（security sector reform, SSR, and other rule of law-related activities）。安全部门改革和其他社会保障制度是冲突后重建和加强法治的重要组成部分。安全部门改革领域的进展对联合国多维型维持和平行动的成功至关重要，并有助于确定其"退出战略"。冲突后社会的恢复情况在很大程度上取决于国家安全部门和机构有效运作的能力。根据其任务规定，联合国维持和平行动会协助国家警察和武装部队的改组、改革和训练。联合国的多维型维和行动也在加强国家司法制度方面发挥促进作用，安理会授权促进法律和司法改革，或是支持基本法规的创立。

保护和促进人权（protection and promotion of human rights）。大多数武装冲突的严重后果是造成人权的滥用和侵犯。许多严重的侵犯人权行为都发生在武装冲突期间。联合国维和行动认为保护人权必须成为为解决这一冲突而采取的核心行动。联合国系统内的所有机构都有责任确保人权得到促进和保护，并在具体行动中切实执行保护人权的任务。大多数联合国多维型维和行动通过监测和协助调查侵犯人权的行为，并且发展和培养当事方国家相关部门和机构自行保护人权的能力。联合国多维型维和行动坚持全面的人权观和可持续性的人权保护方案。

恢复和扩大国家权威（restoration and extension of state authority）。联合国维持和平行动通过创造有利的安全环境、培养政治领导力或协调其他国际机构、支持和扩大民众的政治参与，以及对国家机构的直接活动提供业务支助来支持恢复和扩大国家权力。在适当的情况下，还包括小规模能力建设或支助大规模的宪政或体制改革进程。

选举援助（electoral assistance）。冲突后达成的《和平协定》中一项重要的内容是举行自由和公正的选举。维和行动通过提供安全、技术咨询、后勤支助和其他方式为选举提供援助，并在组织、监测和进行自由公正选举的努力中发挥直接作用。维和行动中的选举部门的工作人员通常由联合国政治事务部选举援助司建议的专家组成。

此外，进入 21 世纪以来，保护平民也日益成为多维型维和行动的重要职能。保护平民成为"保护的责任"（responsibility to protect，R2P）的核心内容。它不仅对个别维持和平行动的合法性和成功至关重要，而且对整个联合国系统的信誉也至关重要。联合国维和行动对难民和流离失所者的保护主要通过在难民营和流离失所人员营地部署部队和警察的方式进行。[1]在建设和平范围内，联合国希望通过在东道国建立有效的安全制度以保护平民安全。

表 2-2　多维型维和行动

和平进程	冲突预防+维持和平+部分建设和平
任务	军事任务，警事任务，民事任务，保护平民任务
职能	安全职能、政治职能
人员结构	军事人员（军事观察员和维和部队）、警事人员、民事人员
案例	联合国过渡时期援助团 UNTAG（1989 年 4 月–1990 年 3 月） 联合国西撒哈拉全民投票特派团 MINURSO（1991 年 4 月） 第二期联合国安哥拉核查团 UNAVEM Ⅱ（1991 年 5 月–1995 年 2 月） 联合国驻柬埔寨先遣团 UNAMIC（1991 年 10 月–1992 年 3 月） 柬埔寨过渡时期联合国权力机构 UNTAC（1992 年 3 月–1993 年 9 月） 联合国莫桑比克行动 ONUMOZ（1992 年 12 月–1994 年 12 月） 第二期联合国索马里行动 UNOSOM Ⅱ（1993 年 3 月–1995 年 3 月） 联合国海地特派团 UNMIH（1993 年 9 月–1996 年 6 月） 联合国卢旺达援助团 UNAMIR（1993 年 10 月–1996 年 3 月） 联合国波斯尼亚/黑塞哥维纳特派团 UNMIBH（1995 年 12 月–2002 年 12 月） 联合国东斯拉沃尼亚、巴拉尼亚和西锡尔米乌姆过渡行政当局 UNTAES（1996 年 1 月–1998 年 1 月） 联合国危地马拉核查团 MINUGUA（1997 年 1 月–1997 年 5 月） 联合国海地民警特派团 MIPONUH（1997 年 11 月–2000 年 3 月） 联合国警察支助小组 UNPSG（1998 年 1 月–1998 年 10 月） 联合国中非共和国特派团 MINURCA（1998 年 3 月–2000 年 2 月） 联合国科索沃临时行政当局特派团 UNMIK（1999 年 6 月） 联合国塞拉利昂特派团 UNAMSIL（1999 年 10 月–2005 年 12 月） 联合国刚果民主共和国特派团 MONUC（1999 年 11 月–2010 年 6 月） 埃塞俄比亚和厄立特里亚特派团 UNMEE（2000 年 7 月–2008 年 7 月）

---

[1] 参见陆建新等：《国际维和学》，国防大学出版社 2015 年版，第 116 页。难民（refugees）和流离失所人员（internally displaced persons, IDPs）的区别在于：逃出本国国境来到他国的为难民，未逃出本国国境的为流离失所人员。

和平进程	冲突预防＋维持和平＋部分建设和平
	联合国东帝汶支助团 UNMISET（2002 年 5 月–2005 年 5 月） 联合国科特迪瓦特派团 MINUCI（2003 年 5 月–2004 年 4 月） 联合国利比里亚特派团 UNMIL（2003 年 9 月–2018 年 3 月） 联合国布隆迪行动 ONUB（2004 年 6 月–2006 年 12 月） 联合国苏丹特派团 UNMIS（2005 年 3 月–2011 年 7 月） 联合国海地稳定团 MINUSTAH（2017 年 4 月–2017 年 10 月） 联合国海地司法支助团 MINUJUSTH（2017 年 10 月）

资料来源：笔者自制。

三、综合型维和行动与完整的产品链条

随着联合国冲突管理的重心逐渐向建设和平转移，一种综合型的、一体化的维和方式越来越成为冲突或冲突后环境中的指导原则。综合方式（integration）指在联合国承担复杂政治任务之时所采用的某种专门的行动程序和设计，以便使联合国系统内不同部门之间的规划和协调程序都集中统一于联合国系统在某一国家层面所设置的机构，旨在实现政治—安全—发展三大领域的一体化。在维和行动中，综合一词是指联合国维和特派团与联合国国家工作队（UN Country Team）之间彼此衔接的方式，也就是在某一特定的冲突环境中，联合国政治（民事）与安全（军事和警务）行为体与联合国人道主义和发展行为体在驻在国成立一个统一机构的方式。[1]联合国前秘书长安南在《关于综合特派团指导方针的说明》中描述道：综合特派团基于共同的战略计划，对在不同恢复阶段需要采取的方案干预的重点和类别有共同的理解。通过这个一体化进程，联合国力争通过以协调一致和相互支持的方式使其各种能力参与进来，最大限度地发挥对冲突后国家的贡献。[2]联合国前秘书长潘基文也对这种"综合方式"做出重申，认为"综合方式"应该成为这些冲突

---

〔1〕 参见［挪］塞德里克·德·考宁：《联合国民事维和以及军民协作维和向综合方式的转变》，载赵磊等：《中国参与联合国维持和平行动的前沿问题》，时事出版社 2011 年版，附录四，第 551 页。

〔2〕 See UN Sustainable Development Group, *Note of Guidance on Integrated Missions: clarifying the role of the SRSG and the DSRSG/RC/HC*, 2000, p. 4.

及冲突后环境中的指导原则。[1]

促进社会经济复苏与发展，并提供人道主义援助已成为综合型维和行动的两大重要目标。维和行动的综合化发展是在发展与安全概念相互关联的国际背景下出现的，是发展政策安全化和安全政策发展化的集中体现，而且更多的是针对非洲大陆国家的情况。发展政策与安全政策往往相互为依照。"现在，安全政策不仅指导国家安全，还指导人的安全；不仅涵盖暴力威胁，还包括经济和社会关切，如福利、就业和国家财富的分配等。"[2]发展能够确保冲突后重建的社会保持和平，而安全则为发展提供了契机。发展与安全相关联的过程也导致了安全主体的变化，"人的安全"理念开始成为更为广泛的关切，联合国则是新的安全理念最为主要的践行者。在实践过程中，"保护平民"任务越发成为联合国维和行动的核心任务。通常与保护平民任务同时进行的还有人道主义援助活动，人道主义救援工作由联合国专门机构及非政府组织负责。由于非政府组织的独立性，联合国维和特派团通常为其保留开展援救工作所需的"人道主义"空间，即不干预其开展救援工作。当人道主义救援物资及救援工作者的安全无法得到保证时，维和部队会被赋予为人道主义救援工作提供安全保护的职责。在某些情况下，人道主义救援组织因缺乏必要的安全条件而需要撤离东道国，那么，维和部队会取代他们直接为需要者提供人道主义援助。[3]在冲突后环境中，人道主义的工作重点开始转移到恢复与建设和平阶段，人道主义行动的目标已不再是缓解受援人员的痛苦，而是保护受害者具有接受人道主义协助的权利，而不受政治影响和干预。

表 2-3　综合型维和行动

和平进程	冲突预防+维持和平+建设和平+保持和平
任务	军事任务、警事任务、民事任务、保护平民任务、经济任务
职能	安全职能、政治职能、发展职能
人员结构	军事人员（军事观察员和维和部队）、警事人员、民事人员、人道主义和发展行为体、联合国国家工作队

---

[1]　See Decisions of the Secretary-General, "Decision Number 2008/24-Integration", June 25, 2008 Policy Committee.

[2]　张春：《"发展—安全关联"：中美欧对非政策比较》，载《欧洲研究》2009 年第 3 期。

[3]　参见陆建新等：《国际维和学》，国防大学出版社 2015 年版，第 117~118 页。

和平进程	冲突预防+维持和平+建设和平+保持和平
案例	联合国海地支助团 UNSMIH（1996 年 6 月–1997 年 7 月） 联合国海地过渡时期特派团 UNTMIH（1997 年 7 月–1997 年 11 月） 联合国东帝汶过渡行政当局 UNTAET（1999 年 10 月–2002 年 5 月） 联合国东帝汶综合特派团 UNMIT（2006 年 8 月–2012 年 12 月） 联合国—非洲联盟驻达尔富尔特派团 UNAMID（2007 年 7 月） 联合国中非和乍得特派团 MINURCAT（2007 年 9 月–2010 年 12 月） 联合国组织刚果（金）稳定特派团 MONUSCO（2010 年 7 月） 联合国南苏丹共和国特派团 UNMISS（2011 年 7 月） 联合国马里多层面综合稳定团 MINUSMA（2013 年 4 月） 联合国中非共和国多层面综合稳定团 MINUSCA（2014 年 4 月）

资料来源：笔者自制。

第三节　维和行动的发展趋势

联合国维和行动在未来的发展过程中将面临维和规模的精简化、维和任务的治理化、维和参与方的网络化趋势。

一、维和规模的精简化趋势

进入 21 世纪后，联合国维和行动无论是在部署次数和行动规模上都保持着增长态势。不过，从 2016 年开始，这一趋势将有所改变，联合国维和行动在人员数量和经费预算方面都出现了精简的趋势。一方面，联合国维和行动人员和维和经费都有一定的削减；另一方面，维和人员结构有所调整，维和警察、民事人员以及女性维和人员比重有所上升。2016 年至 2023 年间，联合国维和行动人员部署减少了 36%。[1]与此同时，联合国维和行动经费也有所削减，联合国维和预算从 2016 年至 2017 年的近 79 亿美元削减到 2021 年至 2022 年的 63.8 亿美元。[2]

---

　〔1〕　参见《联合国维和行动派出人员汇总》，载 https://peacekeeping. un. org/sites/default/files/00-front_page_msr_march_2024. pdf，最后访问日期：2024 年 6 月 25 日。
　〔2〕　参见联合国维和行动官网，https://peacekeeping. un. org/zh/how-we-are-funded，最后访问日期：2024 年 6 月 28 日。

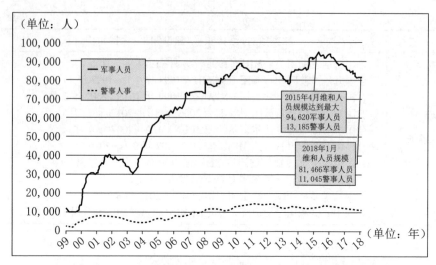

（单位：人）

2015年4月维和人员规模达到最大
94,620军事人员
13,185警事人员

2018年1月
维和人员规模
81,466军事人员
11,045警事人员

军事人员
警事人事

（单位：年）

图2-2 联合国维和行动人员规模趋势（1999年~2018年）

资料来源：Global Peace Operations Review, https://peaceoperationsreview.org/thematic-essays/trends-un-peacekeeping/, last access on June 9, 2019.

联合国维和行动人员和经费削减的一部分原因是联合国驻达尔富尔特派团（UNAMID）、联刚稳定团（MONUSCO）和联合国利比里亚特派团（UNMIL）削减了人员部署，以及联合国相继结束了科特迪瓦行动（UNOCI）、海地稳定特派团（MINUSTAH）以及联合国利比里亚特派团（UNMIL）的行动部署。还有一部分原因是来自美国和其他会员国的压力，要求减少联合国活动和预算的范围。从长远来看，联合国维和行动的精简化将会成为一个长期的趋势。此外，维和行动中的技术和应用创新也从某种程度上推动了维和的精简化趋势。2015年2月，受维持和平行动部（DPKO）和外勤支助部（DFS）委托的技术与创新专家独立小组在一份报告中指出，地理信息系统（GIS）、远程通信、监测、运输等科技创新在维和行动中的运用可以更好地为维和人员在困难、偏远和危险环境中作业提供安全保障，可以提高维和行动任务的执行效率。报告同时指出，科技创新的运用可以提高维和人员的能力，但并非会取代维和行动中的人力。[1]一些维和行动开始逐渐把无人机、智能机

---

〔1〕 See United Nations, "Performance Peacekeeping: Final Report of the Expert Panel on Technology and Innovation in UN Peacekeeping", February 2015, p. 5.

器人等人工智能技术运用在监测、物资投递、清除爆炸物等任务中，这将极大地减少人工作业和对于人力、运输器械等的需求，势必会精简维和行动的部署。

另一方面，随着联合国和平行动重心向冲突预防和建设和平转移，维和行动人员结构也将有所调整，其中警事和民事人员等非军事人员，以及女性维和人员的比重将有所上升。进入21世纪以来，以多维和综合型的维和行动为主，授权大量的警事和民事任务。随着维和行动任务的多维和综合化，维和行动的人员构成也更加多元。在军事人员基础上，逐渐加入包括警事人员、行政管理专家、经济学家、选举观察员、人权观察员、民政事务及管治专家、人道主义工作者、通信和公共信息专家在内的一系列民事人员。为应对更加繁杂的冲突后重建工作，这一趋势仍将持续。联合国鼓励更多的女性参与维和行动，认为冲突中和冲突后的环境中需要更多的女性维和人员来满足妇女和儿童的需求。女性人员可在当地发挥模范作用，她们通常在以男性为主导的社会鼓励妇女和女性争取自己的权利，并参与和平进程，有利于实现冲突后社会中的性别平等。[1]增加女性维和人员的比重已成为联合国维和行动改革的一项重要目标，联合国维和行动曾计划到2020年增加一倍的女性维和人员，[2]尽管这个目标未能实现，但女性维和人员的比重得到了显著增加。

然而，联合国维和行动在进行精简的同时，还存在着严重的供给赤字。一方面，国际社会对于维和行动的需求短期内仍不会出现显著的减少趋势。目前全球的安全状况仍未有根本性的改善，武装冲突仍处于多发状态，尤其是在非洲、中东、南亚和中美洲地区，安全形势并没有明显的改观。[3]尽管联合国在2017年、2018年相继结束了3项维和行动，但有些冲突或是存在冲突隐患的地区和国家，比如也门和缅甸，很有可能会设立新的维和行动。另一方面，现有的维和行动尚未得到充分的供给。据估计，联合国授权的维和行动人数与实际部署的人员数量间相差8000多人。[4]其中，联刚稳定团在

---

〔1〕 参见联合国秘书长报告：《妇女参与建设和平——秘书长的报告》，A/65/354-S/2010/466，2010年。

〔2〕 参见《联合国呼吁提高维和人员女性比例》，载新华网，http://www.xinhuanet.com//world/2016-09/08/c_1119535147.htm，最后访问日期：2018年11月20日。

〔3〕 See Stockholm International Peace Research Institute, *SIPRI Yearbook*: *Armaments*, *Disarmament and International Security*, 2018, p. 5.

〔4〕 See Global Peace Operations Review, https://peaceoperationsreview.org/thematic-essays/trends-un-peacekeeping/, last access on Nov. 20, 2018.

2017 年部署的 17 000 名部队人员已经远远少于其核定的 19 815 名部队人员上限。[1]面对现有维和环境的复杂性和高危险性，联合国授权的维和人员数量实际上已经无法满足实际需求。例如，联合国曾多次呼吁国际社会和其他的和平行动支援马里稳定团。为了在这种日益恶化的环境中支持选举进程，秘书长要求将在联刚稳定团警察部门的核定最高人数从 1050 人增加到 1370 人。不过现实中，这些赤字都很难得到补充。自 1992 年之后，资金贡献率最高的 8 个发达国家对于人员的贡献开始逐渐减少，从最高 30%的贡献比重，降至 2023 年的 4.5%。[2]发达国家不仅减少维和人员贡献，对于维和经费的支持也开始下降。特别是美国前总统特朗普上台以后，开始批评联合国的维和政策，并施压迫使其改革，而且减少对于联合国维和行动的投入。在维和经费方面，特朗普政府预计削减 40%的维和经费，[3]这将使美国在联合国维和预算中分摊的份额从 28%降至 25%，并大幅削减这一预算总额。[4]联合国迫于美国的压力，不得不在维和预算上进行削减，从某种程度上也倒逼了维和行动的改革。

二、维和任务的治理化趋势

联合国维和行动的任务已经从单一向多元、综合化的方向发展，维和任务的性质也已经从冲突管理手段转向一种安全治理行为。"全球安全治理可以理解为全球不同行为体处理和解决全球安全问题的综合方式与过程。"[5]这主要涉及三个方面：一是定义全球安全问题，即治理的客体，也就是安全治理的内容。二是安全治理的方式，即全球安全治理的机制和制度安排，包括相关的法律、规范。三是安全治理的主体，政府、国际组织、多国集团、非

---

〔1〕 See Stockholm International Peace Research Institute, *SIPRI Yearbook*: *Armaments*, *Disarmament and International Security*, 2018, p. 123.

〔2〕 资金贡献率最高的 8 个发达国家分别为美国、英国、法国、日本、德国、西班牙、意大利、加拿大。具体数字由笔者根据联合国维和行动档案计算而得。

〔3〕 See C. Lynch, " $1 Billion in Cuts to UN Peacekeeping", Foreign Policy, https://foreignpolicy. com/2017/03/23/trump-administration-eyes-1-billion-in-cuts-to-u-n-peacekeeping/, last access on June 8, 2019.

〔4〕 See U. S. Senate Foreign Relations Committee, Hearing Transcript, "Hearing on the nomination of Gov. Haley to be US Ambassador to the United Nations", Jan. 18, 2017.

〔5〕 李东燕：《全球安全治理与中国的选择》，载《世界经济与政治》2013 年第 4 期。

政府组织、私有部门和大众媒体等都是全球安全治理的相关者和参与者。从全球安全治理的内容来看，联合国维和行动概念越发接近于安全治理概念，联合国维持和平、建设和平相关的任务授权已经扩大到国内政治、治安、法治、人权、经济建设等不同方面，跨国犯罪、性侵、暴力、流离失所者等问题都在其中，这些问题也是综合安全治理的对象。[1]

　　不仅如此，联合国维和行动任务的侧重与全球安全治理议题重心的转移具有一致性。冷战结束后，国际政治安全体系开始加快步入全球政治安全体系，影响全球体系稳定的安全矛盾、安全威胁、安全冲突的源头开始日益多样，性质更加多元，互动的频率大幅度加快，其对整个全球政治安全体系的影响深度与广度也更为复杂。越来越多的非传统安全因素正进入传统安全问题内部，甚至开始主导传统安全问题的发展和解决思路。[2]全球安全治理所涉及的安全问题不仅是传统安全和非传统安全在内的各类安全问题的总和，而且还面临传统与非传统安全问题相交织、传统安全问题非传统化的特点。全球安全治理的核心领域仍然是那些传统的、典型的《联合国宪章》第七章所针对的问题，例如对主权国家安全的威胁、国家间军事冲突、地区性武装冲突，还包括军备竞赛、武器扩散等议题。[3]然而，随着国际安全形势、国际社会对于安全威胁认知的变化，全球安全治理的重心开始向一些非传统的议题转移，国内安全问题，人道主义类安全问题、跨国犯罪、国际公域安全、全球公共安全等议题开始获得越来越多的重视。从关于联合国安理会的决议统计图表中可以看出，超过70%的决议是关于非核心安全议题的。与此同时，联合国维和行动从单一应对国际冲突，发展为以应对国内安全冲突为主，兼顾人道主义、跨国犯罪、反击恐怖主义、防止小型武器扩散，以及难民、疫病控制、水和粮食安全和妇女儿童保护等一系列核心与新兴安全问题并存的综合型行动。联合国维和行动是全球安全治理最为重要的一项机制和制度安排，因此维和行动在任务和内容上与全球安全治理的议题重心同步发展有其合理性。

---

〔1〕 参见李东燕：《中国国际维和行动：概念与模式》，载《世界经济与政治》2018年第4期。
〔2〕 参见陈东晓主编：《全球安全治理与联合国安全机制改革》，时事出版社2012年版，第21~22页。
〔3〕 参见李东燕：《中国国际维和行动：概念与模式》，载《世界经济与政治》2018年第4期。

表 2-4　2009 年~2018 年联合国安理会决议内容分布情况[1]

决议类别	决议数量（个）	占百分比
国内安全类	333	56.7%
国际安全类	125	21.3%
恐怖主义及武器扩散	53	9%
国际刑事法庭	32	5.5%
其他安全议题	44	7.5%
总数	587	100%

资料来源：笔者根据联合国安理会 2009 年~2018 年决议统计自制，截止时间 2018 年 12 月 3 日。

　　从治理的方式来看，这些新兴的、非传统的安全议题间往往存在着关联性和传导性。全球安全越发成为一种"纽带安全"，对于全球安全治理提出了新的要求和挑战。各项议题的治理已不再是孤立、分裂的，反之演变成了综合的、一体化的治理。其中最显著的表现是，安全治理中融入了发展手段，而国家的长期稳定与发展，事实上成了全球安全治理的新重心。这与冷战结束后安全与发展之间的关系日益密切有关。冷战后大量突发的冲突多数发生在贫困国家和地区，冲突后遭到破坏的政治经济制度、被损坏的基础设施又再次加剧了这些国家和地区的贫困程度，增加了这些国家和地区再一次陷入冲突的概率。因此安全与发展被认为是相互关联的，安全治理要求安全政策具有发展内涵，加入发展要素，发展政策同时也要具备安全的维度。[2]从现实情况来看，联合国进行维持和平的同时加入冲突预防和建设和平任务，正是安全与发展关联从治理理念转变为治理实践的体现，并且安全治理逐渐向冲突预防和建设和平阶段倾斜，安全治理机构开始重视与发展援助机构以及人权等多方机构间的伙伴关系。

---

　　[1]　其他安全议题类包括：人道主义类安全议题、跨国犯罪类安全议题、全球公共安全议题及其他。

　　[2]　参见张春：《"发展—安全关联"：中美欧对非政策比较》，载《欧洲研究》2009 年第 3 期。

三、维和参与方的网络化趋势

随着维和行动的规模逐渐扩大，维和任务越发多维和综合，联合国开始越发难以承担重负，需要更多的伙伴参与维和行动来分担负荷。2015 年联合国和平行动高级别独立小组的报告便指出，联合国维和行动改革的一项重要目标是在今后需要一个更强大、更具包容性的和平与安全伙伴关系。[1]而非盟等代表的地区组织是此次建立伙伴关系的重点对象。实际上，联合国在供给维和行动的过程中从未孑然一身。自联合国维和行动诞生起，便逐渐开始形成一个维和伙伴关系网络。首先，在内部形成了安理会、秘书处以及贡献国之间的核心伙伴关系。其次，又形成了与联合国系统内其他机构部门以及一系列国际非政府组织的传统伙伴关系。最后，联合国维和行动的伙伴网络又扩大至地区组织，并且包括次区域组织、私有企业，以及社区团体等更为多元的行为体也将逐渐被纳入联合国的伙伴网络中。联合国维和行动的参与方逐渐呈现多元化的趋势，即在任何一项联合国维和综合特派团行动中，几乎都会有包括地区组织、联合国系统内的机构、国际非政府组织等多元行为体的参与或协作。联合国维和伙伴网络将呈现如下特点：在横向上，根据任务分工形成的不同专业领域的国际机构网络；纵向上，根据区域范围逐渐递减而形成区域组织、国别层面的关系网络。联合国处于网络的中心，发挥协调各方参与者的作用，联合国维和人员仍是维和行动的主要载体（见图 2-3）。诚然，地区组织在参与联合国维和行动时，还会部署独立的维和行动，国际非联合国框架下的维和行动无论是从整体规模还是数量上，甚至超过了联合国维和行动。[2]

---

〔1〕　参见联合国和平行动高级别独立小组的报告：《集中力量，促进和平：政治、伙伴关系和人民》，A/70/95-S/2015/446，2015 年 6 月 17 日，第 9 页。

〔2〕　See Todd Sandler, "International Peacekeeping Operations: Burden Sharing and Effectiveness", *Journal of Conflict Resolution*, Vol. 61, No. 9, 2017, p. 1882.

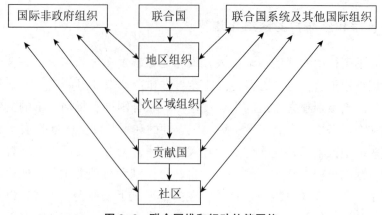

图 2-3　联合国维和行动伙伴网络

资料来源：笔者自制。

维和伙伴关系网络的形成是全球安全治理的碎片化和精细化的双重结果，受两方面的因素驱动，一方面，从能力分摊角度，多元行为体参与维和行动是推动维和伙伴网络横向建设的因素，是维和行动作为公共安全产品在生产中逐渐实现责任分工的过程。另一方面，从社会经济角度，社会分工取决于生产力水平，随着联合国维和行动的发展，其作为安全产品也会随之升级和演化，那么对其生产的分工过程也将逐渐细化和完善。合理的分工则有助于提高生产效率和技术水平。从现实情况看，联合国维和行动在设立之初仅关注于核心伙伴之间的关系协调与维护，因为当时的维和行动任务几乎局限在监督停火范围内。冷战后，维和行动任务开始扩大，逐渐加入了警事、民事和保护平民的任务，这对于维和人员的结构和能力提出了新的要求。在此阶段，联合国系统内的一些专业机构开始参与维和行动，为维和行动承担新的任务提供能力补充。例如在近期中，禁止化学武器组织参与在叙利亚建立的特派团；在利比里亚和刚果（金）的维和部队与世界卫生组织、联合国儿童基金会（UNICEF）、无国界医生组织（Médecins Sans Frontières）合作应对冲突地区的埃博拉疫情等。同时，从 20 世纪 90 年代初开始，非政府组织开始积极地参与维和行动，在其中发挥的作用越加明显。国际非政府组织多在选举援助和人道救援行动中提供大量的支持，并且积极投入当事方自身公民社会的建设，非政府的积极参与是在西方政府发展援助预算下降的情况下出现的，[1]是西方社会国际援助的重要载体和资源补充。

联合国维和主体将逐渐向地区组织转移，联合国将维和武力使用的权力下放给地区组织和私有企业将成为主要的分工趋势。这是在全球与国家安全治理需求持续增生与变异的背景下，国家和国际组织供应安全公共产品的权力日渐"向下"转移、国家或国际组织主动将安全功能外包的主要体现。[2]自古特雷斯担任联合国秘书长后，开始建设与地区组织尤其是与非洲地区组织之间的维和伙伴关系。[3]联合国超过一半的维和行动和资源投入是在非洲地区。随着非洲总体和平行动能力的提升，"联合国维和的主体转向非洲正在成为新的趋势"[4]。地区组织自主维和可以大幅度减轻联合国的维和负担，地区组织的维和行动也同样在向综合型的维和行动发展。起初，几乎所有的非盟和平行动都伴随着联合国政治特派团，非盟仅负责军事任务而民事任务则交由联合国来执行。但现在联合国开始接受非盟需要拥有自己的政治和民事能力，以及完整的和平安全架构。[5]这体现出联合国逐渐下放维和所有权的趋势。从而，联合国与地区组织之间的分工也出现了一些变化，其中最为明显的一点是，联合国加强了将强制使用武力的行为委托给了地区组织和私有企业的趋势。古特雷斯明确指出，维和行动中正在面临越来越多的情况需要强制和平和打击恐怖主义行动，而这些行动需要非盟和非洲次区域组织伙伴们来执行。[6]在现实中，地区组织也的确在采取越来越多的强制武力手段来确保和平。其实，从早期看来，非盟和次区域组织在布隆迪、中非共和国和

〔1〕　See Francis Abiew, Tom Keating, "NGOs and UN Peacekeeping Operations: Strange Bedfellows", *International Peacekeeping*, Vol. 6, No. 2, 1999, p. 89; Andrew Rigby, "Humanitarian Assistance and Conflict Management: The View from the Non-Governmental Sector", *International Affairs*, Vol. 77, No. 4, 2001, p. 957.

〔2〕　参见张春：《安全私有化的当代发展及其国际政治意义》，载《世界经济与政治》2016 年第 6 期。

〔3〕　See United Nations, *A New Partnership Agenda: Charting a New Horizon for UN Peacekeeping*, 2009.

〔4〕　周玉渊：《非洲维和伙伴关系：联合国维和改革与中国的角色》，载《外交评论（外交学院学报）》2018 年第 2 期。

〔5〕　See Cedric de Coning, Mateia Peter eds., *United Nations Peace Operations in a Changing Global Order*, Palgrave Macmillan, 2019, p. 217.

〔6〕　See United Nations News, "UN Chief Advocates for a Strengthening of Peacekeeping in Africa", https://news. un. org/en/story/2018/11/1026171, November 20, 2018, last access on June 8, 2019.

马里都充当了先遣部队的作用。当局势得到充分稳定时，联合国再采取维持和平行动来巩固和平。这种比较优势的互补也成为双方建立伙伴关系的基础。从近期来看，在刚果（金）的行动中设立的由非洲国家成员组成的干预旅，以及联合国支持 G5 萨赫勒联合部队、打击博科圣地的多国联合特遣部队（MNJTF），乃至欧盟在地中海中部南部的军事行动（EUNAVFOR，MED），都是这一趋势的体现。

与此同时，私人企业提供的安保和军事服务将被提升，成为联合国维和行动外包武力手段的重要合作对象。私人安保企业凭借其精良的装备和业务素质以及快速的部署和执行能力，在多项维和行动中已经有活跃的表现。例如，英国的防务公司为联合国在安哥拉的维和人员提供警卫服务；廓尔喀族安保（Gurkha Security Guards）、控制风险集团（Control Risks Group）等公司在塞拉利昂的安防等。但私人安保企业在维和行动中的活动仍比较局限，多是提供物流、警卫等服务，并且对于私有武装企业的角色仍有争议，与联合国的关系尚未明确。但也有很多人支持私人武装成为联合国维和行动的重要能力补充，联合国也对此持保留意见。不排除今后私有安保企业成为联合国维和行动的又一伙伴，承接越来越多的关于使用武力方面的任务。

另一方面，从维和理念来看，对于"地方所有权"（local ownership）的强调，是推动维和伙伴网络向纵深建设的推动因素。"地方所有权"本是发展援助的理念，指各类发展援助项目要确保地方政府、民间组织和人民不仅仅是援助项目的接受者和实施者，而且要实际参与到项目的制定和推动中来。这一理念较早地由美国国际开发署（USAID）提出，并得到了国际发展、援助相关组织的认同。近年来，联合国也开始强调在维和行动中的"地方所有权"，倡导维和行动的当事方和当地民间组织、地方社区在维和行动中具有充分的自主和发言权。[1]支持者认为，这一概念有助于维护维和行动的自决和不干涉的原则，从而可以提高维和行动的合法性和可持续性。[2]并且维和行动的"地方所有权"概念又与"以人为本"的理念相呼应。现今，在整个联合国系统中有一种共同的理解，即认为维持和平与建设和平是在地方一级进

---

〔1〕 参见联合国：《冲突后的和平建设》，S/RES/2282，2016 年 4 月 27 日；United Nations, *Peacebuilding and Sustaining Peace: Report of the Secretary-General*, A/72/707-S/2018/43, January 18, 2018。

〔2〕 See Sarah B. K. von Billerbeck, *Whose Peace? Local Ownership and United Nations Peacekeeping*, Oxford University Press, 2016.

行的，通过以人为中心（people-centered approaches）的办法来维持。这也是2015 年联合国和平行动问题高级别独立小组的报告中的一项改革建议。[1]随着联合国维和行动的重心逐渐向建设和平倾斜，又产生了"地方和平"（local peace）、"地方和平经济"（local peace economy）、"地方治理"（local governance）等相延伸的概念。这些概念普遍强调地方社区、民间社会组织和联合国维和特派团之间的相互作用，认为基于基层的治理方式能更好地明确人民的利益诉求、确保权利和义务，以及调节分歧。[2]从公共产品的角度，已有大量研究表明，对于地方共同资源问题的管理，在某些情况下，直接受影响的个人往往比中央政府当局能提供更为成功和持久的解决办法。[3]在地方中的个人更有动力去寻求合作，而合作的动机将随着治理层级上升而减弱，并且层级越高越会增加信息沟通的成本。从实践来看，对于"地方所有权"的强调同样导致联合国维和行动所有权的逐渐下放，并且下放的层级正在从地区组织到次区域组织、国家、民间组织乃至地方社区。特别是联合国建设和平事业，包括中非、布隆迪、哥伦比亚、利比里亚等国家在内的大量案例可以证明，地方层级的机构已经成为联合国和相关组织机构，以及国际非政府组织的重点合作伙伴和援助对象。[4]联合国维和建和事业正逐渐从"自上而下"转为"自下而上"的模式。由联合国系统内的相关机构以及其他专业国际组织和非政府组织与地区组织、次区域组织等在内的各层级单位组成的以联合国为中心、相互协调与协作的伙伴网络已见雏形。

---

〔1〕 参见联合国和平行动高级别独立小组的报告：《集中力量，促进和平：政治、伙伴关系和人民》，A/70/95-S/2015/446，2015 年 6 月 17 日。

〔2〕 See Lesley Connolly, Laura Powers, eds., *Local Networks for Peace: Lessons from Community-Led Peacebuilding*, International Peace Institute, September 2018; UNDP, *Local Governance in Fragile and Conflict-Affected Settings: Building a Resilient Foundation for Peace and Development*, 2016, p. 3.

〔3〕 See Robert O. Keohane, Elinor Ostrom eds., *Local Commons and Global Interdependence*, Sage Publications, 1995, p. 1.

〔4〕 See Lesley Connolly, Laura Powers, eds., *Local Networks for Peace: Lessons from Community-Led Peacebuilding*, International Peace Institute, 2018.

维和行动作为公共安全产品的生产决策

　　联合国维和机制是联合国集体安全机制体系的重要组成部分[1]，因此具有联合国安全议题决策的普遍特征。但是联合国维和行动又不完全等同于集体安全行为，从而又具备了一些自身的决策特点。联合国维和行动是一种代理决策制度。代理决策是指拥有决策权的国家将公共物品供应决策权委托给某个机构，由其代表拥有决策权的国家进行决策，代理机构可以是各国政府组成的联盟或者联合组织的下属委托机构，也可以是各国政府都同意的某个非下属委托机构。[2]维和行动的具体决策过程包括初期磋商、实地技术评估、安理会决议、高级官员任命、行动规划和部署等步骤，大致可以概括为安全威胁的界定、维和任务的授权、维和行动的执行三个阶段。联合国维和决策存在一些弊端，主要表现为程序冗繁，无法及时回应问题；决策内容过于宽泛，无法给出明确的任务授权；决策结果不能满足现实需求，无法真实体现冲突攸关方的利益等。从公共产品的角度来看，维和行动决策表现出的这些弊端的根本原因在于偏好差异的问题。维和行动决策结果是决策者们的偏好集聚的结果，并未真正体现消费方的所需、所想。维和行动供给中的偏好问题本质变为了决策偏好问题。维和行动过程中的决策偏好问题能否得以有效解决，取决于是否存在一个合适的供给制度提供一个合理的决策机制。

---

　　〔1〕　参见门洪华：《联合国维和机制的创新》，载《国际问题研究》2002 年第 6 期。
　　〔2〕　参见曾国安、吴琼：《关于国际公共物品供应的几个问题》，载《经济评论》2006 年第 1 期。

第一节　维和行动的决策行为体

联合国秘书处、安理会和大会是联合国维和行动代理决策制度中的主要代理机构，也是维和行动的主要决策行为体。其中联合国秘书处负责维和行动的提议与执行；安理会负责行动的决议与授权；大会负责行动的审查和资金筹措。三方之间会形成一定的相互制约与监督关系。

一、联合国秘书处：行动的提议与执行

联合国秘书处是维和行动提议与具体执行机构。秘书处对冲突形势进行评估，向安理会提交报告以供决议。当安理会决议通过部署维和行动后，秘书处负责组建维和行动的领导小组和资源筹措，并就行动的进展及时跟进与报告。联合国秘书长、和平行动部（DPO）、外勤支助部（DFS）是执行维和行动的三个支柱部门，政治和建设和平事务部（DPPA）是负责冲突预防、调解和建立和平的主要部门。[1]《联合国宪章》第十五章的相关内容可以作为秘书长在维和行动方面发挥职能的主要法理依据。其中第98条规定，秘书长在大会、安理会、经济及社会理事会，及托管理事会之一切会议，应以秘书长资格行使职务，并应执行各机关所托付之其他职务。[2]这就意味着，联合国秘书长是安理会和大会各项关于和平与安全决议的首要执行者。第99条又规定，秘书长得将其认为可能威胁国际和平及安全之任何事件，提请安全理事会注意。[3]这又意味着，秘书长有责任和义务在联合国安全机制中发挥主动精神，要对局势的发展具有一定的判断能力。秘书长是维和行动最高级别的行政长官，但会将具体的管理委托给负责维和行动的副秘书长。秘书长会本人亲自或通过派遣其特使积极开展预防性外交，并在冲突期间在各方间进行"斡旋"，给予维和行动以政治支持。

---

〔1〕 和平行动部（Department of Peace Operations, DPO），原维持和平行动部（DPKO），于2019年与部分政治事务部的业务责任进一步整合为新的和平行动部；政治和建设和平事务部（Department of Political and Peacebuilding Affairs, DPPA），简称政治建和部，原政治事务部（DPA），于1992年正式成立，并于2019年与建设和平支助小组合作组建了新的政治建和部。

〔2〕 参见《联合国宪章》第十五章，第98条。

〔3〕 参见《联合国宪章》第十五章，第99条。

和平行动部负责向联合国维持和平行动提供政策指导和战略方向。外勤支助部则在财务、后勤、信息和通信技术、人力资源和一般行政管理等领域负责提供支助，以协助特派团的行动。为了确保总部一级的指挥统一，主管外勤支助的副秘书长就所有与维持和平有关的事项向主管维持和平行动的副秘书长提出报告。和平行动部向世界各地的联合国维和行动提供政治和行政领导，在执行安理会任务规定的过程中与安理会、出兵国和出资国及冲突各方保持接触。和平行动部积极统筹联合国、政府和非政府实体在维和行动中所做的工作。该部还就军事，警务，地雷行动和其他问题向联合国其他政治和建设和平特派团提供指导和支持。[1]

和平行动部下面设有三个部门，包括：

法治和安全机构厅（Office of Rule of Law and Security Institutions，OROLSI）负责支持联合国和平行动和特别政治特派团的法治组成部分，具体包括保护平民，扩大国家权力，重建法律和秩序，稳定冲突和冲突后局势。法治和安全机构厅在警察、司法、安全部门改革、排雷行动和前战斗人员重返社会等关键领域提供专门知识和综合指导。

军事厅（Office of Military Affairs，OMA）一方面致力于通过最适当的军事规模来实现联合国的目标；另一方面，会采取措施和策略以提高联合国维和特派团军事行动的效率和效力。

政策、评价和训练司（Policy, Evaluation and Training Division，DPET）的任务是制定和传播指导维和工作的政策和原则。该部门还负责评估、收集经验教训和最佳实践，并将这些经验转化成为标准化的培训内容，用以指导今后的行动。该司还负责发展和保持联合国和外部伙伴的战略合作关系。

在审议维持和平行动的初期，秘书长一般要求进行战略评估。秘书处通常会在安全条件允许的情况下，向发生冲突的国家或地区派出一个技术评估特派团（TAM）。秘书长会将评估结果和行动汇成报告供安理会参考决议。当安理会决定部署一项联合国维持和平行动时，秘书处必须帮助确保任务明确和可实现。决议通过后，秘书处开始组建维和行动的领导层，维持和平行动文职人员由联合国秘书处负责招聘及调配。随之维和行动进入启动阶段并开

---

〔1〕 联合国维和行动官网：《和平行动部》，载 https://peacekeeping.un.org/zh/department-of-peace-operations，最后访问日期：2019 年 9 月 20 日。

始执行。在维和任务执行期间，秘书长会定期地将任务的执行情况以报告和简报的形式提交安理会。安理会将根据报告中的建议酌情修订或调整特派团的任务内容。在维和行动的决策和执行期间，秘书处要充分发挥其与包括联合国系统内各部门、贡献国和外部组织等各方间的协调作用，以确保各方针对维和行动具有统一的认知与目标，维和任务和规模的调整能及时得到回馈。

政治和建设和平事务部（Department of Political and Peacebuilding Affairs, DPPA），简称政治建和部。前身为政治事务部（DPA），于 1992 年正式成立，并于 2019 年与建设和平支助小组合作组建了新的政治建和部。冲突预防、调解、建立和平、选举援助和性别平等是该部门负责的主要几项内容。政治建和部的职能代表了联合国解决冲突问题的政治手段。古特雷斯上台后，对于整个和平链条进行了调整，改变了过去和平行动线性、间断性的逻辑。反之，认为和平链条的各阶段应该是平行进行的，强调"保持和平"的重要性。在各和平进程中，古特雷斯特别重视冲突预防的作用。他总的和平思想认为，建设和平、保持和平这项工作，不仅需要在冲突爆发后开展，而且需要在冲突爆发前很长时间里，以预防冲突、消除根源的形式开展。[1]这表示联合国和平事业将再次回归以政治手段为主的行为模式。因此自然有了现有部门的改革，将建设和平等政治手段提升到了与维持和平同等重要的地位。

二、联合国安全理事会：行动的决议与授权

安理会是整个联合国安全机制的枢纽与核心。《联合国宪章》赋予了安理会维持国际和平与安全的职责。其中的第六章和第七章是其采取和平或武力手段的主要法理依据，从而赋予了其一定的强制性。不同于联合国其他机构的决议仅是对会员国提出建议，安理会本身有权做出会员国必须执行的决定，而且这一强制性是得到会员国同意的。《联合国宪章》第 25 条规定，联合国会员国同意依宪章之规定接受并履行安理会之决议。[2]安理会有权决定何时、在何地部署联合国维持和平行动，还规定了特派团的任务和规模，并有权根据实际情况的变化，由安理会会员投票决定是否延长、修改、终止或是移交

---

〔1〕 参见联合国政治和建设和平事务部：https://www.un.org/peacebuilding/zh，最后访问日期：2019 年 9 月 21 日。

〔2〕 参见《联合国宪章》第五章，第 25 条。

特派团任务。安理会按照具体情况具体分析的原则，处理世界各地的危机，它有一系列方案可供选择。对于是否设立新的维和行动，安理会具有综合性的考量因素，包括是否已达成停火，各方是否承诺实施和平进程，以便实现政治解决；是否订有明确的政治目标，是否可在任务中反映出来；是否能够为联合国行动制定精确的任务；是否能够合理保障联合国人员的安全与安保，特别是是否可获得主要当事方或派别对于联合国人员安全和安保的合理保障。〔1〕在行动执行期间，安理会通过秘书长定期提交的报告和召开专门的会议分析和讨论任务的具体执行情况，以便不间断地监督联合国维持和平行动的工作。

安理会会员由 5 个常任理事国和 10 个非常任理事国组成。安理会的决议需要 15 个会员国中的至少 9 票赞成票才能通过，而 5 个常任理事国中的任何一个否决票都可以将决议否定。《联合国宪章》赋予了安理会设立附属机构的权力，安理会设立的关于维和行动的附属机构包括〔2〕：

和平行动工作组（Working Group on Peace Operations），其宗旨是加强与部队和警察派遣国的合作与协商。工作组既处理与安理会职责有关的一般维持和平问题，也处理个别维持和平行动的技术问题，但不损害维持和平行动特别委员会的职权。

儿童与武装冲突问题工作组（Working Group on Children and Armed Conflict）。工作组成立于 2005 年，旨在解决武装冲突中与儿童有关的问题。其任务是审查受武装冲突影响的儿童遭受侵犯的报告，审查儿童与武装冲突国家行动计划的制定和执行进展情况，并审议提交工作组的其他有关资料。

安全理事会武装冲突中保护平民问题非正式工作组（The Security Council's Informal Working Group on the Protection of Civilians in Armed Conflict）。工作组于 1999 年 9 月设立，其职能是进一步审查秘书长 1999 年报告中关于可采取何种措施确保保护平民的建议，并考虑采取适当步骤。工作组在维和行动任务期限延长之前定期举行保护平民任务会议，以确保任务内容与保护当地平民局势同步。它还开会讨论在尚未部署维和行动的武装冲突国家中保护平民的

〔1〕 参见联合国维和行动官网：《安全理事会的作用》，载 https://peacekeeping. un. org/zh/role-of-security-council，最后访问日期：2019 年 6 月 8 日。
〔2〕 See United Nations, *E - Guide to the United Nations Departments of Peacekeeping Operations and Field Support: A Resource for New Staff at Headquarters*, January 2015, p. 92.

问题。

联合国安全理事会制裁委员会（The UN Security Council Sanctions Committees）。委员会由安理会15个会员国组成，负责监督制裁的执行情况，并向安理会报告。根据《联合国宪章》第七章，安理会可以采取强制措施维护或恢复国际和平与安全的措施。使用强制性制裁的目的是对一个国家或实体施加压力，使其遵守安理会规定的目标，而不诉诸武力。

三、联合国大会：行动审查与资金筹措

大会是联合国的主要审议、决策和代表机构，包括联合国所有193个会员国。它为就包括国际和平与安全问题在内的所有国际问题开展多边讨论提供了一个独特的平台。《联合国宪章》第11条第（三）项规定，大会对于足以危及国际和平与安全之情势，得提请安理会注意。[1]大会通常不能直接参与做出实施或终止联合国维持和平行动的政治决定，但在个别情况下，大会仍可采取行动。依据大会1950年11月"联合一致共策和平"的决议，大会在因某一常任理事国的反对票致使安理会无法采取行动时而采取行动。和平受到威胁、遭到破坏或发生侵略行为时通常会发生这种情况。大会可立即审议有关事项，以便建议会员国采取集体措施，维护或恢复国际和平与安全。[2]

联合国大会内有多个专项委员会，其中与维和行动事务密切相关的有：

特别政治和非殖民化委员会（第四委员会）（Special Political and Decolonization Committee）。第四委员会审议一系列广泛的问题，共涉及五个非殖民化议程项目——原子辐射的影响、与信息有关的问题、对维持和平行动问题的全面审查以及特别政治任务的审查、联合国近东巴勒斯坦难民救济和工程处（近东救济工程处），以及关于以色列行为特别委员会和和平利用外层空间国际合作特别委员会的报告。在维持和平方面，第四委员会的任务是全面审查和监督维和行动的管理。这项工作主要是通过维持和平行动特别委员会来进行。负责维和行动部和外勤支助部的副秘书长每年向第四委员会做一次报告，陈述他们来年的优先事项。

维和行动特别委员会（Special Committee on Peacekeeping Operations）（又

---

〔1〕 参见《联合国宪章》第四章，第11条。
〔2〕 参见联合国大会：《联合一致共策和平》，A/RES/377（V），1950年11月3日。

称 C-34，源于 1989 年该委员会仅有 34 个会员国组成而得名，虽然其后会员数目已大为增加，但委员会仍被称为 C-34）。C-34 于 1965 年建立，就所有维和行动向大会提供最新资料和咨询意见。C-34 目前由 147 个会员国组成，其中大多数是对维和行动做出过贡献的国家。[1]其他的一些会员国和国际组织，例如非盟、欧盟、伊斯兰合作组织、国际红十字会和国际刑警组织则作为委员会的观察员。C-34 每年在 2 月和 3 月举行会议。在每届会议之前，秘书长做关于维持和平行动特别委员会各项建议执行情况的报告，报告维和行动进展情况。会议为与维持和平有关的会员国提供了一个论坛，以便审查进展和关键问题，讨论关切事项和改革，并制定政策。会议形式包括一般性辩论、与维和行动部和外勤支助部的简报会，以及讨论工作组和非正式专题小组。C-34 每年编制报告，其中包括向秘书处、安理会和会员国提出的建议。该报告就会员国的优先事项、政策倡议和特别关切的领域，向维和行动部和外勤支助部提供重要的咨询意见和方向。在年度会议上，维和行动部和外勤支助部会就前一年报告中 C-34 会员具体提出的问题作一些非正式简报。在年度会议期间，特别是在特别委员会报告的谈判期间，维和行动部和外勤支助部下属的部门经常被邀请就具体问题或进程向特别委员会提供额外咨询。

建设和平委员会（Peacebuilding Commission）。委员会于 2005 年 12 月 20日在联合国大会和安理会授权决议和授权下成立，主要任务包括：其一，作为建设和平事业的资源筹措方；其二，作为所有与建设和平事业相关的行为体的集结者和协调者；其三，作为冲突后建设、社会复员的战略规划者和政策设计者；其四，是建设和平相关事务的信息供给方。[2]为配合建设和平事业，秘书长于 2006 年成立了建设和平基金，旨在支持在冲突后国家建立持久和平的行动、方案和组织。基金由"立即反应"（Immediate Response Facility）和"建设和平与恢复"（Peacebuilding and Recovery Facility）两项组成，"立即反应"用于资助临时、短期的项目，资助时长最多不超过 18 个月，额度不超过 1500 万美金；"长久恢复"则用于中、长期项目，时长为三年，额度视

---

〔1〕 See United Nations, *E-Guide to the United Nations Departments of Peacekeeping Operations and Field Support：A Resource for New Staff at Headquarters*, January 2015, p. 95.

〔2〕 参见联合国建设和平官网：https://www.un.org/peacebuilding/zh/mandate，最后访问日期：2019 年 6 月 8 日。

项目而定。[1]

　　尽管大会不是维和行动的核心决策机构，但在为维持和平筹措资金方面发挥着关键作用。联合国的全体会员国对于维持和平事业具有共担的责任，主要体现在对于维和经费的分摊方面。联合国维和经费的分摊机制体现了责任与能力相兼顾的原则。大会根据各会员国的经济实力差异制定相应的分摊比额。鉴于安理会常任理事国对于维持国际和平与安全负有特殊责任，5个常任理事国会在各自经济实力的基础上再承担额外的份额。维和行动预算则由大会通过第五委员会（行政和预算）负责批准和监督。当维和任务启动后，秘书处会根据战略评估和技术评估特派团的报告编制详细预算，预算周期从第一年的7月1日至第二年的6月30日。由第五委员会推荐16名会员组成的行政和预算咨询委员会（Advisory Committee on Administrative and Budgetary Questions）则具体负责对预算进行审查，并向第五委员会提交批准建议。最终预算还要得到联合国大会的背书。维和行动部和外勤支助部在每个财政年末还要向大会报告实际的维和支出。在维和行动过程中如果需要额外的支出，并得到秘书长、行政和预算咨询委员会的批准，那么可以从维和储备基金（Peacekeeping Reserve Fund）中支出。维和储备基金于1992年设立，数额为1.5亿美元，作为一种现金流动机制，以确保本组织对维持和平行动的需要能够迅速做出反应。

第二节　维和行动的决策和执行

　　联合国维和行动的决策过程包括初期磋商、实地技术评估、安理会决议、高级官员任命、行动规划和部署等步骤，大致可以概括为安全威胁的界定、维和任务的授权、维和行动的执行三个阶段。

一、安全威胁的界定

　　当出现冲突或威胁国际社会和平与安全的情况时，联合国秘书处负责对情况进行评估，界定安全威胁的类型，提出应对措施供安理会决议参考。对于安全形势的评估包括间接的会议磋商和直接的实地评估两种形式。在冲突

---

　　[1]　See United Nations Peacebuilding Fund, http://www.unpbf.org/how－we－fund/, last access on June 8, 2019.

可能的升级、恶化或临近解决的发展过程中，联合国需要在各利益攸关方之间频繁地进行磋商，以便做出最佳的应对决策。其中的磋商对象包括又不限于：联合国系统内的相关机构、潜在东道国政府和冲突各派、维和行动军队或警察的潜在贡献国、地区及次地区组织、其他相关的重要外部伙伴。在这一初步磋商阶段，联合国秘书长可以决定召开一次有关局势的战略评估会议，由联合国所有相关行动者参加，战略评估会议要确保联合国规划人员和决策者能够对局势进行系统的分析，确定解决冲突和建立和平的优先次序，并明确可供联合国选择的备选办法。战略评估的期限视具体情况而定，通常从开始到结束需要两至三个月。情况严峻或是在安理会的要求下，评估将会缩短到几个星期。[1]由此可以发现，虽然由秘书处评估界定安全形势，但安理会对于评估进程发挥很重要的作用。秘书处与相关伙伴的磋商通常会伴随维和行动的整个过程。在安全条件允许的情况下，秘书处通常会派出一个技术评估特派团（TAM）对维和行动的目标派遣国或地区进行实地评估。当时间与条件都不允许时，秘书处会参考相关国家、地区组织和其他国际组织的实地评估。基于评估特派团的结果和建议，联合国秘书长将向安全理事会提交报告，介绍开展维和行动可供选择的方案及其规模和预计使用的资源。该报告还将提出初始的经费预算以供参考。安理会将参照秘书长的报告通过一项决议，授权联合国维和行动的部署，并决定其规模和任务。

二、维和任务的授权

当安理会各会员对于在冲突当事方部署维和行动达成共识时，将通过一项决议，正式授权开展行动。决议将规定行动的任务、规模和预算，但对于任务有时并不会详细地说明，往往较为模糊。安理会随后会将预算提交大会核准。联合国维持和平行动的建立只需要安理会 15 个理事国的 9 票通过，但是常任理事国可以通过否决权来否定部署维和行动的提议。虽然并不需要安理会非常任理事国的一致支持，但是会员间的分歧很可能向冲突的当事各方发出误导信息，使他们认为安理会并没有足够的决心来完成维和任务，还有

---

〔1〕 See United Nations, *E-Guide to the United Nations Departments of Peacekeeping Operations and Field Support: A Resource for New Staff at Headquarters*, January 2015, p. 54.

可能破坏特派团在主要当事方和国际社会中的合法性和权威。[1]而安理会非常任理事国的组成结构，及会员的地区代表性往往也对决议是否能通过具有重大的影响。维和行动的决议不仅需要在安理会会员间减少分歧，还需要安理会与出兵国之间紧密磋商。为保持与出兵国的良好关系，确保出兵国的意见能得到表达和被采纳，安理会采取了安理会与出兵国会议这一磋商机制。当安理会决定部署一项联合国维和行动时，其授权应尽量确保明确和可实现。还有重要的一点是，安理会对于维和行动的授权必须得到当事方的同意。现今的维和行动越来越将保护平民视为一项重要甚至是核心的维和任务。维和行动在履行保护平民授权时，应在尊重当事方主导的前提下，明确实施范畴、条件和权限，同当事方行动形成有益补充。[2]维和行动的授权应与贡献国能够和愿意提供的资源水平相一致，并确保各贡献国将随时准备为该行动提供资金和必要的军事、警察人员，而且持续地向该行动提供政治支持。如果当地局势超出联合国维持和平行动所具备的能力，安全理事需要考虑其他可行的办法。安全会还应根据冲突地区形势和维和行动执行情况的发展变化而调整维和授权，调整任务重心和人员、资源方面的投入。如果任务的改变导致分配给一个特派团的任务的数量、范围或复杂性大幅度增加，安理会需要向秘书处寻求必要的额外资源来配合修订后的新任务。

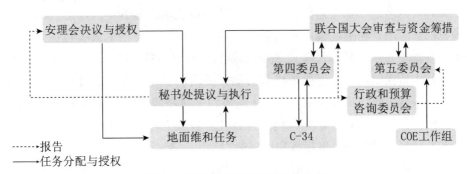

图 3-1 联合国维和行动决策流程图

资料来源：笔者自制。

---

〔1〕 See UN Department of Peacekeeping Operations and Department of Field Support, *United Nations Peacekeeping Operations: Principles and Guidelines*, 2008, p. 50.

〔2〕 参见新华网：《中国代表呼吁改进维和行动授权确保现实可行》，载 http://www.xinhuanet.com//2017-05/24/c_ 1121027306. htm，最后访问日期：2019 年 6 月 8 日。

三、维和行动的执行

得到安理会的正式授权后，维和行动正式进入执行阶段。执行阶段又可以具体划分为任务启动（mission start-up）、任务执行（mandate implementation）、任务交接（包括移交、撤回和清算）（mission hand-over, withdrawal and liquidation）三个具体阶段。在任务启动阶段，主要优先事项是尽快部署好维和人员、建立领导组织架构和确保基本的服务达到初步的业务能力水平，以便能够在整个任务地区开始执行任务。[1]

首先，在正式派遣维和人员之前，联合国总部还要完成一些预先部署（pre-deployment）程序，例如一些预算流程、对于维和人员待命准备的评估、关于军队地位协议（SOMA/SOFA）的谈判、调动战略部署储备（SDS），以及相关供应和服务合同的招标等。预先部署程序结束后，联合国会派遣一支小型先遣队作为快速部署（rapid deployment）。这支部队负责建立兵营和其他必要的基础设施和行政系统，以便接待更多的工作人员和特派部队。在先前工作准备好之后，将在任务区成立任务总部（mission headquarters）。成立任务总部阶段是特派团领导小组到达、管理和指挥控制系统形成、更多的维和人员和支助人员开始抵达特派团以帮助实现初步执行能力（initial operating capability）的时期。如有需要，这一时期还将设立联络处和物流中心。通常在预先部署时期，秘书处会组建特派团的领导小组。领导小组成员包括特派团团长（通常是一名特别代表）、维和部队指挥官和警察专员，以及高级文职人员。其中特派团团长负责指挥维和行动，并向联合国总部主管维和行动的副秘书长报告工作。维和行动的文职人员由和平行动部和外勤支助部负责配置。与此同时，还将成立各职能部门，并在任务区设立多个办事处，以协调建立不同的民事、警事和军事指挥和管理能力。

任务启动完成后进入了正式的任务执行时期，现今部署的维和行动多以综合型的特派团为主，往往同时涵盖民事、军事和警务多项职能，一个综合特派团可以通过一系列执行方式在其授权的活动领域追求联合国的共同目标。与此同时，联合国维和行动几乎总是与各种其他国际组织机构一起部署，这

---

〔1〕 See UN Department of Peacekeeping Operations and Department of Field Support, *United Nations Peacekeeping Operations: Principles and Guidelines*, 2008, p. 63.

些组织机构在任务、议程等方面有很大的差异。因此，综合特派团在执行过程中面临着内部职能部门之间、外部组织伙伴之间两个方向的协调。实际上，综合特派团是在秘书长特别代表（SRSG）和秘书长副特别代表（DSRSG）、驻地协调员（RC）、人道主义协调员（HC）的共同领导下，联合国维和行动与联合国国家工作队（UNCT）之间的一种战略伙伴关系。[1] 秘书长特别代表是联合国在该国的高级代表，负责联合国的所有活动，并确保联合国在该国的所有职能间采取协调一致的办法。副秘书长特别代表、驻地协调员和人道主义协调员负责协调人道主义行动和联合国发展行动，并与各国政府和其他各方、捐助者以及更广泛的人道主义和发展机构保持联系。在各项职能间的协调方面，在大型综合特派团中还会设立一些辅助机构，例如联合国行动中心（Joint Operations Center），负责搜集任务执行情况的报告和信息，以便特派团对当前任务执行状况有所了解，中心有时还充当危机协调的职能；联合特派团分析中心（Joint Mission Analysis Center），对所有信息来源进行综合分析，以评估对于任务的中期和长期威胁，并支助特派团领导小组作出中期和长期战略决策；综合支助处（Integrated Support Service），利用特派团的所有后勤资源；联合后勤业务中心（Joint Logistics Operations Center），根据领导小组设置任务的优先顺序，协调后勤补给。

目前已经没有任何一个单独的国际组织能够独自应对日益复杂的和平进程，因此，组织间的伙伴关系对于冲突社会重新恢复秩序极为重要。国际组织间除了协同参与一项维和行动外，往往还涉及维和行动的交接。联合国与维和伙伴间的行动交接通常涉及两方面，一方面，联合国承接其他组织的维和行动，例如联合国承接非盟在布隆迪和中非共和国的维和行动；另一方面，联合国维和行动的军事人员准备撤出时将后续任务移交给联合国系统伙伴和其他国际组织，通常是移交与建设和平相关的任务。决定承接其他组织的维和行动相对容易，判断联合国维和行动是否已成功完成其任务则相对具有挑战性，各项行动间并没有统一的指标，但是仍有一些通用的准则，包括没有暴力冲突和大规模侵犯人权行为，尊重妇女和少数群体的权利；前战斗人员实现卸武、复员，国家安全机构已经恢复职能；国家强制机关可以在民事监

---

[1] See UN Department of Peacekeeping Operations and Department of Field Support, *United Nations Peacekeeping Operations: Principles and Guidelines*, 2008, p. 69.

督和尊重人权的情况下提供安全和维持公共秩序；开始恢复独立和有效的司法制度；国家权力和基础服务职能得到恢复；流离失所者返回并得到安置，在返回或重新安置地区尽量减少干扰和冲突；通过自由和公正的选举组建政府，男女享有平等的选举权和被选举权。[1]联合国维和行动的撤出由安理会来决定，但通常会与维和伙伴们进行密切的协商，以确保行动撤出后不会对于其他和平进程造成负面影响。

第三节　维和行动的决策弊端

联合国维和行动的决策时常遭受诟病，批评者普遍认为联合国维和决策程序冗繁，无法及时回应问题；决策内容过于宽泛，无法给出明确的任务授权；决策结果不能满足现实需求，无法真实体现冲突攸关方的利益等。[2]从公共产品的角度来看，维和行动决策表现出的这些弊端的根本原因在于偏好差异的问题。"偏好"是微观经济学最基本的假设，指商品的生产者和消费者都会对于某种商品，或是商品的某些属性具有多于其他商品或商品属性的偏爱。从某程度来看，资源的最优配置取决于生产者与消费者的偏好是否一致，市场机制往往被视为确保双方偏好尽可能一致的最有效手段。在提供公共产品的过程中，消费者的偏好显示问题被视为公共产品决策的最主要的困境。公共产品的供需无法通过市场机制反映，而是经由公共决策过程来决定的，"它是一个全体公民偏好加总或综合的过程。这就涉及公共政策中的需求者对公共物品需求表达的问题"[3]。但现实中，决策者们往往无法了解消费公共产品的公民们的真实偏好，原因在于，一方面，消费者有意隐藏真实偏好；另一方面，消费者的偏好没有合适的表达通道。[4]消费者隐藏真实偏好的原因是，若消费者对公共产品显示出偏好，则要根据公共产品给消费者带

---

〔1〕　See UN Department of Peacekeeping Operations and Department of Field Support, *United Nations Peacekeeping Operations*: *Principles and Guidelines*, 2008, p. 89.

〔2〕　See Security Council Report, "The Security Council and UN Peace Operations: Reform and Deliver", https://www. securitycouncilreport. org/research-reports/the-security-council-and-peace-operations-reform-and-deliver. php, last access on June 8, 2019.

〔3〕　董春宇、王晓君：《公民参与公共决策的困境与对策研究——公共选择理论的视角》，载《党政干部学刊》2013 年第 11 期。

〔4〕　参见刘志球：《公共物品偏好显示机制综述》，载《特区经济》2013 年第 1 期。

来的效用缴税。因此，消费者都会假装对既定消费活动有着比他的真实需求更少的兴趣；而消费者的偏好无法合理表达则是决策制度的问题。

国际公共产品的决策同样面临需求偏好显示与聚合困境。[1]不过，作为公共安全产品的维和行动，在供给过程中的偏好问题不同于其他类型的公共产品。根据上述公共产品理论，清楚地了解消费者们的集体偏好是实现公共品最优供给的前提条件。[2]然而，在供给维和行动时，面临的不是数量庞大的消费群体，而是特定的国家或地区，其需求偏好并非难以显示。一旦冲突当事方希望借助国际社会的援助来解决冲突问题，并不会有意隐藏其真实需求，即需求偏好。因而，维和行动消费方的问题就在于如何表达其偏好，其偏好是否能被决策者及时吸收和采纳。就决策方而言，参与决策和供给维和行动的群体数量要大于消费群体数量。因此，在供给维和行动时，一方面决策者们要消化吸收消费方的偏好；另一方面，彼此间还要进行偏好的博弈、集聚。维和行动决策结果是决策者们的偏好集聚的结果，并未真正体现需求方的所需、所想，维和行动供给中的偏好问题本质变为决策偏好难题。鉴于在没有中央政府的国际社会中，国际公共产品供给的关键在于各个行为主体能不能通过合作性的谈判和选择，设计出合适的国际制度来对国际公共问题进行管理。[3]供给维和行动过程中的偏好问题能否得以有效解决，取决于是否存在一个合适的供给制度，提供一个合理的决策机制。就单个国际公共产品供给主体的内部决策机制来看，一方面，政策制定者的偏好通过机构结构设置来影响国际公共产品供给主体的目标函数，而另一方面，选民的偏好和利益集团的集体行动也会对供给主体的函数产生影响。[4]因此，可以从维和行动决策的权力结构、决策规模（决策行为体数量）和决策结果三个方面，从维和决策的组织结构角度来分析维和行动偏好问题，从而解答维和决策存在弊端的原因所在。

---

〔1〕 参见席艳乐、李新：《国际公共产品供给的政治经济学——兼论中国参与国际公共产品供给的战略选择》，载《宏观经济研究》2011年第10期。

〔2〕 参见冯海波：《公共品需求偏好显示机制：一个理论回顾》，载《产经评论》2012年第2期。

〔3〕 参见席艳乐、李新：《国际公共产品供给的政治经济学——兼论中国参与国际公共产品供给的战略选择》，载《宏观经济研究》2011年第10期。

〔4〕 参见席艳乐、李新：《国际公共产品供给的政治经济学——兼论中国参与国际公共产品供给的战略选择》，载《宏观经济研究》2011年第10期。

一、决策动机的不完全公共性

联合国是权力政治的产物，大国一致原则成为联合国发挥作用的基石。"联合国具有权力政治和权利政治的双重基础，这既是它有效性的来源，也是它处于紧张甚至困境的深层原因。"好的制度设计可以确保大小不同的权力各方尽可能平等地实现利益诉求，因此，"制度是权利的保护形式和实现平台，但制度本身离不开权力的支撑"[1]。从维和行动决策的权力结构来看，主要存在着大国与小国、联合国系统内的组织部门之间（主要表现为安理会、秘书处与大会之间）、联合国系统内的专家团体与冲突当事方的社会团体三个不同层面的权力差异。权力差异导致的最主要后果是维和决策的结果会倾向于权力优势方的偏好，将严重影响维和行动作为公共安全产品所体现的公共性；反之，维和行动成为权力优势方的"私物化"产品。由于各方的博弈与竞争，还造成了决策的迟滞与次优结果。

在大国与小国的权力差异层面，虽然联合国作为国际组织具有一定的自主性，但是仍无法完全脱离国家，特别是大国的掌控，无法摆脱权力政治，这明显体现在安理会的权力结构上。在以国家为中心的主流国际关系理论中，对于国际组织是否可以作为解释世界政治的变量始终存在着争论。但在主流国际关系理论之外，国际组织的行为已经被视为一个与国家具有同样主体地位的变量，国际组织具有自主性行为。罗伯特·考克斯（Robert Cox）和哈罗德·雅各布森（Harold Jacobson）认为，国际组织并不具有绝对的自主性。国际组织的功能类型、议题显要性程度差异都会影响其自主性。显然，"联合国安理会属于官僚机构相对弱小的论坛型国际组织，同时又具有较高的显要性程度——其讨论的议题与会员国利益高度相关，它的自主性行动能力就较低，对组织决策结果也就难以产生独立的影响"[2]。因此，安理会会员国的利益，尤其常任理事国的利益直接决定了安理会是否能达成决议。

安理会的会员构成一向饱受争议。批评者主要认为其权力结构无法体现

---

〔1〕 参见贾烈英：《联合国与世界秩序变迁：从权力政治走向权利政治》，载《国际政治研究》2015年第6期。

〔2〕 刘宏松：《国际组织的自主性行为：两种理论视角及其比较》，载《外交评论（外交学院学报）》2006年第3期。

现有的地缘政治现实。五个常任理事国的会员资格既担负着高昂的成本，也拥有巨大的特权。[1]这体现在对于否决权的运用上，即便否决权对于联合国的决策程序有一定的积极意义。[2]但否决权会催生寻租，某些具有否决权的国家会将否决权作为谋求额外利益的工具。冷战期间，美苏两国就曾频繁动用否决权为其冷战政策服务。安理会始终未实现集体思维的决策进程，大小不同国家的意愿、偏好始终无法得到合理的平衡。不过，大国的权力并非得不到制约。对于多数决议，安理会的其他会员国还可以通过"第六否决票"来挫败一项决议，即安理会会员的九票通过规则。而在维和决策方面，对于大国的制约则更多地来自联合国大会，尤其是 C-34。由于 C-34 由具有不同利益的更广泛的会员国的参与，西方大国开始难以主导维和政策的谈判。英国、法国和美国有意淡化 C-34 在维和决策中的重要性，而大多数的发展中国家则认为 C-34 是唯一负责"全面审查整个维持和平行动问题所有方面"的机构。[3]这体现出在维和决策过程中，大国与小国间已经形成了某种程度的对立。不过，当是否采取维和行动并不直接关乎某些大国的利益时，大国会采取"消极地肯定"的行为模式，即虽然最终会通过决议，但并不会投入过度的政治意愿和资源。从而决议的达成过程会较为拖延，决议内容并不能充分体现问题和解决问题，决议的执行过程更是缺乏必要的支持。最显著的体现在于以美国为主的西方大国开始逐渐削减对维和行动的资金贡献。迫于这些大国的压力，关于削减维和预算的问题在 2018 年的各项讨论中都占据了重要地位。[4]

在联合国系统内的组织部门层面，从决策角度来讲，权力差异主要表现在联合国安理会、秘书处和大会之间的矛盾。不仅国际组织具有一定的自主性，组织内的各部门也会形成不同于组织的自身利益，并且具备不同程度的

〔1〕 参见［英］亚当·罗伯茨、［新西兰］本尼迪克特·金斯伯里主编，吴志成等译：《全球治理——分裂世界中的联合国》，中央编译出版社 2010 年版，第 47 页。

〔2〕 常任理事国的否决权积极意义体现在，它把主要大国保持在联合国的框架内，否则这些大国首先可能不加入或者抛弃联合国；它可能使联合国免于恶化其主要会员之间的冲突，免于参与具有分歧或不可完成的任务等，详见《全球治理——分裂世界中的联合国》，第 48 页。

〔3〕 See Lisa Sharland, "How Peacekeeping Policy Gets Made: Navigating Intergovernmental Processes at the UN", International Peace Institute, May 2018, p. 25.

〔4〕 See Security Council Report, "September 2018 Monthly Forecast", https://www. securitycouncilreport. org/monthlyforecast/201809/peacekeeping_ operations_ 1. php? print=true, last access on June 8, 2019.

权力。巴奈特（Michael Barnet）和芬尼莫尔（Martha Finnemore）认为，理性——合法权威（Rational-legal Authority）以及对专业技术知识和信息的控制，是国际组织自主性的重要来源。[1]那么，组织内部不同部门也同样会因为各自掌握的权威和专业性差异，而具有不同程度的自主性，从而产生部门间的权力差异。例如安理会是和平安全议题的最高决策机构，它的权力来源于会员国对其权威的服从，安理会的决策具有独立性、客观性和公正性。秘书处的权力来源则偏向于它被视为真正理性的官僚机构，通过对于信息和专业技术的控制，它不仅能有效地履行政治家的指示，甚至具有凌驾于政治家之上制定政策的权力。联合国大会的权力来源与安理会相似，但其权威性要明显弱于安理会，其决议虽然没有约束力，但是却有助于建立新的国际行为规范，能够建立各国以后遵守的条约，或者赋予宣言强大的道德力量。三个部门间不同的权力来源不仅产生了权力差异，使部门间在维和决策中具有不同的权重，而且还塑造了不同的利益诉求和行为模式，从而导致部门间的矛盾。除了上述安理会与 C-34 之间的矛盾外，安理会、秘书处与人员贡献国（TCCs）间也存在大量分歧，人员贡献国希望秘书处能向安理会有效表达它们的关切，而安理会则希望秘书处对于现状给出客观的评估，并提出可行的方案，而非某些国家意愿支持的内容。[2]并且，现有的三方协商机制并不能确保有效的对话，这使各方都感到失望，并影响任务的执行。[3]再者，常任理事国并不愿意支持那些在他们看来太独立和强势的秘书长候选人，并且一些西方大国在秘书处高层安排的本国公民，往往不接受国际公务员准则，并对秘书长的授权掣肘，而高级职位泛滥直接导致秘书处内的重复、无序、浪费性的竞争不可避免。[4]

在联合国系统内的专家团体与冲突当事方的社会团体的层面，权力差异主要体现在联合国系统内的专家对于知识和冲突认知的建构能力远大于冲突

---

[1] See Michael Barnet, Martha Finnemore, *Rules for the World: International Organizations in Global Politics*, Cornell University Press, 2004.

[2] See UNOIOS, *Evaluation of DPKO/DFS Planning during the Force Generation Process and Related Engagement with the Security Council and Troop-Contributing Countries*, April 7, 2017, p. 13.

[3] 参见联合国和平行动高级别独立小组的报告：《集中力量，促进和平：政治、伙伴关系和人民》，A/70/95-S/2015/446，2015 年 6 月 17 日，第 54 页。

[4] 参见［英］亚当·罗伯茨、［新西兰］本尼迪克特·金斯伯里主编，吴志成等译：《全球治理——分裂世界中的联合国》，中央编译出版社 2010 年版，第 420 页。

国内的社会团体。国际组织在控制信息方面具有一定的优势，并且"国际组织最重要的活动之一就是赋予信息以具体的含义、价值和目的，从而把信息转化为知识。"〔1〕联合国系统内对于安全形势和冲突原因进行分析、提供解决方案的专家，以及维和行动具体任务的执行人员，他们往往都认为自己接受过最合适的培训，掌握了最相关的技能，拥有最好的经验，他们采用各种战略来证明其特殊专门知识的重要性。〔2〕因为，作为官僚机构的专家，他们普遍坚信这种标准化的、具有统一规范的知识和行为规则适用于任何情况。同样，冲突当事方内的当地官员、专家或是民众，对于冲突的根源、形势，更重要的是对于解决和重建方案，也有着自身的设想和诉求。而这些设想和诉求尚未得到充分的表达和理解。虽然联合国维和行动加强了对于"地方所有权"的重视，但在现实执行过程中，联合国系统的专家们并未真正、有效地与当地社会团体实现交流和沟通，而维和人员标准、规范化的行为方式虽然能够解决一些问题，但也不免会带来偏见和限制，有时还会引发负面效应。〔3〕这一方面是因为"劳动的分工和专业化造成了国际组织工作人员的管窥之见，国际组织行动的标准化规则也使得它们难以对特殊的情形做出反应"〔4〕；另一方面，像联合国这样的国际官僚组织机构会有意地制造这种权力差异结构。国际组织通过对行为体进行分类，固化各类概念，传播概念和规范来实现权力差异。〔5〕比如，关于难民的定义与分类、维和行动原则等，几乎都是来源于联合国系统尤其是秘书处关于某地区或国家冲突形势的评估和界定，直接关系到该地区或国家是否值得国际社会重视与干预。显而易见，凭借塑造知识和冲突认知的权力优势，联合国可以制定符合自身偏好的决策。

---

〔1〕　薄燕：《作为官僚机构的国际组织——评〈为世界定规则：全球政治中的国际组织〉》，载《外交评论（外交学院学报）》2008 年第 3 期。

〔2〕　See Séverine Autesserre, *Peaceland: Conflict Resolution and the Everyday Politics of International Intervention*, Cambridge University Press, 2014, p. 69.

〔3〕　See Séverine Autesserre, *Peaceland: Conflict Resolution and the Everyday Politics of International Intervention*, Cambridge University Press, 2014, p. 3.

〔4〕　薄燕：《作为官僚机构的国际组织——评〈为世界定规则：全球政治中的国际组织〉》，载《外交评论（外交学院学报）》2008 年第 3 期。

〔5〕　See Michael BarnetmMartha Finnemore, "The Politics, Power, and Pathologies of International Organizations", *International Organization*, Vol. 53, No. 4, 1999, pp. 699-732.

二、决策过程的迟滞性

维和行动的时效性直接关系到维和行动的有效性。时效性影响着决策的生效时间，时效性决定了决策在特定时间内是否有效。维和行动的时效性受到维和行动的决策时效与部署时效两方面的影响，而维和行动的部署时效在某种程度上也取决于维和行动的决策时效。不过，从实际情况来看，维和行动决策存在很大的时效性问题，集中表现在决策的迟滞性，或是决策没有把握好适当的干预时机。决策过程涉及过多的攸关方，决策过程过于冗长、繁复。1956 年应对苏伊士运河危机的维和行动仅在 7 天内就完成了部署，1964年的联刚行动仅用了 3 天时间，1973 年中东紧急部队更是在 24 小时内就完成了部署。而现今的维和行动多数要在 6 个月到 12 个月内完成部署，[1]远超过了在安理会核准一项任务后 30 天至 90 天内完成维和行动的全面部署的承诺。[2]这一方面是因为维和行动部署耗费了大量时间，还有一大部分原因在于维和决策的时间过于拖延。那么，仅考虑决策的时效性问题，导致决策迟滞的原因可以从权力结构的角度进行分析。如上文所述，联合国内不同会员间、部门间的权力结构差异决定了维和决策过程势必是个复杂的博弈过程。从公共产品理论角度，决策行为体的规模同样决定了决策的时效问题。国际组织会因会员数量差异而影响集体行动结果。理论上讲，集体的规模与集体行动间具有一定的因果关系，集体规模过大，会导致会员间偏好的调解过程过于冗繁。[3]

组成一个团体的个体具有各自的偏好和利益，而促使这些个体采取集体行动的却是那些公共利益（也就是利益的交集）。而合作是否能够达成，不仅要看公共利益的大小，同时也取决于分歧利益的大小。也就是说，不仅是合作的收益在集体行动中具有决定性的作用，合作的成本也是过程中不可分割

---

〔1〕 See The Conversation, "Team UN, World Police: Why We Need an Emergency Peace Service", http://theconversation.com/team-un-world-police-why-we-need-an-emergency-peace-service-42491, last access on June 8, 2019.

〔2〕 See United Nations General Assembly, "Activities of the Office of Internal Oversight Services: Review and Evaluation of Strategic Deployment Stocks", A/71/798, February 17, 2017, p. 1.

〔3〕 See Mancur Olson, *The Logic of Collective Action: Public Goods and The Theory of Groups*, Harvard University Press, 1965.

的方面。[1]而团体中的个体数量多少会决定共同利益和分歧利益的大小。会员数量越多,个体之间的偏好差异也就越大,达成一致的决策成本也就越高。联合国是世界上最具代表性的国际组织,拥有 193 个具有同等主权地位,但大小和文化却各异的会员国。针对维和行动,其利益攸关程度也不尽相同。但是,团体的规模与集体行动之间并非简单的因果关系,往往还会受到一系列中间变量的影响。[2]从同质性来看,同质性高的团体具有较低的交易成本。也就是说,同质性高的团体里具有较低的信息复杂性和较高的信息可获得性。而且同质性高的团体里更容易具有相似的身份认同,从而共享更多的社会价值。这些身份认同和社会价值可以起到所谓"非正式机制"的作用,可以将行为进行内化,而内化的结果改变了行为者的成本收益计算。[3]联合国会员就因同质性形成了近似集团间的对垒,在维和领域最为典型的是维和出资国 (Financial Contribution Countries,FCCs) 与维和人员贡献国 (TCCs/PCCs) 之间的对立。当然,会员国也不完全是单一的身份认同和价值取向,中国即一个特例,中国既是常任理事国,又是重要的维和出资国和人员贡献国,而这种多重的身份和价值可以在不同集体间发挥一定的协调作用。

再者,公共产品供给制度安排的基本框架通常是自上而下的决策机制,联合国维和行动也非特例。并且,联合国决策采取的是"相对一致同意"原则,要求提议获得集体中一定数量的多数会员的同意。个体对于自身利益与其他会员相议价的范围会因"相对一致同意"而被一定程度的限制,从而可以在一定程度上有效地降低集体决策的决策成本。[4]不过,联合国的决策要涉及多个层级和部门的"相对一致同意",这便加大了决策共识的难度,关于

---

〔1〕 See James Fearon, "Bargaining, Enforcement, and International Cooperation", *International Organization*, Vol. 52, No. 2, 1998, pp. 269-305, 转引自熊炜:《国际公共产品合作与外交谈判:利益、制度和进程》,世界知识出版社 2014 年版,第 42 页。

〔2〕 这些中间变量包括:生产公共产品的技术、公共产品的非排他性、非竞争性程度,以及团体会员间的同质程度。See Elinor Ostrom, *Self-governance of Common-pool Resources*, Indiana University Press, 1997; Russell Hardin, *Collective Action*, Johns Hopkins University Press, 1982.

〔3〕 See Douglass D. North, *institutions, Institutional Change and Economic Performance*, Cambridge University Press, 1990; Avner Greif, *Institutions and the Path to the Modern Economy: Lessons from Medieval Trade*, Cambridge University Press, 2006, 转引自熊炜:《国际公共产品合作与外交谈判:利益、制度和进程》,世界知识出版社 2014 年版,第 46 页。

〔4〕 参见曲创:《公共物品、物品的公共性与公共支出研究》,经济科学出版社 2010 年版,第 86 页。

同一问题可能会在不同部门间具有不同的共识。例如，有时安理会欲加大某项维和行动的投入，但未必会得到大会的认可。即便决策权基本集中在安理会，但关乎维和财政预算问题时，安理会时常受到大会，尤其是第五委员会的掣肘，维和行动会因预算得不到批准而随时终止。此外，在"相对一致同意"决策规则下，如果某一个体发现自己成为某一公共产品供给中利益受到损害的"少数人"，这表明他对该公共产品的偏好与集体中其他会员相反。这种情况下，他通常会选择减少参与，或是退出并加入与自身偏好相符的个体所组成的集体中去。[1]有时，会员的消极与漠视同样会影响维和决策的时效性。并且，退出现有集体选择其他集体，或重建新集体行动不仅会浪费既有的努力，还会产生新的决策成本。

三、决策结果的需求偏差

本节的以上两部分论述了维和行动制度的权力结构和决策程序如何导致偏好聚合过程中出现的偏差问题，也就是说维和行动消费方的偏好未能被决策方合理和及时地吸纳。本部分将论述导致维和需求偏差的另一方面，即维和行动需求的表达问题，本书认为维和行动消费方由于在维和决策中缺乏合理的代表性而未能有效表述其真实需求，从而导致了一定的需求偏差。代表性的不合理具体体现为维和行动当事方不能参与决策，且当事方的社区民众的意见也未能被合理表达，以及缺乏女性代表参与决策。

联合国的决策制度规定，联合国会员国和非会员国如果是安理会审议中争端的当事方，可应邀参加安理会讨论，但无表决权，并且会员国参加讨论的条件由安理会设定。[2]维和行动的当事方在维和决策中基本是被边缘化的，有很多维和当事方至今都未曾担任过安理会常任理事国。然而，当事方的合作和投入对于联合国维和行动的成功是至关重要。[3]同样，联合国以国家为

〔1〕 参见曲创：《公共物品、物品的公共性与公共支出研究》，经济科学出版社 2010 年版，第 87 页。

〔2〕 参见联合国安全理事会官网：https://www.un.org/securitycouncil/zh/content/current-members，最后访问日期：2019 年 6 月 8 日。

〔3〕 See United Nations, "Fourth Committee Delegates Stress Need for States Hosting Peacekeeping Missions to Have Greater Decision-Making Role, as General Debate Continues", https://www.un.org/press/en/2017/gaspd647.doc.htm, last access on June 8, 2019.

中心的决策思维开始面临越来越多的批评，批评认为现有的做法是国家层面的精英式的决策，在这种决策模式下，维和行动普遍是预设好的、模板式的，并且过多地依赖军事解决方案而非政治解决方案，更为重要的是，现有的做法往往疏远和排斥特派团受命服务的当地人民，当地社区民众存在着"长期被排斥"的危险。[1]联合国对所有地方事务都缺乏足够的重视。[2]联合国对于形势的评估更多凭借的是外国专家的间接经验，而非当事方的专门知识，管理职位几乎都是外国人，他们通常对当事方的社会、文化或机构没有深入的了解。并且，联合国人员与当地民众缺乏沟通和交流，这主要受制于语言技能，有极少的工作人员能掌握当地语言。但有研究表明，当维和部队具有稳定的当地知识来源，与当地人民一贯发展良好关系的时候，能够更有效地执行其任务。[3]还有研究指出，女性的参与对于和平的稳定性和可持续性具有一定的积极影响，应加强女性在和平行动所有领域决策方面的作用。[4]因此，维和行动决策过程中应加大包括当事方，尤其是当事方地方社区，以及女性代表在内的"地方所有权"。

联合国维和行动的决策和执行思维正在从以国家为中心（state-centric）向以人民为中心（people-centered）转变。社区民众正在开始得到同等的重视。2015 年，和平行动问题高级别独立小组的报告认为，联合国应制定更好的策略，在任务周期的所有阶段促进社区参与，以改善任务执行情况，并确保任务始终对当地需求做出回应。[5]之后出台的《建设和平报告》同样批评了维和行动以资本和精英意见为导向的倾向，呼吁维和行动应具有"包容性的国家所有权"，并确保包括社区团体、妇女、青年、劳工组织、政党、私营

〔1〕　See United Nations, *The Challenge of Sustaining Peace: Report of the Advisory Group of Experts for the 2015 Review of the United Nations Peacebuilding Architecture*, 2015, p. 21.

〔2〕　See Séverine Autesserre, "The Crisis of Peacekeeping: Why the UN Can't End Wars", Majalla, https://eng. majalla. com/node/49141/the-crisis-of-peacekeeping, last access on June 8, 2019.

〔3〕　See Paul Williams, "Protection, Resilience and Empowerment United Nations Peacekeeping and Violence against Civilations in Contemporary War Zones", *Political*, Vol. 33, No. 4, 2013, pp. 287-298.

〔4〕　See UN Entity for Gender Equality and the Empowerment of Women, *Preventing Conflict Transforming Justice Securing the Peace: A Global Study on the Implementation of United Nations Security Council Resolution 1325*, 2015.

〔5〕　参见联合国和平行动高级别独立小组的报告:《集中力量，促进和平: 政治、伙伴关系和人民》，A/70/95-S/2015/446，2015 年 6 月 17 日。

部门、公民社会以及边缘化或代表性不足的社会群体参与。[1]而在所有地方层级中，社区应是最为重要的层级和载体，社区应在决策、执行、评价和监测方面发挥积极作用。社区参与有三项重要的目标，首先是沟通，确保通过社区获得所需的信息；其次是协商，通过社区平台能够分享观点、不满、需要和优先事项，这些都成为决策和评价的关键数据；最后是赋权，这有助于当地人民直接参与决策。[2]

事实上联合国维和行动正在通过多种方式让维和当事方的声音、意见得以表达。这些形式大致分为两类，一类是通过中间人的方式间接收集当事方社会的知识与偏好表达，常见的是在联合国驻当地的民事事务小组（Local Civil Affairs Teams）中雇用当地雇员的形式，联合国在当地事务中雇用当地人员，不仅节省了人力成本，这些人员还可以发挥沟通联合国与当地社会的作用。例如，2010年，联刚稳定团（MONUSCO）的民事事务小组雇用了一些当地人作为社区联络助理，以弥合当地社区与特派团之间的差距。这些由联合国培训和雇用的当地工作人员与维和人员一起部署，与该国偏远地区的地方当局、民间社会和社区建立关系网络。不过，这种方式通常运用在维和行动执行过程中，因此更有益于维和行动的决策调整。另一类是通过直接民意调查的方式来收集当事方社会的偏好意见。这一类形式又包括与部分社区、族群或部落首领正式或非正式的会谈，和针对更大范围普通民众的直接调研两种具体手段。民意调查被视为收集当地民众真实意见、想法的最有效的方法。自2005年以来，联合国在刚果（金）、海地、黎巴嫩、利比里亚、塞拉利昂和索马里都开展了民意调查。当地民众的意见对于联合国了解导致发生针对平民的暴力行为的当地因素有很大裨益，对于制定保护平民政策至关重要。[3]民意调查也是随时追踪事态发展变化、确保优先事项的重要手段。例

---

〔1〕 See Natasja Rupesinghe, "Strengthening Community Engagement in United Nations Peace Operations", African Center for the Constructive Resolution of Disputes, https://www.accord.org.za/conflict-trends/strengthening-community-engagement-united-nations-peace-operations/, last access on June 8, 2019.

〔2〕 See Natasja Rupesinghe, "Strengthening Community Engagement in United Nations Peace Operations", African Center for the Constructive Resolution of Disputes, https://www.accord.org.za/conflict-trends/strengthening-community-engagement-united-nations-peace-operations/, last access on June 8, 2019.

〔3〕 See Alison Giffens, "Community Perceptions as a Priority in Protection and Peacekeeping", Stimson Issue Brief, https://www.stimson.org/content/community-perceptions-priority-protection-and-peacekeeping-0, last access on June 8, 2019.

如，在刚果（金）的民意调查显示，当地民众对于建设和平的软性举措（如地方冲突解决与和解）的偏好要大于对基础设施发展的偏好。而在苏丹，调查结果指出，以基层社区为基础，尤其是以年轻人为目标的项目规划，将更有利于促进稳定。[1]

　　然而，上述方法中存在的问题和挑战在某种程度上削弱了其有效性。其一，如何确保民意调查不出现偏颇？这一方面取决于调查对象的选取，另一方面在于调查规模的大小。如何来识别维和行动最为直接的目标对象本身就是调查的目标任务，如果调查对象选取不当，反而体现不出真实的需求。当地民众往往抱怨联合国与某些团体的接触要多于其他团体，或是与精英阶层，特别是与居住在首都大城市中的精英接触过多，认为他们并不总是代表住在偏远地区的基层。这种被排斥感往往是人们拿起武器诉诸暴力的主要原因之一。[2]而大规模的调研虽然为更广泛的代表性和参与度提供了可能，但既耗时又耗资源，在冲突尚且持续的情况下也不便操作。其二，如何确保地方代表的合法性？联合国的当地伙伴中时常会出现违犯法纪，甚至他们自身就是人道主义危机的肇事者，或是参与叛乱，乃至包庇一些恶行。例如，与联合国维和部队合作的刚果（金）武装部队（FARDC），时常发生侵犯平民的行为。当联合国与这样的地方团体合作时，不仅容易受到蒙蔽，而且还会导致自身的合法性危机。其三，如何确保当事方的主权不受侵犯？获得当事方各派的"同意"，尊重当事方的主权是联合国维和行动的根本原则和合法性的重要来源。但特派团处理属于"政治"范畴的问题时，往往被指责干涉了当事方的内政。例如，联合国—非洲联盟驻达尔富尔特派团（UNAMID）与社区接触的能力受到限制，主要原因是受到了政府当局的准入限制。由于担心国际社会的审查，政府阻止特派团进入急需人道主义援助的社区。以上三个问题的存在并且未能得到有效的应对，成为当事方社会真实需求偏好难以表达的重要原因。

---

　　[1]　See Natasja Rupesinghe, "Strengthening Community Engagement in United Nations Peace Operations", African Center for the Constructive Resolution of Disputes, https://www. accord. org. za/conflict-trends/strengthening-community-engagement-united-nations-peace-operations/, last access on June 8, 2019.

　　[2]　See Thania Paffenholz, *Inclusivity in Peace Processes: Briefing Paper for the UN High-level Review Panel*, United Nations University Centre for Policy Research, 2015.

维和行动作为公共安全产品的供给模式

　　联合国维和行动作为一项国际公共安全产品，其生产成本包括人力、资金物资和技术三方面。联合国维和供给是单一最大努力型与联合努力型相结合的模式，为实现一定的目标供给水平，既需要集体会员的共同努力，也需要个别大国发挥引领作用。由于维和行动日臻复杂，联合国维和供给形成了一个全球性的伙伴网络，参与维和行动供给的行为体包括会员国、联合国系统内的专职机构、非联合国维和组织机制（地区组织、次地区组织、全球大国、地区强国、其他国际组织，以及意愿联盟主导的维和机制）、非政府组织和私有企业。联合国维和行动是国际多层次行为体合作，以及全球公私伙伴关系的集中体现。联合国维和行动公私兼具的联合产品属性决定了其特有的生产供给模式，针对三方面的生产成本，维和行动供给大体形成了一种会员间分工、伙伴间协作的模式，具体来看，联合国会员间的分工表现为：发达会员国集中于供给维和行动的资金和决策；发展中会员国主要负责维和人员，特别是军事人员的供给。联合国与全球伙伴之间的协作表现在联合国系统内机构的技术专职职能；非联合国维和机制与联合国维和机制间的代理协作；非政府组织和企业的协助职能等。本章从维和行动供给方、消费方，以及维和制度变迁三个角度综合解释现有供给模式的成因。从供给方角度来看，会员间的分工是供给方的比较优势和供给方私有利益占维和总体利益的比重计算的综合结果；从消费方角度来看，消费方的需求与偏好同样决定产品的多样性和复杂性，以及维和机制的竞合关系；从维和制度变迁角度来看，维和制度规则是维和行动供给方的利益与消费方的需求整合后的最终结果，维和制度规则决定了维和行动内容和维和手段、方式；维和内容，以及执行手段、方式的变化和侧重不同，导致了维和组织结构、资源筹措机制的变化，最终形成了不同的供给模式。

第一节　联合国维和供给会员国间的分工

自负责监测以色列与其阿拉伯邻国之间《停战协定》的联合国停战监督组织 1948 年正式成立至 2018 年，已有逾 100 万人员参与了联合国展开的 71 项维和行动，[1]联合国会员国还为维和行动提供了大量的资金和装备。纵观 70 年的发展历程，联合国维和行动呈现出如下两大特点：一是维和内涵的不断扩大。为应对冷战后更为复杂的冲突形势，联合国维和手段和内容不断得到发展与丰富，概念已经从"维持和平"（peacekeeping）扩展到"预防性外交"（preventative diplomacy）、"建立和平"（peacemaking）、"强制执行和平"（peace enforcement）、"缔造和平"（peacebuilding）和"保持和平"（sustaining peace），维和任务也主要从监督停火扩展至监督选举、人道援助、难民遣返、前战斗人员解除武装、复员和返乡，以及冲突国家的司法制度建设等，维和行动俨然从一种多功能的冲突管理工具发展成了一种安全治理手段。二是随着维和行动内涵的扩展，维和行动的整体规模、投入和维和伙伴关系也在不断扩大。进入 21 世纪以来，维和总体人数呈不断上升趋势，2014 年的人数超过 10 万人。同时，维和预算也在不断攀升，2016 年已达 78.7 亿美元。[2]联合国维和全球伙伴也已经从会员国、联合国秘书处、东道国、地区组织，扩充至私有企业和公民社会。

---

〔1〕　参见联合国官网：《联合国维持和平人员：七十年的奉献与牺牲》，载 http://www.un.org/zh/events/peacekeepersday/，最后访问日期：2018 年 8 月 20 日。

〔2〕　See Todd Sandler, "International Peacekeeping Operations: Burden Sharing and Effectiveness", *Journal of Conflict Resolution*, Vol. 61, No. 9, 2017, p. 1876.

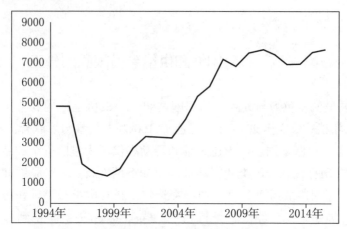

图 4-1　1994 年~2014 年联合国维和行动年度摊款总额（单位：百万美元）

资料来源：Todd Sandler，"International Peacekeeping Operations：Burden Sharing and Effectiveness"，*Journal of Conflict Resolution*，Vol. 61，No. 9，2017，p. 1881.

维和行动供给在联合国框架内的分工模式非常明确：西方发达会员国集中于为维和行动供给决策和资金；广大发展中国家集中于通过提供维和人员供给维和行动。以 2015 年为例，仅美国、英国、法国、日本、德国、西班牙、意大利、加拿大八个国家就贡献了 78% 的维和经费，其中仅美国一家就贡献了 28.36%，但这八个国家的维和人员贡献率则仅为 3.3%。相比之下，前十名的维和人员派出国贡献了约 53% 的维和人员。[1]

一、发达会员国的维和摊款与决策

在联合国框架内，其会员国一直是维和行动的资金、人员与后勤贡献国，各会员国有义务按照安理会决议要求，执行维和任务，提供必要的资金和人员支援。[2]然而，除了维和费用摊派义务之外，会员国在维和行动问题上更多秉持的是自愿原则，并无太多强制性。即便如此，不同类型国家群体之间对于维和贡献仍形成了近似于国际分工的特点。从维和资金贡献来看，在

---

〔1〕　数据来源于：Global Peace Operations Review，载 https://peaceoperationsreview. org/featured- data#euro_ personnel，最后访问日期：2018 年 8 月 20 日。

〔2〕　参见陆建新等：《国际维和学》，国防大学出版社 2015 年版，第 145 页。

1974 年之前，联合国维和行动经费主要来自联合国经常预算和自愿捐助。但是，自愿捐助原则引起了会员国间明显的"搭便车"现象，[1]造成维和经费无法满足现实需求。例如，20 世纪 60 年代维和史上最为昂贵的联合国刚果行动（ONUC）造成了联合国严重的财政危机。为此，联合国大会于 1973 年 12 月 11 日通过《3101 号决议》，不得不将自愿捐助改为维和摊款加自愿捐助制度。联合国根据每个会员国的经济总量制定不同的分摊比例，联合国大会第五委员会每三年对于各国分摊配额进行重新评估，发达国家承担更多的摊款份额，安理会常任理事国在正常分摊配额上多增加了 22% 的摊派任务。以 2015 年为例，仅美国、英国、法国、日本、德国、西班牙、意大利、加拿大八个国家就贡献了 78% 的维和经费，其中仅美国一家就贡献了 28.36%。[2]随着中国等国家不断提升维和经费摊派比例，西方国家的总体维和经费贡献也将出现逐渐下降的趋势。

美国是联合国维和经费的最大贡献国，美国的支持与贡献对于维和行动的成效具有重大意义，但是美国一直存在拖欠维和经费的问题，这不仅阻碍了维和行动的正常执行，还对于其他资金贡献国起到了不好的示范效应。自 1994 年起，美国国会单方面施加了财政上限，称其不会为联合国维和行动支付超过 25% 的费用。[3]自此，美国有两种选择来弥补分摊差额：要么改变财政上限，要么寻找其他机制来弥补这一差距。在 1995 年至 2012 年的大部分时间里，美国国会决定取消任意设定的 25% 的会费上限，允许美国支付其全部分摊额。2013 年奥巴马政府不得不使用"信贷"（credits）的方式来弥补拖欠的维和摊款。"信贷"的方式是指，当一个特派团未充分使用其已拨出的预算和款项时，剩余的经费将转到下一个财政年度使用。美国还会根据某一特派团的表现来决定是否继续为其拨款。2017 年，当美国国会重新实施 25% 的上限时，特朗普政府决定不使用"信贷"来弥补缺口，因此美国开始积累欠款。2017 年至 2018 年，美国国会制定的上限与实际摊派任务之间的差额约达

〔1〕　See Jyoti Khanna, Todd Sandler, Hirofumi Shimizu, "Sharing the Financial Burden for UN and NATO Peacekeeping, 1976-1996", *Journal of Conflict Resolution*, Vol. 42, No. 2, 1998, pp. 176-195.

〔2〕　数据来源于：Global Peace Operations Review，载 https://peaceoperationsreview.org/featured-data#euro_ personnel，最后访问日期：2018 年 8 月 20 日。

〔3〕　See Paul D. Williams, "In US Failure to Pay Peacekeeping Bills, Larger UN Financing Questions Raised", International Peace Institute, https://theglobalobservatory.org/2018/10/in-us-failure-pay-peace-keeping-bills-larger-financing-questions-raised/, last access on March 10, 2019.

4.8 亿美元。美国如果继续按照这个比率拖欠摊款，四年后，美国的维和欠款将达 10 亿美元，并且美国连国会批准的 25% 上限也未能完全履行。[1]

美国在拖欠维和摊款的同时，还向联合国施压缩减维和预算，2017 年特朗普政府提出削减 40%，约达 10 亿美元的维和经费，[2]并且特朗普政府关于削减维和预算的提议得到了相当一部分西方国家的附和。维和经费的削减无疑会加大维和行动的执行难度，不过从另一角度讲，经费削减的压力会使维和行动提高经费的使用效率。还需指出的一点是，美国等西方国家虽然在国家层面上将减少对于维和经费的贡献，但西方包括非政府组织在内的非国家行为体对于维和行动仍有很大的支持贡献，尽管这些非国家行为体并不完全通过资金支持联合国维和行动，但其物资方面的贡献仍占有不小的比重，很难判断其贡献是否将呈现下降的趋势。

西方大国虽然在联合国框架内对于维和资金和人员的贡献比重日益下降，但仍具有很强的话语权和主导能力：一是因为联合国集体安全机制是西方特别是美国政治文化的产物，其基本原则、规则、规范乃至决策程序与西方利益有着天然的联系；[3]二是因为西方国家在联合国秘书处和其他部门拥有大量的普通职员及高级职员。例如在有记录的 141 名联合国维和行动秘书长特别代表中，23% 来自美国、英国、法国、日本、德国、意大利、西班牙、加拿大这 8 个国家。[4]虽然国际组织的官僚机构有一定的自主性，但职员特别是高级职员仍能影响组织机构的行事风格和议程设置。[5]而"否决权"是美、英、法三国维和话语权的主要来源。尽管如此，这并不完全影响维和决

---

〔1〕 See Paul D. Williams, "In US Failure to Pay Peacekeeping Bills, Larger UN Financing Questions Raised", New York：International Peace Institute，https：//theglobalobservatory. org/2018/10/in-us-failure-pay-peacekeeping-bills-larger-financing-questions-raised/, last access on March 10, 2019.

〔2〕 See C. Lynch, "＄1 Billion in Cuts to UN Peacekeeping", Foreign Policy, https：//foreignpolicy. com/2017/03/23/trump-administration-eyes-1-billion-in-cuts-to-u-n-peacekeeping/, last access on June 8, 2019.

〔3〕 参见刘丹：《联合国维和行动的困境及前景》，时事出版社 2015 年版，第 41 页。

〔4〕 联合国大会、联合国安理会和秘书处被视为维和决策的"三驾马车"，秘书长特别代表（special representative of the secretary）为联合国维和行动最直接的负责人，向秘书长报告。数据来自笔者根据联合国维和行动官方网站提供资料所进行的统计，载 https://peacekeeping. un. org/en/troop-and-police-contributors，最后访问日期：2018 年 9 月 19 日。

〔5〕 参见何银：《联合国维和事务与中国维和话语权建设》，载《世界经济与政治》2016 年第 11 期。

策机制本身的民主性，例如，当维和提议违背《联合国宪章》和维和"三原则"时，仍会受到其他会员国的掣肘。因此，当某些国家在联合国建立维和行动受阻时，它们就会绕开联合国，转而求助于其他国际组织或机制以达到自己的目的。

表4-1 部分国家在秘书处任职人数及排名

国家	人数（人）	比额（%）	相对排名
美国	2636	6.42	1
法国	1470	3.58	2
英国	907	2.21	3
加拿大	660	1.61	4
印度	593	1.44	5
俄罗斯	551	1.34	6
德国	537	1.31	7
中国	461	1.21	8
日本	259	0.63	9
巴西	174	0.42	10

资料来源：何银，《联合国维和事务与中国维和话语权建设》，载《世界经济与政治》2016年第11期。笔者在此基础上有所更新。

二、发展中会员国的人员贡献

维和人员是维和行动中最为重要的组成部分。从维和人员贡献来看，联合国维和行动的资金贡献大国通常并不是人员贡献大国。[1]有别于强制性的维和经费摊派制度，会员国贡献维和人员完全出于自愿原则。鉴于此，贡献国派出维和人员一定是基于多方面因素考量的结果，例如，冲突的性质、危

---

[1] See Khusrav Gaibulloev, Todd Sandler, Hirofumi Shimizu, "Demands for UN and Non-UN Peace-keeping: Nonvoluntary versus Voluntary Contributions to a Public Good", *Journal of Conflict Resolution*, Vol. 53, No. 6, 2009, p. 829.

险程度、潜在的伤亡率、出兵国的军事实力、与冲突当事方的关系以及与冲突所在地区的地缘政治经济利益等都是考虑的主要因素。如果排除掉其他因素，仅考虑维和人员的派出成本，会员国间的供给存在着很大的成本差异。因此，维和行动往往划分为富裕型维和行动与贫穷型维和行动：富裕型指的是发达国家部署训练有素的军队并持续提供资源的行动，例如北约在巴尔干半岛和阿富汗部署的维和行动；贫穷型指的是联合国部署的维和行动部队，多由发展中国家提供训练程度各不相同且装备极差的部队。[1]虽然联合国会为维和人员提供补贴，为提供的装备进行一定比例的报销，但仍不足以贴补到发达国家的供给成本水平。尽管如此，大量发展中国家往往还是能从维和行动中盈利，这也是导致会员国间出现维和行动分工最重要的原因。

自1992年以来，资金贡献率最高的8个发达国家对于人员的贡献开始逐渐减少，从最高30%的贡献比重，降至2016年的4.4%（见图4-2）。相比之下，前十名出兵最多的发展中国家贡献了超过50%的维和人员。[2]维和行动的危险性和伤亡情况以及一些政治因素，是导致发达国家减少派出联合国维和人员的主要原因。[3]但这不足以解释西方大国对于非联合国行动的积极贡献。例如，美国虽然减少了对于联合国维和行动的人员贡献，却是北约主导的阿富汗维和行动中最主要的人员贡献国，并且美军在这十几年的阿富汗行动中承受着惨重的人员伤亡。[4]显然，发达国家希望将军事人员部署到最具有地缘政治、经济利益的区域。与此同时，发达国家在整体维和人员贡献减少的情况下，军事人员减少的幅度更为明显。但这并不意味着西方发达国家淡化了在维和行动的作用，只是对于参与联合国维和行动趋于保守并更具选择性，而且更有针对性地将非联合国框架的维和行动作为维持和平的重要手

〔1〕 See Alex J. Bellamy, Paul D. Williams, *Understanding Peacekeeping*, Polity Press, 2010, p. 275.

〔2〕 以2015年为例，前十名维和人员贡献国为孟加拉国（8496人）、埃塞俄比亚（8296人）、印度（7798人）、巴基斯坦（7643）人，卢旺达（6077人）、尼泊尔（5344人）、塞内加尔（3475人）、加纳（3198人）、中国（3045人）、尼日利亚（2954人），2015年联合国维和人员总人数为107 088人。数据来源于：联合国维和行动官网，www.un.org/zh/peacekeeping/resources/statistics/contributors.shtml，最后访问日期：2018年7月14日。

〔3〕 See Vincenzo Bove, Leandro Elia, "Supplying Peace: Participation in and Troop Contribution to Peacekeeping Missions", *Journal of Peace Research*, Vol. 48, No. 6, 2011, pp. 699-714.

〔4〕 笔者根据Statista网站公布的数据统计美军在2001年~2018年间在阿富汗的死亡人数为2424人，载 https://www.statista.com/statistics/262894/western-coalition-soldiers-killed-in-afghanistan/，最后访问日期：2019年2月28日。

段。同时要指出的是，自 2015 年起一些欧洲发达国家开始撤出通过北约组织的在阿富汗的行动，并在联合国维和行动中的人员贡献略有上升，主要体现在马里的维和行动中。[1]

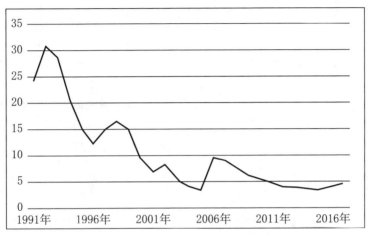

图 4-2　1991 年~2016 年部分发达国家维和人数贡献比重（单位:%）
资料来源：笔者根据联合国维和行动档案自制。

表 4-2　2014 年~2018 年 联合国维和行动人员贡献国前十名国家（单位：人）

	2014 年	2015 年	2016 年	2017 年	2018 年
1	孟加拉国 9400	孟加拉国 8496	埃塞俄比亚 8295	埃塞俄比亚 8420	埃塞俄比亚 7597
2	印度 8139	埃塞俄比亚 8296	印度 7710	孟加拉国 7246	孟加拉国 6624
3	巴基斯坦 7936	印度 7798	巴基斯坦 7156	印度 6697	卢旺达 6528
4	埃塞俄比亚 7807	巴基斯坦 7643	孟加拉国 6862	卢旺达 6498	印度 6445

---

〔1〕 See John Karlsrud，Adam C. Smith，"Europe's Return to UN Peacekeeping in Africa? Lessons from Mali"，International Peace Institute，July 29, 2015, p. 3.

续表

	2014 年	2015 年	2016 年	2017 年	2018 年
5	卢旺达 5698	卢旺达 6077	卢旺达 6152	巴基斯坦 6238	尼泊尔 6098
6	尼泊尔 5089	尼泊尔 5344	尼泊尔 5184	尼泊尔 5492	巴基斯坦 5262
7	加纳 2987	塞内加尔 3475	塞内加尔 3600	埃及 3274	埃及 3765
8	尼日利亚 2930	加纳 3198	布基纳法索 3040	塞内加尔 3215	印度尼西亚 3065
9	塞内加尔 2835	中国 3045	加纳 2935	印度尼西亚 2688	加纳 2792
10	埃及 2613	尼日利亚 2954	埃及 2869	加纳 2678	中国 2515

资料来源：笔者根据联合国维和行动官网数据整理绘制。人员贡献包括军事人员、警事人员、军事顾问和民事人员，统计日期为每年 12 月 31 日。

第二节 联合国维和供给的全球伙伴网络

正如在第二章第三节"维和行动的发展趋势"中所论述，联合国维和行动自诞生起，便逐渐开始形成了一个维和伙伴关系网络。随着维和行动的逐渐发展，维和伙伴已经从安理会、秘书处以及贡献国之间的核心伙伴，扩展至联合国系统内其他机构部门以及一系列国际非政府组织的传统伙伴关系，再至地区组织，并且包括次区域组织、私有企业，以及社区团体等更为多元的行为体在内的新兴伙伴。从层次分布的角度，联合国维和伙伴已经涵盖了国际体系、国家、公民社会在内的多个层次；从伙伴的职能角度，联合国维和伙伴的职能可以归为：联合国系统内伙伴的专业职能、非联合国维和机制的代理职能、非政府组织的协助职能。本节将从职能划分的角度对于联合国维和伙伴如何参与维和供给进行详细讨论。

一、联合国系统内伙伴的专业职能

联合国系统内的组织机构在整个和平行动进程中发挥着供给专业知识的职能。凭借其专业知识，这些机构协助维和人员完成不同阶段的和平任务，更为重要的是，能够帮助不同的和平进程间实现衔接与过渡，尤其是维持和平阶段与建设和平阶段间的衔接。其次，联合国系统内的伙伴关系体现的是联合国安全、发展和人权三大支柱间的相互协作。联合国和平行动强调安全、发展与人权之间的不可分割性，和平是发展的前提，发展是实现和平的重要路径，人权则是和平与发展的根本落脚点。从而，联合国和平行动在以安全机构主导的前提下，还需要其他的发展、人权等相关机构在专业知识和技能方面的支持，并且各机构间是相互协作的伙伴关系。最后，各机构间的协作是"安全纽带"（security nexus）思维的体现。"安全纽带"指不同的安全因素间的多重因果关系，不同安全议题间同时具有联系性和传导性的双重逻辑。例如，水安全、能源安全和粮食安全三个本来独立的安全议题，可以组成"水—能源—粮食"的"安全纽带"。[1]在"安全纽带"的思维下，任何一个安全因素都不是孤立存在的，安全治理应是全面和系统的。联合国和平行动的执行过程也从某种程度上体现了这一"安全纽带"思维。例如，在解决粮食稀缺引发的冲突时，同时要注意对于水资源和疫病的治理、管控，这便需要联合国粮食及农业组织、世界卫生组织、联合国环境规划署与维和部队之间共同协作。联合国系统内部机构在冲突预防、维持和平、建设和平三个不同阶段的专业贡献，具体体现为：

在冲突预防阶段，联合国系统内部的专门机构主要负责目标国家冲突预防能力的培养，具体通过培训和发展援助项目两种手段，主要的代表机构为联合国开发计划署（UNDP）和世界银行（WB）。联合国开发计划署自2004年起与政治事务部（DPA）合作创立"关于建立国家预防冲突能力的联合国方案"（*the Joint UNDP-DPA Program on Building National Capacities for Conflict Prevention*），通过派遣和平与发展顾问的形式，对目标国家的相关人员，既包括外交人员等政府官员，也包括妇女和青年群体，以及联合国驻地协调员和

---

〔1〕 参见程子龙、于宏源：《湄公河环境安全纽带治理与中国的参与》，载《国际关系研究》2018年第6期。

联合国国家工作小组，提供关于冲突预防相关的知识和能力培训。至 2017 年，该项目已派遣 48 名顾问，向 65 个国家提供了培训。[1]项目为波斯尼亚和黑塞哥维那、多哥培养了大量的内部调解人员；为喀麦隆和加勒比海地区建立了早期预警机制；为布隆迪、马拉维等国培训了大量的妇女和青年人群。世界银行主要通过发展援助项目来协助冲突预防，在中非和马里等国，世界银行与维和行动合作，为消除不安全因素提供关键的发展支持。世界银行一向保持对冲突和脆弱性的关注，认为贫穷与发展欠缺是导致冲突的根本原因，实现发展则是对于冲突最好的预防，暴力冲突是实现可持续发展目标的核心挑战，强调在冲突前、冲突中和冲突后都应时刻保持对于发展议题的关注，从而为目标国家提供资金和援助项目。[2]世界银行同时与联合国长期合作研究、评估发展政策和方案与冲突预防之间的关联，2017 年 11 月 8 日，世界银行"脆弱性、冲突和暴力问题"首席技术专家亚历山大·马克（Alexandre Marc）发布了联合国和世界银行关于冲突预防的合作研究报告——《和平之路：预防暴力冲突的包容性路径》（*Pathways for Peace：Inclusive Approaches to Preventing Violent Conflict*）。该报告通过实证研究系统地论述了发展与冲突间的因果机制，并指出发展项目如何更好地与外交、调解、安全，以及冲突预防手段之间进行交互运用，同时列举出了详细的政策建议。该报告的发布被认为是联合国与世界银行间对于冲突预防的合作范式性的转变。[3]

在维持和平阶段，各专门机构和基金、项目基于各自的专业特长来协助维和部队履行具体的维和任务。国际环境和冲突形势的复杂化使联合国维和行动更多地朝向了"多维型"和"综合型"的方向转型。多维型维和行动是在一个维和任务区，将军事、警务和民事三部门集中到一个领导机构的统一指挥之下的行动，综合型维和行动旨在实现政治—安全—发展三大领域的一

---

〔1〕 See UNDP, *Joint UNDP-DPA Programme on Building National Capacities for Conflict Prevention Annual Report 2017*, 2017, p. 5.

〔2〕 具体项目内容参见世界银行官网中的 "All Operations Documents"，载 http://www.worldbank.org/en/topic/fragilityconflictviolence/projects/operational-documents? qterm = &lang_ exact = English&os = 0，最后访问日期：2019 年 6 月 8 日。

〔3〕 See Hannah Bleby, "What Dose the New UN-World Bank Flagship Study on Violent Conflict Prevention Hold for Australia's Region?", the World Bank, http://blogs. worldbank. org/dev4 peace/what-does-new-un-world-bank-flagship-study-violent-conflict-prevention-hold-australia-s-region, last access on March 3, 2019.

体化，指在联合国承担复杂政治任务之时所采用的某种专门的行动程序和设计，以便使联合国系统内不同部门之间的规划和协调程序都集中统一于联合国系统在某一国家层面所设置的机构。新形式的维和行动的一个根本特点在于不同任务间的交织，尤其在维和行动中越发重视"保护平民"的任务的情况下，军事任务与人道主义活动之间的联系越发密切了。这对于维和人员的分工和专业化程度提出了更高的能力要求，执行同一任务时往往需要多部门的人员间相互配合。在具体的实践中，联合国开发计划署时常配合军事人员完成在解除武装、复员和返乡（DDR）方面的工作。[1]难民署会在军事人员的护卫和配合下，向平民投递救援物资，例如在波黑的维和行动中，联合国保护部队（UNPROFOR）特别执行了保护萨拉热窝机场的任务，以便难民署能及时、安全地调配救援物资。发生冲突的国家还时常伴随着疫病、疫情，维和行动中的医护人员便要开展防疫和治疗的工作。但维和医务人员不是疫情管控和救治的主力人员。世界卫生组织等相关卫生机构和联合国儿童基金会是开展医疗救治和人道援助的主力，维和部队则提供包括安保和运输等在内的支持性工作。例如，利比里亚维和行动任务中就包括防控埃博拉病毒疫情，而维和部队负责提供人道主义和后勤支持，如捐赠用于抗击埃博拉病毒的车辆和医疗培训，同时通过联利特派团电台和社区开展活动并传播关于埃博拉病毒预防的救护信息，[2]这些工作都是为了配合世界卫生组织和联合国儿童基金会等其他机构开展具体的救治工作。

在建设和平阶段，各专门机构通过一系列的援助项目来帮助当事方实现冲突后的重建工作，既包括国家秩序的重建，也包括经济恢复，以期从根源上解决冲突，实现可持续的和平。联合国开发计划署是联合国建设和平事业最为重要的伙伴之一。联合国大会在1991年第46/182号决议中正式指出有必要将较长期的发展计划纳入到人道主义和冲突后恢复的相关行动之中，[3]这为开发计划署在冲突后立即执行任务提供了基础。大会还特别认识到需要在

---

〔1〕 See UNDP, *Evaluation of UNDP Support to Conflict-Affected Countries in the Context of UN Peace Operations*, 2013, p. xiii.

〔2〕 See Michael R. Snyder, "What Role for UN Peacekeepers in Tackling Ebola?", International Peace Institute, https://theglobalobservatory.org/2014/09/role-un-peacekeepers-unmil-tackling-ebola/, last access on March 1, 2019.

〔3〕 See UN General Assembly, "Strengthening of the Coordination of Humanitarian Emergency Assistance of the United Nations", A/RES/46/182, December 19, 1991.

整个联合国系统内作出协调和多层面的反应。因此，开发计划署作为建设和平支持方和协调方的角色得到了更明确的界定。开发计划署是冲突后国家秩序建设的重要支持方。在政治秩序建构方面，开发计划署能够及时、有效地向当事方法治项目提供技术和财政援助，其用于冲突预防和冲突后恢复项目的支出每年约占其全球项目支出的 25%。[1]这包括支持基本法律、基础设施的重建和恢复，以及扩大获得法律援助的机会。并且，开发计划署在为当事方的传统争端解决办法向正式司法制度之间的过渡方面的工作还具有特别的贡献。[2]在经济和社会秩序建构方面，开发计划署每隔四年制定的战略规划（UNDP Strategic Plan）项目从更广泛的角度来帮助目标国家实现以减贫为主的一系列可持续发展目标。世界银行是帮助当事方冲突后实现善治和经济发展的另一重要支持方。世界银行于 2008 年创立的国家与建设和平信托基金（State and Peacebuilding Fund，SPF），目前是世界银行集团内最大的全球多捐助国信托基金，旨在为脆弱、受到冲突和暴力影响地区的国家建设、建设和平创新方法提供资金支持。该基金的设立意图实现两个目标，一是国家建设，指的是改善受脆弱、冲突和暴力影响国家的治理和机构绩效，以增强应对内外压力的能力；另一个是建设和平，指寻求发展促进和平、稳定和可持续发展的社会经济条件。从 2008 年到 2018 年，已有 46 国家接收了该基金的 180 项赠款和 8 项转让。[3]

表4-3　联合国系统内机构在和平行动中的参与和分工

	建立基本安全保障	人道主义援助和基础服务的恢复	政治进程	治理与法治	经济恢复
维持和平行动部（DPKO）	√			√	
政治和建设和平事务部（DPPA）			√		

---

〔1〕 See UNDP, *Evaluation of UNDP Support to Conflict-Affected Countries in the Context of UN Peace Operations*, 2013, p. x.

〔2〕 See UNDP, *Evaluation of UNDP Support to Conflict-Affected Countries in the Context of UN Peace Operations*, 2013, p. xii.

〔3〕 See The World Bank, http://www.worldbank.org/en/programs/state-and-peace-building-fund, last access on March 3, 2019.

	建立基本安全保障	人道主义援助和基础服务的恢复	政治进程	治理与法治	经济恢复
联合国开发计划署（UNDP）		√	√	√	√
联合国人道主义事务协调厅（OCHA）		√			
世界粮食计划署（WFP）		√			
联合国毒品和犯罪问题办公室（UNODC）	√			√	
联合国儿童基金会（UNICEF）		√		√	
联合国难民事务高级专员公署（UNHCR）		√			
联合国环境规划署（UNEP）					√
国际劳工组织（ILO）				√	√
世界卫生组织（WHO）		√			
联合国粮食及农业组织（FAO）					√
世界银行（WB）		√		√	√

资料来源：UNDP, *Evaluation of UNDP Support to Conflict-Affected Countries in the Context of UN Peace Operations*, 2013, p. 10.

二、非联合国维和机制的代理职能

在国际维和机制中，联合国框架下的维和机制虽然最具代表性与权威性，但并不具有垄断性。也就是说，联合国是最为主要的行为体，但并不是唯一的行为体，地区组织、次地区组织、全球大国、地区大国都在此方面发挥着重要的作用。自二战结束后，国际社会中还出现过大量联合国框架之外的非联合国维和行动。根据维和行动供给者身份的不同，这些行动大致可以划分为独立国家领导的、国家自愿联盟（或临时性的国家自愿联盟）（coalitions of willing or ad hoc coalitions of willing）的、地区组织安排的维和行动。[1]这些行动部分得到了联合国授权，而有些未得到联合国的授权。自1945年至1987年，共产生过50多项非联合国维和行动。[2]冷战结束后，这一趋势在全球范围内表现得更为明显，其中比较重要的几次非联合国维和行动包括：在非洲，西非国家经济共同体（ECOWAS）部署的五次行动、南部非洲发展共同体（SADC）的两次行动、中部非洲经济与货币共同体（CEMAC）的一次行动、非盟（AU）的三次行动，以及南非在布隆迪、法国在刚果（金）的维和行动；在欧洲，意大利1997年在阿尔巴尼亚实施了一次维和行动，北约（NATO）在科索沃和波斯尼亚采取的维和行动，欧盟（EU）接替北约在波斯尼亚和马其顿开展的维和行动；在美洲，美国2004年在海地主持了多国维和行动；在亚洲和大洋洲，澳大利亚于1999年和2003年分别领导了在东帝汶和所罗门群岛的维和行动。总体看来，2014年之前，非联合国维和行动无论是在数量上还是在人员规模上，都大大超过了联合国框架内的维和行动（见图4-3）。

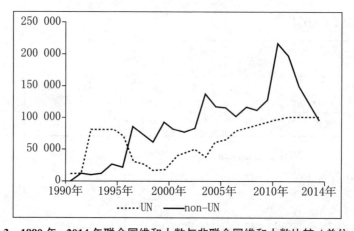

图4-3　1990年~2014年联合国维和人数与非联合国维和人数比较（单位：人）

资料来源：Todd Sandler，"International Peacekeeping Operations：Burden Sharing and Effectiveness"，*Journal of Conflict Resolution*，Vol. 61，No. 9，2017，p. 1882.

----

〔1〕　See Alex J. Bellamy，Paul D. Williams，"Who's keeping the Peace? Regionalization and Contemporary Peace Operations"，*International Security*，Vol. 29，No. 4，2005，p. 167.

〔2〕　See Alex J. Bellamy，Paul D. Williams，*Understanding Peacekeeping*，Polity Press，2010，p. 87.

诚然，正如茱莉亚·摩斯（Julia C. Morse）与罗伯特·基欧汉（Robert·Keohane）在竞争多边主义（contested multilateralism）理论中所指出的那样，当现有制度安排无法体现或满足部分参与方的利益时，不满的参与方联盟将寻找替代的机制，或选择建立新的制度，抑或建立新的非正式多边合作机制来挑战现存的制度安排。[1]同样，对于维和行动来说，当个别国家或国家集团、区域组织的私利无法在联合国框架内得以满足时，就会寻找或创建替代的维和机制。显然，非联合国维和行动与联合国维和行动之间会产生一定的相互竞争关系，比如分散联合国框架内的维和资源，挑战主权原则或联合国维和三原则等。但非联合国维和行动也有其积极的作用，当其得到联合国授权时，可以成为联合国能力的补充，强化维和行动的合法性，甚至可以提供一种有别于联合国个别腐败、浪费和过于政治化、官僚化情况的替代方式。[2]当然，联合国与非联合国维和行动之间并非只是简单的竞争与合作关系。有学者将联合国与非联合国维和行动间的关系总结和归纳为"整合型行动""协调型行动""平行型行动""继承型行动"四个类型。[3]从国际维和产品供给这一更为宏观的视角出发，除去"平行型行动"外，本书认为其他三者间存在着一种代理的关系。

维和行动的代理供给模式是这样一种情况：当有必要创建一项行动时，没有一个行为体有能力或意愿承担这项维和行动，或是完全承担该项行动的全部任务时，作为主导该项行动的行为体，会将全部维和行动或部分任务交付与另一方来执行。根据该定义，维和代理模式包含三个关键因素：[4]一是存在一个需要建立维和行动的紧张局势，该局势涉及诸多攸关方，建立行动具有必要性；二是各攸关方都仅具有部分意愿、部分能力来实施维和行动，而其中的潜在主导方也只是在相对层面上更有意愿和能力实施维和行动；三是代理模式的实质是将全部或部分维和行动进行外包，例如部分维和物资的

---

〔1〕　See Julia C. Morse, Robert O. Keohane, "Contested Multilateralism", *The Review of International Organizations*, Vol. 9, No. 4, 2014, pp. 385–412.

〔2〕　See Frederick H. Fleitz, *Peacekeeping Fiascoes of the 1990s: Causes, Solutions, and U. S. Interests*, Greenwood Pub Group, 2002, p. 64.

〔3〕　参见赵磊等：《中国参与联合国维持和平行动的前沿问题》，时事出版社 2011 年版，第 28 页。

〔4〕　本书认为维和代理关系不仅存在于联合国维和与非联合国维和机制之间，其他的组织、机制之间也存在这种代理关系，例如，非盟和北约之间。但碍于本书的篇幅，并不详加讨论。

筹措、具体专业事项的委托以及强制和平职责的移交等。[1]既然联合国是国际维和行动的最重要行为体，那么以联合国为主导方的维和代理可以理解为，联合国安理会的会员国负有维持国际和平与安全的主要责任，但出于某种原因导致它们决定不能或没有意愿建立一个必要的维持和平行动。在这种情况下，安理会将这项行动交付给一个国家、一个国家自愿联盟或国际组织加以实施，并通过授权决议建立联合国与被委托方之间的代理关系，明确规定由代理的接受者来组织并执行该项行动。

联合国与非联合国维和机制之间的代理关系大致可以分为两类。第一类是非联合国维和机制作为代理人，由联合国委托从事一项维和行动，或履行一项维和行动中的部分功能。这一类代理关系的典型范例：一是北约2015年1月开始在阿富汗执行的"坚定支援行动"（Resolute Support Mission）。该项行动是应阿富汗政府要求向阿富汗安全部队和机构提供培训、咨询和援助的非战斗任务，并从联合国安理会2014年12月通过的《2189号决议》中获得授权；二是北约1992年在波斯尼亚和黑塞哥维那执行的任务，体现了北约代理履行联合国在亚得里亚海执行武器禁运和设立禁飞区的某项具体职能。此外，2003年法国领导的欧盟在刚果（金）部署的临时紧急多国部队（IEMF）、2007年欧盟在中非共和国和乍得部署的先遣部队，以及2013年应联合国秘书长的要求，法国部署在马里的1000人部队等，都是代理联合国执行某项具体职能，并且均具有执行强制和平的功能。[2]第二类是联合国作为代理人接受非联合国维和机制委托来履行某一项维和行动中的部分功能。鉴于联合国是国际维和行动中最为重要的权威机构，因而不可能出现联合国获得安理会或联合国大会之外的授权而执行维和行动这种现象，但联合国可以凭借伙伴关系为其他机制的维和行动提供支援。这一类的典型案例主要有两个：一是联合国应布隆迪副总统邀请于2004年接替非盟驻布隆迪特派团（AMIB）执行任务；二是联合国自2009年起通过维和行动

〔1〕 See Jeremie Labbe, Arthur Boutellis, "Peace Operations by Proxy: Implications for Humanitarian Action of UN Peacekeeping Partnership with Non-UN Security Forces", *International Review of the Red Cross*, Vol. 95, 2013, pp. 539-559.

〔2〕 See Jeremie Labbe, Arthur Boutellis, "Peace Operations by Proxy: Implications for Humanitarian Action of UN Peacekeeping Partnership with Non-UN Security Forces", *International Review of the Red Cross*, Vol. 95, 2013, p. 543.

经费为非盟驻索马里特派团（AMISOM）提供大部分后勤和装备资助等。

三、非政府组织和企业的协助职能

自维和行动创立起，在其执行过程中就能发现非政府组织[1]的身影，在人道主义救助领域，非政府组织甚至是维和行动的先行者。在 20 世纪 60 年代的联和国刚果行动（ONUC）中，只有 6 个非政府组织获准在维和行动的地区活动，[2]但进入冷战后的 20 世纪 90 年代，维和行动中的非政府组织数量开始激增，1996 年，在波斯尼亚和黑塞哥维那活跃着 240 家非政府组织。[3]非政府组织开始活跃的原因一方面是随着冷战后国家内部冲突多发，国际社会增加了用于人道主义救济行动的发展援助资金；另一方面是捐助国政府通过非政府组织为发展援助提供的资金比例有所增加，同时伴随着西方国家减少对于援助预算和对发展援助行动的直接参与。[4]非政府组织在建设和平领域的贡献有时甚至让联合国的专门机构相形见绌。例如，世界宣明会（World Vision International）1993 年至 1994 年其间在莫桑比克援助了 1.8 亿多美元，而联合国开发计划署当时的五年总预算也仅为 6000 万美元。[5]然而，资金实力并不是非政府组织的比较优势，相比国家行为体，非政府组织应对突发事件的反应更为及时，行动力更强；行动更为灵活，不易受主权原则束缚，有时甚至蔑视主权原则；更易被当事方政府或交战方接纳。在具体行动中，非政府组织通常运营成本较低，并能够到达最贫穷的地区和偏远地区；促进当地参与和与目标受益群体直接合作实施行动计划；加强地方机构

---

〔1〕　本书中讨论的非政府组织是指，致力于提供人道主义救济和促进战后重建的、不以营利为目的的非政府组织，既包括国际非政府组织（INGOs），也包括以社区为基础的非政府组织（community-based NGOs）和临时性的社区活动组织（ad hoc community organizations）。

〔2〕　See Radoslaw Lukasz Malinowski, *Role of Civil Society in Peace Support Operations in South Sudan and Somalia*: *The Component of Peacebuilding*, International Peace Support Training Centre, 2014, p. 10.

〔3〕　See Alexander Cooley, James Ron, "The NGO Scramble", *International Security*, Vol. 27, No. 1, 2002, pp. 5-39.

〔4〕　See Francis Kofi Abiew, Tom Keating, "NGOs and UN Peacekeeping Operations: Strange Bedfellows", *International Peacekeeping*, Vol. 6, No. 2, 1999, pp. 92, 98.

〔5〕　See Francis Kofi Abiew, Tom Keating, "NGOs and UN Peacekeeping Operations: Strange Bedfellows", *International Peacekeeping*, Vol. 6, No. 2, 1999, p. 91.

和赋予边缘群体权利的能力。[1]

凭借上述优势，非政府组织积极协助维和部队执行减轻人道主义灾难、促进和谈和执行和平协定、冲突后建设大致三个方面的任务，具体扮演着"救援物资供给者"、"和平进程促进者"，以及"行为的监督者"的角色。提供人道主义援助的责任主要在于联合国有关的专门机构、基金和方案，以及独立的、国际的和当地的非政府组织，这些组织通常与联合国维持和平行动一起活动。[2]因此，非政府组织是联合国人道主义援助活动最为重要的伙伴方。人道机构会为冲突中的平民提供食物、医疗和临时住房，在冲突后帮助恢复教育、卫生、农业相关的基础设施等直接的物质性援助，也会提供运输工具、协助分发物资等间接援助。例如，在利比里亚和塞拉利昂，无国界医生组织（MSF）和红十字国际委员会（ICRC）在战争期间运送了大量药品，开办了许多流动诊所。非政府组织往往被认为可以更有针对性地提供人道主义援助，而不是将物资交给那些卷入战争、缺乏合法性或无法有效执行的当事方政府。人道机构还会提供一些非物质性的援助，例如，传播冲突预防、自救措施等方面的知识。在冲突后秩序重建的过程中协助选举，或是作为观察员，监督选举过程，并提供人权保障服务。

作为"和平进程促进者"，首先，非政府组织的民间背景有利于它们成为和平谈判的促进者。在塞拉利昂国内冲突期间，红十字会通过公共无线电台与革命联合阵线（RUF）领导人取得了联系，并提供直升机将其从营地送至阿比让参加1996年的和谈。其次，非政府组织可以成为不同机构间、国际社会与当地民众间的沟通渠道和咨询中介。非政府组织在信息搜集和交换方面具有很大的贡献。[3]由于与民众有更为直接的接触，非政府组织还往往被视为"平民的发声器"。在1992年3月的南斯拉夫内战期间，安理会临时会员

---

〔1〕　See Francis Kofi Abiew, Tom Keating, "NGOs and UN Peacekeeping Operations: Strange Bedfellows", *International Peacekeeping*, Vol. 6, No. 2, 1999, p. 99; Abu Bakarr Bah, "Civil Non-State Actors in Peacekeeping and Peacebuilding in West Africa", *Journal of International Peacekeeping*, Vol. 17, No. 3, 2013, p. 323; Henrik S. Marcussen, "NGOs, the State and Civil Society", *Review of African Political Economy*, Vol. 69, 1996. pp. 408-413.

〔2〕　See UN Department of Peace-keeping Operations, *United Nations Peace-keeping Operations: Principles and Guidelines*, 2008, p. 77.

〔3〕　See Kofi Annan, *Renewing the United Nations: A Program for Reform*, Report of the Secretary-General, New York: United States, 1997, pp. 207-216.

国委内瑞拉的大使迭戈·阿里亚（Diego Arria）就波斯尼亚和黑塞哥维那人民的情况与一名波斯尼亚和黑塞哥维那牧师进行了正式会谈，并向安理会提出了该牧师的意见。这次会谈被认为是和平与国际安全问题进行非正式咨询机制的开始，该机制被称为"阿里亚模式"。[1]此外，非政府组织还能够为和平行动寻求更广泛的公众支持和较小规模的筹款。[2]作为"行为的监督者"，某些非政府组织会监督其他组织机构活动的执行情况，督促其履行职责，曝光维和人员的失职行为。非政府组织还揭发涉嫌战争罪或妨碍和平的相关人士，从而迫使国际社会对他们实施国际制裁。[3]

不过，非政府组织与联合国维和行动间也存在着一定的矛盾。虽然非政府组织与维和军队间的协作是军民合作（civil-military collaboration）的重要体现，但是双方之间存在着一定的分歧，甚至冲突，为了保护非政府组织往往会分散军队的一定精力和资源。[4]非政府组织并非总是"和平进程促进者"，有时也是激发冲突的根源。[5]非政府组织凭借自身独特的知识和社会资本，具有强大的话语塑造能力，在某些价值观念，例如"保护的责任"和"主权原则"方面，与国家行为体间存在着矛盾。再者，非政府组织间还存在着竞争捐助资源的情况，为争取更多的捐助，甚至不惜扭曲事实，或放弃中立的立场。总之，非政府组织与维和部队之间的协作仍需不断规范和完善。

作为非国家行为体的企业同样在联合国维和行动中发挥着协助性的职能，不同于非政府组织，企业的行为最主要的是营利目的。企业参与联合国维和行动大致包含两种形式，一是通过竞标联合国采购项目，间接地提供维持联

〔1〕 See Daniela Irrera, "NGOs Roles in Humanitarian Interventions and Peace Support Operations", working paper, p. 4, https：//www. researchgate. net/publication/242512942_ NGOs'_ roles_ in_ humanitarian_ interventions_ and_ peace_ support_ operations, last access on March 7, 2019.

〔2〕 See Daniela Irrera, "NGOs Roles in Humanitarian Interventions and Peace SupportOperations", working paper, p. 6, https：//www. researchgate. net/publication/242512942_ NGOs'_ roles_ in_ humanitarian_ interventions_ and_ peace_ support_ operations, last access on March 7, 2019.

〔3〕 See Abu Bakarr Bah, "Civil Non-State Actors in Peacekeeping and Peacebuilding in West Africa", *Journal of International Peacekeeping*, Vol. 17, No. 3, 2013, p. 325.

〔4〕 See Francis Kofi Abiew, "NGO-Military Relations in Peace Operations", *International Peacekeeping*, Vol. 10, No. 1, 2003, pp. 24-39; Henry F. Carey, "Conclusion：NGO Dilemmas in Peace Processes", *International Peacekeeping*, Vol. 10, No. 1, 2003, pp. 172-179.

〔5〕 See Radoslaw Lukasz Malinowski, *Role of Civil Society in Peace Support Operations in South Sudan and Somalia：The Component of Peacebuilding*, International Peace Support Training Centre, 2014, p. 11.

合国行动运行的各项物资与服务；二是直接参与各项具体维和行动，提供人力、服务和技术方面的支持。在联合国每年的采购项目中，有很大一部分比重是关于维和行动所需的物资和服务的采购，来自各个国家的公司企业是联合国采购的主要供应商，采购范围包括运输工具、器械、食品、药品、燃油等。联合国与企业之间的采购合作是以联合国为中心的跨国公私伙伴关系的重要体现，联合国通过公私伙伴关系节约了治理成本，提高了经济效率；参与采购的企业供应商不仅获得了利润，还有助于提高其企业形象，并进一步开拓其市场。

从直接参与的角度来看，有一类公司企业可以提供后勤支助，例如部队和设备运输、空中侦察行动、通信设备和情报收集技术等服务。这类企业的参与弥补了既有维和部队能力的不足。例如，联合国利用商业公司提供具有更高行动效率的运输直升机，这类直升机具备搭载机关枪、夜间飞行和在恶劣环境下进行医疗疏散的能力。而联合国会员国提供的军用直升机很少具备这些能力。并且企业还具有比会员国报销制度更灵活的预算安排。[1] 另一类私人安保企业承接维和行动的部分警卫、安防，以及培训服务。自 20 世纪 90 年代起，私人安保企业凭借其精良的装备和业务素质，以及快速的部署和执行能力，在多项维和行动中已经有了活跃的表现。例如，英国的防务公司 DSL 为联合国在安哥拉的维和人员提供警卫服务；廓尔喀族安保（Gurkha Security Guards）、控制风险集团（Control Risks Group）等公司在塞拉利昂的安防等。私人安保行业的出现是国家供应安全公共产品的权力正日渐'向下'泄漏，越来越多的非国家行为体参与安全公共产品的供给，安全领域的权力结构由国家垄断逐渐转向公私混合"[2]。同时也是维和安全环境日益恶化的结果。除了提供直接的安防服务，安保公司还会为发展中国家的维和军人提供培训，以提高他们的执行能力。例如，安保公司班克罗夫特（Bancroft）培训和指导了联合国支持的非盟驻索马里特派团（AMISOM）和索马里部队的实地行动；一些公司还帮助培训马里的维和部队人员应对地雷和简易爆炸装置的

---

〔1〕 See Arthur Boutellis, "Are Mercenaries Friends or Foes of African Governments and the UN?", New York：International Peace Institute, https：//theglobalobservatory. org/2019/02/are-mercenaries-friends-foes-africa-un/, last access on March 1, 2019.

〔2〕 张春：《安全私有化的当代发展及其国际政治意义》，载《世界经济与政治》2016 年第 6 期。

能力。

　　不过，私人安保企业在维和行动中的活动仍比较局限，多是提供物流、警卫等服务，并且对于私有武装企业的角色仍有争议，与联合国的关系尚未明确。然而，虽然存在着大量的讨论、建议私人武装成为联合国维和行动的重要能力补充，联合国仍对此持保留意见，2013 年，联合国大会最终决定，只有在探索了其他替代方案，包括东道国（及其安全部队）、会员国或联合国安全安保部（UNSS）的保护之后，才能将使用私人安保公司作为最后手段。大会还强调了采取措施避免使用私营军事公司可能带来的法律和声誉风险的重要性。[1]

第三节　联合国维和行动供给模式的动因

　　本节从公共安全产品的供给方、消费方与供给制度变迁三个角度来分析产生既有联合国维和行动供给模式的动因，弥补了既有国际公共产品理论单一视角的不足。从供给方的角度看，联合国维和行动的供给模式在很大程度上取决于维和行动"联合产品"的属性；从消费方的角度看，部分原因取决于消费方的需求和选择偏好；从制度变迁的角度看，维和行动供给模式同时也是制度安排的一种结果，完善的维和制度不仅可以有效整合供给方的利益与消费方的需求，还能够改善维和供给的成效。

一、供给方的利益、意愿与维和供给

　　联合国维和行动供给的会员间的分工模式是供给方的比较优势和供给方私有利益占维和总体利益的比重计算的综合结果。发达会员国与发展中会员国具有显著的比较优势差异，发达会员国掌握更多的资金、话语和技术优势；发展中会员国则具有更大的人力资源优势。不过，仅凭自身的比较优势并不能直接转化为供给动机。无论是联合国的发达会员国，还是发展中会员国，其供给动机都是基于利益的驱动。在"联合产品"的模型内，一项产品将以

不同程度的公共性（publicness）产生多种效益，而纯公共产品和纯私人产品只是这个模型内的极端现象。[1]作为"联合产品"的维和行动是一种不纯粹的公共产品，兼具可供"不排他"和"不竞争"消费的公共安全利益（purely public benefits）以及排他性且竞争性的私有利益（contributor-specific benefits）。[2]一个贡献维和行动的国家的效用（utility）取决于它对于联合国维和行动贡献的收益、贡献非联合国维和行动的收益，以及联合国维和行动总体贡献水平之间的计算结果。而这个国家贡献维和行动的根本动机则是其私有利益占维和行动总体利益（维和公共利益+贡献国私有利益）的比重，这个比重越大，该国贡献维和行动的动机就越大，毕竟国家利益始终是决定主权国家衡量和决定是否参与维和行动的最根本、最核心要素。[3]在国家确认贡献维和行动会有很大收益时，该国仍会在参与联合国维和行动还是非联合国维和行动间进行抉择，因为非联合国维和行动更加偏向于私有利益导向。[4]另外，从维和行动的地区分布也可以发现，联合国维和部队多部署在撒哈拉以南的非洲地区，而非联合国行动则集中于中东、北非、中亚等具有明显地缘政治经济利益倾向的地区。

"联合产品"模型本身的确存在过于理想化之处，因为现实中的国家具有差异性，不同的国家对于私有利益的定义也有所不同，因此，在信息不对称的情况下，人们很难准确评估出维和行动的总体贡献水平，以及维和行动产生的总体利益。同时，公共利益与私有利益间也不是简单的此消彼长关系。从长远的角度来看，公共利益和私有利益在一定条件不仅可以相互转化，而且公共利益往往会带来更多的私有收益，尽管在短期内需要投入更多的资本

---

〔1〕 See Hirofumi Shimizu, "UN Peacekeeping as a Public Good: Analyses of the UN Member States' Peacekeeping Financial Contribution Behavior", *Retrospective Theses and Dissertations*, 1999, p. 2.

〔2〕 本书认为国家贡献维和行动的私有利益体现在两个层面：一方面是联合国的维和工资会诱使部分贫穷国家获取维和利润；另一层面为更广泛的利益。Donor-specific benefits may derive from in-field troop training, greater prestige, improved legitimacy, enhanced ally favor, increased trade stability, augmented neighborhood stability, and improved foreign direct investment (FDI) protection. See Todd Sandler, "International Peacekeeping Operations: Burden Sharing and Effectiveness", *The Journal of Conflict Resolution*, Vol. 61, No. 9, 2017, p. 1883。

〔3〕 参见刘丹：《联合国维和行动的困境及前景》，时事出版社2015年版，第50页。

〔4〕 See Khursav Gaibulloev, Todd Sandler, Hirofumi Shimizu, "Demands for UN and Non-UN Peace-keeping: Nonvoluntary verus Voluntary Contributions to a Public Good", *Journal of Conflict Resolution*, Vol. 53, No. 6, 2009, p. 828.

来确保公共利益的实现并因此而会损耗一部分私有利益。然而，在计算私有利益占全部利益的比重时，究竟什么样的"度"才是最佳选择？答案因不同国家而异，但有一点是肯定的，这个"度"更多地取决于各国的最根本利益。

二、消费方的需求、选择与维和供给

公共安全产品的供给过程并不仅仅是供给方市场，消费方也具有一定的自主性，消费方的需求与偏好同样是决定产品供给的重要因素。就维和行动的供给而言，当事方对于维和行动的需求偏好和选择在一定程度上可以塑造维和任务内容，并促进维和行动供给过程中形成产品更为丰富的供给市场，从而优化产品供给。不过在现实中，由于维和行动的供给方和消费方仍具有悬殊的政治地位差异，消费方的自主性尚未得到充分的展现。

在"维和行动作为公共安全产品的生产决策"一章中已经论述到，维和行动决策过程中存在着偏好差异的问题，维和行动决策结果是决策者们的偏好集聚的结果，并未真正体现消费方的所需、所想，维和行动供给中的偏好问题本质变为了决策偏好难题。因此，联合国设计、授权的维和行动有时并非当事方所需，或是不为当事方所认同和接受。但是，作为维和行动消费方的当事方并非只能被动地接受某一维和行动，这主要是因为当事方的"同意"是维和行动最重要的合法性基础，即便是非联合国框架内的维和行动也要在当事方同意的前提下才能执行。[1]同意原则是区别于维和行动与武装干涉行动的最根本原则。联合国维和行动的同意原则大致包含三个层面：首先是当事方默许特派团的存在；其次是当事方接受特派团的任务；最后是当事方承诺支持特派团维护的政治进程。[2]其中，当事方对于特派团任务的接受可以直接影响维和行动供给的内容，这也是联合国在制定维和行动决策之前会重视对于当事方的咨询和征求意见的原因。这也说明当事方的同意原则是决定和塑造维和行动任务内容的一项重要因素。[3]当事方的同意不仅是维和行动

〔1〕 See Alex J. Bellamy, Paul D. Williams, "Who's Keeping the Peace? Regionalization and Contemporary Peace Operations", *International Security*, Vol. 29, No. 4, 2005, p. 158.

〔2〕 See Sofía Sebastián, Aditi Gorur, "U. N. Peacekeeping, Host-State Consent", Stimson, 2018, p. 5.

〔3〕 See Adam Day, "To Build Consent in Peace Operations, Turn Mandates Upside Down", United Nations University Centre for Policy Research, https://cpr. unu. edu/to-build-consent-in-peace-operations-turn-mandates-upside-down. html, last access on March 18, 2019.

合法性的基础，也是维和行动得以成功开展的关键前提。反之，当事方的不同意则是维和行动有序开展的重要阻碍。现实中当事方的同意往往是多方博弈下的妥协结果，即便是在官方言辞中声明同意接受维和行动的部署，但在实际执行的过程中，当维和行动的内容未能符合当事方的需求或预期时，当事方仍会采取消极的姿态，甚至阻碍维和行动的执行。例如，拒绝向联合国工作人员发放签证；限制维和人员进入冲突地区；关闭联合国通信设施，甚至要求维和部队撤军等。联合国在南苏丹、苏丹达尔富尔、刚果（金）等国家和地区的任务中，都在不同程度上遇到过这些问题。因此，"同意"原则会驱动联合国决策者尽量满足当事方的需求，从而塑造了维和行动的任务内容。

消费方对于公共安全产品还有一定的选择空间。在公共产品的供给过程中，不仅供给方是理性的，消费方也是理性的，会根据公共产品供给方的比较优势进行选择。[1] 在国际维和机制中，联合国框架下的维和机制虽然最具代表性与权威性，但并不具有垄断性。也就是说，联合国是最为主要的行为体，但并不是唯一的行为体，地区组织、次地区组织、全球大国、地区强国，以及意愿联盟都在此方面发挥着重要的作用。2014 年之前，非联合国维和行动无论是在数量上还是在人员规模上，都大大超过了联合国框架内的维和行动。[2] 这一方面是因为，根本上来讲，联合国无法承担全球范围内所有的维和行动，而非联合国维和行动成了国际维和行动供给的合理补充。另一方面，从当事方的角度来看，大量非联合国维和行动的存在是当事方选择的结果。诚然，在极端的情况下，当事方可能别无选择，比如在卢旺达危机中，卢旺达几乎遭到了国际社会的遗弃。但在通常情况下，当事方在面临需要寻求外部力量解决内部冲突问题时有三方面的选择，其一是选择单一供给方、单一的国家或国际组织，比如苏丹达尔富尔危机期间，苏丹当事方政府在某段时期内只接受非盟的维和行动；其二是完全不做选择，不加选择地接受国际社会提供的干预手段；其三是根据比较优势做选择，这也是较为普遍和理性的选择方式。联合国目前仍是最为主导的维和行动供给方，在合法性、资源配

---

〔1〕 参见张春：《国际公共产品的供应竞争及其出路——亚太地区二元格局与中美新型大国关系建构》，载《当代亚太》2014 年第 6 期。

〔2〕 See Todd Sandler, "International Peacekeeping Operations: Burden Sharing and Effectiveness", *Journal of Conflict Resolution*, Vol. 61, No. 9, 2017, p. 1882. 在非联合国维和行动中又以地区组织（及次地区组织）的维和行动占多数，因此本书关于非联合国维和行动的论述多以地区组织维和行动为主。

置和经验等方面具有不可替代的优势。而非联合国维和行动同样具有自身的比较优势，以地区组织的维和行动为例，地区组织有时可以提供更多的合法性，并且掌握更多的地方知识。由于地理位置相近，地区组织对于区域内的潜在危机更具敏感性，对于冲突可以更快地做出反应。[1]联合国意识到了与地区组织建立维和伙伴关系的重要性，鼓励地区组织承担更多的维和任务，[2]地区组织将承担更多的维和行动。

表4-4　联合国与地区组织主导的维和行动数量比较（1946年~2016年）（单位：次）

	非洲	美洲	亚洲	高加索地区	欧洲	中东（包括埃及）	大洋洲
地区组织	39	9	2	2	8	4	1
联合国	33	7	10	1	10	11	0

资料来源：Paul D. Williams, "Global and Regional Peacekeepers: Trends, Opportunities, Risks and a Way Ahead", *Global Policy*, Vol. 8, No. 1, 2017, p. 125.

地区维和行动数量上升的很大一部分原因是当事方选择的结果。在某些情况下，冲突各方更倾向于区域内的干预行为而不是联合国或其他外部机构的干预。这主要依赖于这样一种观念，即一个地区的人民和政府与该地区有着天然的亲密关系，并且对他们所认为的外来干预存在固有的怀疑。[3]文化间的差异或不亲近也是重要的影响因素。[4]例如，在达尔富尔地区，有近四年的时间内，苏丹只允许非洲维和部队进入，而不允许联合国维和部队进入；在高加索地区，俄罗斯准备利用独联体的和平行动，但对联合国的行动持怀疑态度。不仅地区组织更易被当事方所接受，即便在联合国维和行动中，维

〔1〕　See Paul D. Williams, "Global and Regional Peacekeepers: Trends, Opportunities, Risks and a Way Ahead", *Global Policy*, Vol. 8, No. 1, 2017, p. 127.
〔2〕　1992年联合国秘书长加利发表《和平纲领》报告，第七章专门谈及"联合国与区域安排和区域组织合作"；安理会1993年1月向主要区域组织发出关于增进与联合国协调的邀请；联合国大会1994年12月发表《关于加强联合国与区域安排或区域机构的合作的宣言》；2017年4月联合国秘书长古特雷斯与非盟轮值主席法基签署《联合国——非盟加强和平安全伙伴关系的联合框架》等。
〔3〕　See Paul F. Diehl, "New Roles for Regional Organizations" in Chester A. Crocker eds., *Leashing the Dogs of War: Conflict Management in a Divided World*, USIP Press, 2007, p. 541.
〔4〕　See Vincenzo Bove, Andrea Ruggeri, "Peacekeeping Effectiveness and Blue Helmets' Distance from Locals", *Journal of Conflict Resolution*, Vol. 63, No. 7, 2019, pp. 1-26.

和行动的人员供给来源也越发表现出了临近的趋势，特别是自 2008 年以来，当事方邻国和邻近地区的人员数量显著增加。20 世纪 90 年代初，联合国维和人员中只有不到 3%来自邻国，但 2008 年之后，这一比例稳步增长，到 2017 年已达到 20%左右。[1]并且还有学者认为，当更多维和人员来自地理位置相近的国家时，维和行动能更好地保护平民。[2]这一方面是因为邻近国家会对于冲突形势具有更多的关切；另一方面是因为邻近国家的维和人员更易得到当事方的配合。

当事方对于维和行动的需求偏好和选择在一定程度上可以塑造维和任务内容，并促进维和行动供给过程中形成产品更为丰富的供给市场，从而优化产品供给。最直接的表现在于维和行动供给方增多，维和行动的内容更接近于当事方的需求。然而，公共安全产品的供给并非意味遵循市场原则，同样还受到权力政治的影响。消费方与供给方不对等的政治地位意味着消费方的行为无法完全自主，或多或少还是要受到供给方供给偏好的影响。

三、维和制度变迁与维和供给

如果将"选择什么"称为文化，那么"能否选择"就被称为制度。维和行动供给模式最终体现为维和制度安排，维和制度是维和行动供给方的利益与消费方的需求整合后的最终结果，整合供给方的利益与消费方的需求是一个动态的过程，而这个动态的变化过程则成了维和制度变迁的根本动力。国际制度本身就是国际体系中一种重要的公共产品。[3]国际制度为其会员确立了一整套固定的组织集体行为的规范和程序，有实体机构的是国际组织（international organization），无实体机构的则是国际机制（international regimes）。[4]国际制度的基础是国际规则，规则源于观念，制度变迁本质上是一个把观念

---

〔1〕 See Paul D. Williams, Thong Nguyen, "Neighborhood Dynamics in UN Peacekeeping Operations, 1990-2017", International Peace Institute, April 2018, p. 1.

〔2〕 See Edward Goldring, Michael Hendricks, "Help is Close at Hand? Proximity and the Effectiveness of Peacekeepers", *Research and Politics*, Vol. 5, No. 4, 2018, pp. 1-9.

〔3〕 See Susan Strange, "Cave! Hic Dragons: A Critique of Regime Analysis", *International Regimes*, Cornell University Press, Vol. 36, No. 2, 1982, p. 342.

〔4〕 参见李巍：《制度之战：战略竞争时代的中美关系》，社会科学文献出版社 2016 年版，第 44 页。

（从众多观念中选择出来）转化为制度的过程。[1]根据上述关于制度的定义，本书将从制度规则、组织结构、资源筹措机制三个方面来分析维和制度变迁对于维和行动供给的影响。制度规则的变化是制度变迁的根本动因，组织结构、机制的变化是制度变迁的集中体现，制度产出则是制度变迁的最终结果。本书关注的维和制度变迁主要指冷战结束以来的维和制度演进。本部分主要讨论的是维和制度变迁对于维和行动供给模式的影响，即制度产出对于维和供给的影响将最终作用于维和成效（performance），关于维和成效问题将在下一章中具体论述。

维和制度变迁对于维和行动供给模式的影响的逻辑在于，维和制度规则决定了维和行动内容和维和手段、方式。维和内容以及执行手段、方式的变化和侧重不同，导致了维和组织结构、资源筹措机制的变化，最终形成了不同的供给模式。具体而言，冷战后的维和行动规则经历了从"强制维和"向"强力维和"，再到政治方法优先的过程，这就决定了维和行动内容逐渐丰富与扩大，维和行动从单一的军事行动发展为军事、政治、经济相复合的综合型行动。那么，维和行动组织结构也相应地出现了调整，一方面，维和行动作为整体的重要性开始凸显；另一方面，维和行动组织中的冲突预防、建设和平等政治、经济职能部门地位开始上升。维和内容的丰富与扩展不仅导致组织机构的变化，对于维和资源也提出了更高的要求，维和制度需要创设新的资源筹措机制以便满足更高的维和资源需求，联合国一方面增强自身的维和资源储备能力，并强化会员国对于维和资源的供给承诺，同时也通过国际维和伙伴机制确保全球范围内的维和资源配置。

从维和制度规则的演变来看，联合国维和行动规则经历了从"强制维和"向"强力维和"（robust peacekeeping），再到政治手段优先的过程。冷战结束之后，国际社会对于联合国维和行动赋予了更高的期望，特别是 1991 年国际联合干预伊拉克入侵科威特的成功，无不提升了联合国对于国际干预手段的乐观态度，安理会会员因此想要加强联合国维和行动的能力，尤其是对于强制手段的运用。联合国 1992 年 6 月 17 日公布了《和平纲领》（又称《加利报告》），标志着联合国维和行动激进化的走向。首先，联合国维和行动意欲突破当事方的同意原则。维持和平是实地部署联合国人员，过去的做法都是取

---

〔1〕　参见唐世平著，沈文松译：《制度变迁的广义理论》，北京大学出版社 2016 年版，第 14 页。

得所有有关各方的同意，[1]但现在似乎默认，不经当事方的同意即可部署部队。其次，联合国维和行动放宽了武力使用原则，报告的第43段、第44段规定主张联合国在和平解决手段无效时有必要使用武力，这对于增强联合国的威信来说至关重要。强制维和手段不仅未能使维和行动变得更为有效，反而引发了新的问题，最主要的是使维和人员成了作战一方，并成了攻击目标，这在索马里维和行动中体现得最为明显。安南担任秘书长期间，维和强制手段得以纠偏，并且维和行动开始重视"保护平民"的任务。1999年11月，秘书处公布的《斯雷布雷尼察的陷落》（*The Fall of Srebrenica*）报告明确表明，绝不能再把维和人员部署在没有停火或和平协议的环境中。[2]1999年12月发表的关于《1994年卢旺达种族灭绝期间联合国行动的独立调查报告》（*The Report of the Independent Inquiry into the Actions of the United Nations during the 1994 Genocide in Rwanda*）（又称《卡尔森报告》）更加明确地表明维和行动原则与保护处于危险之中的平民之间的分歧。[3]2000年，又发布了《卜拉希米报告》，全面审查了联合国维和行动的政策和实践，提出了和平行动的概念。《卜拉希米报告》标志着维和行动向"强力维和"方向的转型，在严峻的形势下，安理会赋予联合国维和行动"强有力"的授权，授权它们"使用一切必要手段"，阻止破坏政治进程和保护平民。必要的手段特指包括在战术层面上使用武力，这种所谓特殊情况下的武力使用通常会得到安理会的授权和当事方的同意。[4]"强力维和"的根本目标是确保更有作为的维和行动，不仅体现在成功执行传统的维和任务上，还体现在强化执行保护平民任务在内的一系列综合任务。实现"强力维和"的另一方式是通过将控制权赋予特别代表的方式，推动特派团更好地整合。在"强力维和"原则的基础上，2008年，联合国维和行动部出台了《联合国维持和平行动：原则和准则》（*United Nations Peacekeeping Operations：Principles and Guidelines*）指导手册，为

---

〔1〕《加利报告》，第20段。纠偏：1995年1月《和平纲领补编》，加利强调了坚持维和三项主要原则对保证任务成功的重要性。

〔2〕 See UN Secretariat, "The fall of Srebrenica- Report of the U Secretary-General pursuant to the General Assembly resolution 53/35", November 1999, p. 107.

〔3〕 See UN Security Council, "The Report of the Independent Inquiry into the Actions of the United Nations during the 1994 Genocide in Rwanda", December 1999, p. 50.

〔4〕 See United Nations Peacekeeping, "Principles of Peacekeeping", https：//peacekeeping. un. org/en/principles-of-peacekeeping, last access on March 29, 2019.

维和行动的设立与执行提供了更为明确的操作指导方案。

2015 年 6 月发布的联合国和平行动问题高级别独立小组报告《集中力量，促进和平：政治、伙伴关系和人民》(*Report of High-Level Independent Panel on Peace Operations on Uniting Our Strength for Peace：Politics，Partnership and People*)（以下简称《和平行动问题小组报告》）为维和行动改革提供了最新近的指导原则，即政治解决办法、灵活的行动类型、伙伴关系和以人为本。并在四个领域内着重改革，即突出冲突预防和调解、保护平民作为核心任务、明确武力使用规范、加强保持和平任务。[1]《和平行动问题小组报告》标志着联合国维和行动改革新的方向，在"强力维和"基础上，维和行动应以政治办法为前提，更加重视和平链条的完整性，其中和平行动的重点将向冲突预防和保持和平倾斜，而保护平民的重要性将更加突出。秘书长古特雷斯上台后积极推动联合国和平安全支柱的改革，主要改革目标为：重新关注冲突预防和保持和平；设立新的联合国反恐办公室；调整和平安全架构。[2]由此可见，古特雷斯对于维和行动的改革是对于《和平行动问题小组报告》中改革原则的继承，并付诸实践。2018 年 3 月 28 日，古特雷斯发起了"为维和而行动"(Action for Peacekeeping，A4P) 倡议，呼吁各方积极参与联合国维和行动事业。该倡议建议将维和行动改革努力的重点放在三个具体目标：现实可行的维和任务；强力和安全的特派团；动员更多的力量支持政治解决方案和结构良好、装备精良、训练有素的部队。[3]这预示着联合国维和行动更加向理性回归的发展方向。

从组织结构的演变来看，一方面，维和行动作为整体的重要性开始凸显；另一方面，维和行动组织中的冲突预防、建设和平等政治、经济职能部门的地位开始上升。在 1992 年以前，维和行动由当时的特别政治事务厅 (Office for Special Political Affairs) 的一个部门管理，该部门还负责联合国秘书处与预

---

〔1〕　参见联合国和平行动问题高级别独立小组的报告：《集中力量，促进和平：政治、伙伴关系和人民》，A/70/95~S/2015/446，2015 年 6 月 17 日，第 9~10 页。

〔2〕　See Arthur Boutellis and Alexandrea Novosseloff, "Road to a Better UN? Peace Operations and the Reform Agenda", International Peace Institute, Vol. 115, No. 3, 2017, p. 1.

〔3〕　See United Nations Secretary-General, "Secretary-General's Remarks to Security Council High-Level Debate on Collective Action to Improve UN Peacekeeping Operations", https://www. un. org/sg/en/content/sg/statement/2018-03-28/secretary-generals-remarks-security-council-high-level-debate, last access on March 29, 2018.

防和管理冲突有关的所有其他活动。秘书长加利关于维和行动改革的一项重要举措是设立维持和平行动部（DPKO），以及将其他政治职能重新划分为新的政治事务部（DPA）。2000 年《卜拉希米报告》发表后，联合国实施了新一轮组织结构改革。一个重要的内容是在维和行动部新增了军事规划人员、警察、政治官员、后勤和财政专家等专业职位。为进一步提高联合国管理和平与安全行动的能力，减少不必要的职能重复，潘基文秘书长在 2007 年上任后决定将维持和平行动部拆分为维持和平行动部和外勤支助部（DFS）。外勤支助部专门负责为维和特派团和政治特派团提供后勤、人事、财务和通信等领域的服务。古特雷斯上任后的一项重要改革目标是重新规划联合国和平安全架构，维和行动的组织改革自然成了首要内容。古特雷斯将维和行动的组织结构进行了两方面的调整，首先，成立政治和建设和平事务部（Department of Political and Peacebuilding Affairs，DPPA），将政治事务部的业务与建设和平支助处（Peacebuilding Support Office，PBSO）的职责结合起来。政治和建设和平事务部将优先并直接将能力和资源用于预防冲突、调解、解决冲突和建设和平任务当中。其次，成立和平行动部（Department of Peace Operations，DPO），将维持和平行动部和政治事务部的业务责任进一步整合，为安理会授权的所有维和特派团和政治特派团提供政治指导、管理和支助。[1]古特雷斯的改革方案旨在分散权力和明确职责，并更新联合国的监管框架。[2]

除了维和行动的相关组织机构改革外，具体的维和人员和维和经费筹措机制同样经历了一系列调整。由于联合国会员提供维和人员采取的是自愿原则，从而确保一定数量的维和人员和物资迅速响应全球维和需求，一直是联合国面临的一个长期问题。联合国一直尝试创立一种维和待命机制。1989 年12 月，联合国大会通过一项决议，请所有会员国向秘书长提供意愿供给的人员、后勤和技术资源信息。大会还请秘书长根据会员国的反馈，设立一个维和行动可用的潜在资源登记册。这个登记机制最终演变成"联合国待命安排系统"（UN Standby Arrangements System，UNSAS）。不过，该机制对于会员国

---

〔1〕 See UN General Assembly, "Restructuring of the United Nations Peace and Security Pillar: Report of the Secretary-General", A/72/525, October 13, 2017.

〔2〕 See Alison Giffen, "Five Reform Areas for Effective Peacekeeping Performance", International Peace Institute, https://theglobalobservatory.org/2018/07/five-reform-areas-effective-peacekeeping-performance/, last access on March 28, 2019.

的承诺并无任何约束力，即便会员国作出认捐承诺，是否实际部署仍由会员国自身来决定。注册资源除非得到部署，否则不提供财政补偿。实际上，"联合国待命安排系统"只能让联合国掌握会员国的潜在维和资源，而非掌控会员国的供给意愿。并且，联合国待命安排系统的登记情况也一直未能满足联合国的预期，[1]于是在 2015 年 9 月被新的待命机制"联合国维和能力待命系统"（UN Peacekeeping Capability Readiness System，UNPCRS）所取代，维和人员征招的思路已从"基于数量"（numbers-based）的转为"能力驱动"（capability-driven）的。[2]2018 年 3 月 28 日，古特雷斯发起了"为维和而行动"倡议，秘书长呼吁各会员国与他一道，制定一套双方一致同意的原则和承诺，建立适合未来的维和行动。古特雷斯又于 8 月 16 日发表了《共同承诺宣言》（Declaration of Shared Commitments），目前已得到 150 多个国家的背书。[3]古特雷斯的一系列动员举措不仅为维和行动提供了新的改革方向，也为夯实会员国对于供给维和行动的承诺做出了努力。

确保一定数量的维和经费预算是联合国面临的另一项挑战。为此，在维和经费分摊机制的基础上，联合国大会于 1991 年 5 月批准设立了维和支持账户（Peacekeeping Support Account），旨在应对一些维和行动临时性的追加开支，同时也可以用于一个特派团正式启动前的必要支出。[4]维和支持账户的预算包含在维和经费的年度总预算中。账户中的经费规模已有了显著的扩大，2000 年至 2001 年度预算为 6000 万美元，[5]到 2018 年至 2019 年度则增至 2.976 亿美元（不包括捐款）。[6]为了让新成立的特派团得到资金支持，大会又于 1992 年批准设立了维和储备基金（Peacekeeping Reserve Fund），可以让

---

〔1〕　See H. Peter Langille, "Improving United Nations Capacity for Rapid Deployment", International Peace Institute, October 2014, p. 5.

〔2〕　See UNOIOS, *Evaluation of DPKO/DFS Planning during the Force Generation Process and Related Engagement with the Security Council and Troop-Contributing Countries*, April 7, 2017, p. 3.

〔3〕　See United Nations Peacekeeping, "Action for Peacekeeping", https://peacekeeping. un. org/en/action-for-peacekeeping-a4p, last access on March 28, 2019.

〔4〕　See Louise Frechette, "UN Peacekeeping: 20 Years of Reform", CIGI Papers, No. 2, April 2012, p. 13.

〔5〕　See Louise Frechette, "UN Peacekeeping: 20 Years of Reform", CIGI Papers, No. 2, April 2012, p. 13.

〔6〕　参见联合国大会：《维持和平行动支助账户 2018 年 7 月 1 日至 2019 年 6 月 30 日期间预算》，A/72/790，2018 年 3 月 23 日，第 1 页。

特派团在安理会授权成立之后与得到大会核准预算、拨款之前，便可以得到资金支助。大会决定该基金的数额为 1.5 亿美元，基金来源一部分源于其他项目账户的盈余，一部分源于联合国经常预算的盈余，以及国际社会的捐助。由于某些会员国经常拖欠联合国会费，因此，维和储备基金时而出现资金缺口的情况。联合国不仅增强自身的维和资源储备能力，强化会员国对于维和资源的供给承诺，同时也通过国际维和伙伴机制确保全球范围内的维和资源配置。

维和行动作为公共安全产品的成效评估

判断联合国维和行动是否具有成效、具有何种成效、具有多大程度的成效是一项十分重要的工作。国际社会对于维和行动成效的判断将很大程度上决定维和行动会获得的投入。显然，维和行动得到的评判结果不一，而且在评价维和行动时，作为一个整体的维和行动往往要比单项的维和行动获得更多的赞誉。在维和行动的效率方面，维和行动通常被视为一种经济的冲突管控方式，因为维和行动经费支出还不足全球军费支出的0.5%。[1]在维和行动的效力方面，有大量的研究证明，维和行动对于遏制内战的蔓延、增加和谈概率、冲突后延长和平期限等方面具有显著的作用。[2]还有研究证明，规模越大的维和行动对于遏制冲突蔓延越具成效。[3]因此，从这些角度来讲，维和行动作为一项国际公共安全产品，对其重视并加大投入有一定的积极意义。当然，对于维和行动的成效不乏批评的声音，而且这些批评多针对具体的行动，典型的是在卢旺达、索马里的行动。不可否认的一点是，人们对于维和行

---

〔1〕 参见联合国维和行动官网：https://peacekeeping. un. org/zh/how-we-are-funded，最后访问日期：2019 年 6 月 9 日。

〔2〕 See Barbara F. Walter, *Committing to Peace*：*The Successful Settlement of Civil Wars*, Princeton University Press, 2002; Michael W. Doyle, Nicholas Sambanis, *Making War and Building United Nations Peace Operations*, Princeton University Press, 2006; Caroline Hartzell, Matthew Hoddie, Donald Rothchild, "Stabilizing the Peace after Civil War: An Investigation of Some Key Variables", *International Organization*, Vol. 55, No. 1, 2001, pp. 183-208; Michael J. Gilligan, Ernest J. Sergenti, "Do UN Interventions Cause Peace? Using Matching to Improve Causal Inference", *Quarterly Journal of Political Science*, Vol. 3, No. 2, 2008, pp. 89-122.

〔3〕 See Kyle Beardsley, "Peacekeeping and the Contagion of Armed Conflict", *The Journal of Politics*, Vol. 73, No. 4, 2011, pp. 1051-1064; Jessica Di Salvatore, Andrea Ruggeri, "Effectiveness of Peacekeeping Operations", September 2017, p. 1, https://www. politics. ox. ac. uk/publications/effectiveness-of-peacekeeping-operations. html, last access on June 9, 2019.

动的预期往往要高于它实际应有的成效，这也意味着对于任何一项维和行动，都可以找到不足之处，客观地评价维和行动的成效似乎是件不可能的任务。

科学合理的评估方法与框架是得出准确结果的前提。保罗·戴尔（Paul F. Diehl）被认为是最早研究评估维和行动的成效，并设立了维和行动单一的成功标准：武装冲突得以控制，并阻止再次爆发。之后他又补充了评估成功的一个标准，即促进达成和解的能力。马乔里·布朗（Marjorie A. Brown）的研究与戴尔有相似之处，探讨某一特定特派团是否履行了实际任务，减少了冲突，并为和平解决作出了贡献。罗伯特·约翰森（Robert C. Johansen）在批评戴尔的基础上，通过反事实论证的方法提出了另一套评估框架，评估该任务对当地居民生活质量的影响。弗吉尼亚·福特纳（Virginia P. Fortna）通过测量两次不同冲突事件之间的间隔周期，即和平持续的时间，来评估维和行动的成效。戴尔和丹尼尔·德鲁克曼（Daniel Druckman）于 2010 年设立了一套评估的基准线，是最为完整的评估框架。此外，丽莎·赫尔特曼（Lisa Hultman）等人运用冲突后的稳定性作为标准来评估维和行动的成效。凯尔·比尔兹利（Kyle Beardsley）和康斯坦丁·格莱迪奇（Kristian S. Gleditsch）通过研究维和行动是否能阻止冲突的扩散来评估维和行动。[1] 既有的研究通常会采用单一的或少数几个变量作为评估指标，虽然这些指标都是重要的评判标准，但不符合综合型维和行动的发展趋势。唯有戴尔和德鲁克曼的研究框架最为完善，是本书的重要借鉴。基于上述研究，本书运用"成效"作为评估维和行动的总体标准，"成效"包含"效率"和"效力"两个维度，再分

---

〔1〕 See Paul Diehl, "Peacekeeping Operations and the Quest for Peace", *Political Science Quarterly*, Vol. 103, No. 3, 1988, pp. 485–507; Marjorie A. Brown, "United Nations Peacekeeping: Historical Overview and Current Issues", *Congressional Research Service*, 1993; Robert C. Johansen, "U. N. Peacekeeping: How Should We Measure Success?", *Mershon International Studies*, Vol. 38, No. 2, 1994, pp. 307–310; Virginia P. Fortna, "Does Peacekeeping Keep Peace? International Intervention and the Duration of Peace after Civil War", *International Studies Quarterly*, Vol. 48, No. 2, 2004, pp. 269–292; Virginia P. Fortna, "Interstate Peacekeeping: Causal Mechanisms and Empirical Effects", *World Politics*, Vol. 56, No. 4, 2004, pp. 481–519; Paul Diehl, Daniel Druckman, *Evaluating Peace Operations*, Boulder, Lynne Reinner, 2010; Kyle Beardsley, "Peacekeeping, the contagion of armed conflict", *Journal of Politics*, Vol. 73, No. 4, 2011, pp. 1051–1064; Kyle Beardsley and Kristian S. Gleditsch, "Peacekeeping as Conflict Containment", *International Studies Review*, Vol. 17, No. 1, 2015, pp. 67–89; Lisa Hultman, Jacob D. Kathman, Megan Shannon, "United Nations Peacekeeping Dynamics and the Duration of Post-civil Conflict Peace", *Conflict Management & Peace Science*, Vol. 33, No. 3, 2016, pp. 231–249.

别以维和人员供给、资金供给、时效作为"效率"的次级指标；以冲突管控和国家能力作为"效力"的次级指标，从而构建出本书的评估框架。这个框架能较好地体现出对于维和行动的投入而产生的结果及后续影响。

第一节　维和行动的成效评估标准

2019 年 3 月 29 日的维和行动部长级会议上，秘书长古特雷斯再次表示联合国维和行动在人员、资金和重要物资方面仍存在巨大的缺口，[1]这表示联合国维和行动的供给处在赤字的状态。维和行动的供给规模和数量仅是评价维和行动的标准之一，然而，大多数情况下，维和行动是用来实现多个目标的，反映了不同的价值维度。[2]因此，对于维和行动的评价也应该是多维度的。即便是多种维度的评价，最后也应该有所汇总，形成一个综合性的评估术语。现有的关于评估维和行动的研究通常采用"成功"作为综合性的评估指标。[3]不过以"成功"作为评价标准也存在一些问题。首先，"成功"只是一个相对的价值评判标准，不具有统一性。即使对和平行动的成功有一个清晰的概念化操作定义，还需要成功所必不可少的准确的指标。如果我们不知道是什么构成了成功，确定是什么条件导致成功也是很困难的。采用不同的衡量成功的标准可能得出不同的甚至是相反的结论，并不是所有的维和行动都能用同一标准来评价。[4]选择成功的标准有很多种方法，从维和的供给规模看，取决于维和行动的人员和资金规模；而从维和行动的结果方面看，取决于评估者在维和行动的结果方面重视什么。在未统一成功标准的前提下，不同的评估者对于成功的维和行动的理解是不同的。其次，"成功"是一个二

---

〔1〕　See United Nations Peacekeeping, "Guterres Lauds UN Peacekeeping, Highlights Need to Bridge 'Critical' Gaps", https://peacekeeping. un. org/en/un‐news/guterres‐lauds‐un‐peacekeeping‐highlights‐need‐to‐bridge‐critical‐gaps, last access on April 3, 2019.

〔2〕　参见［美］保罗·F. 戴尔、丹尼尔·德鲁克曼著，聂军译：《和平行动的评价》，知识产权出版社 2013 年版，第 1 页。

〔3〕　代表性的研究见［美］保罗·F. 戴尔、丹尼尔·德鲁克曼著，聂军译：《和平行动的评价》，知识产权出版社 2013 年版；聂军：《联合国维和行动成功的条件》，载《国际政治科学》2008年第 1 期。

〔4〕　参见［美］保罗·F. 戴尔、丹尼尔·德鲁克曼著，聂军译：《和平行动的评价》，知识产权出版社 2013 年版，第 3~4 页。

元对立的概念，不具有折中性。政策制定者和公众经常期望明确的评价，这次行动是成功的还是失败的？这也就意味着在评估者的眼里，维和行动要么是成功的，要么是失败的，不存在中间地带。不过，现实情况中，维和行动可能并不完全成功，仅有几项任务成功，或是某项任务取得了一定程度的成功。维和评估的结果更多的是一个程度的问题。在公共安全产品理论的框架下，本书认为用"成效"（performance，又译为"绩效"或"有效性"）代替"成功"更具可行性。

"成效"包含有成绩和效益的涵义，是指社会经济管理活动的结果和功效。与"成效"作为评估维和行动的综合性指标相比，"成效"的优势具体表现在：其一，"成效"具有可操作性，可以进行进一步的细分、量化，相较于"成功"更具有客观性，尽可能地避免了价值判断，更避免了以决策制定者的价值为主导，从而具备了公正性；其二，在公共安全产品的理论框架下，"成效"既可以评估维和行动作为一项经济产品的生产效率，也能评估其作为一种政治手段所具有的现实效力，兼具了维和行动的经济属性和政治属性；其三，"成效"作为评估标准避免了评估结果的二元对立导向，反之，能反映出维和行动实际的完成程度，是对一个"度"的测量；其四，"成效"不仅评估和平链条的整体，对于和平的各阶段也有所评估，并且能兼顾维和行动任务所产生的非故意或意料之外的后果。

一、评估标准：效率与效力

"成效"是公共产品最终呈现的真实面貌，"效率"（efficiency）和"效力"（effectiveness）是"成效"标准的两个不同层面，分别用于评估维和行动作为公共安全产品的经济效率和政治效果。"效率"的字面意思指单位时间内完成的工作量。作为经济学中的概念，"效率"除需考虑时间成本以外，还应考虑其他成本。在西方经济学中，经济效率的最优状态被称为"帕累托最优"，指在经济过程中没有任何一个人可以在不使他人境况变坏的同时使自己的情况变得更好的状态[1]，是经济生产中，人力、物力、财力资源的最优配置，是在一定资源成本组合下，产品产出量的最优化。不过"帕累托最优"

---

〔1〕 参见［美］乔·B. 史蒂文斯著，杨晓维等译：《集体选择经济学》，上海人民出版社2014年版。

只是自由市场经济条件下的一种理想假设。实际的公共产品供给量远远小于其理想状态。但是在公共政策的引导下，可以实现产品供给的"帕累托改进"。针对联合国维和行动来讲，维和行动的供给效率即指，在一定时间范围内，以一定人力、物力、物资、技术的投入下所产生的维和行动规模。不过，单从规模和数量来评估国际维和行动的供给效率并不科学。即使联合国维和行动规模大致呈增长趋势，资金贡献充裕不意味着资金的有效使用，人员贡献庞大也不意味着人员具备很高的能力素养。用充分供给（adequate provision）概念来评估维和行动的供给效率更为合理一些。康西卡奥（Conceição）和门多萨（Mendoza）认为，对于公共产品的充分供给可以被定义为基于该商品的固有属性或被定义的物理属性，以及当前的知识和技术情况，已经没有进一步提高水平的可行性。[1]从这一意义上讲，维和行动的充分供给可以理解为已经采取了一切确保和平行动富有成效的必要措施。也就是说，贡献者们在客观上已经使用了一切可行的技术和资源，主观上也都已尽力。因此，对于维和行动的供给效率评估即转化为评估维和行动是否实现了充分供给。

维和行动的充分供给并不能决定维和行动的结果是最优的，维和行动充分供给，即维和行动供给具备最优效率，只是维和行动是否能实现预期结果的绝对因素，但不能以此来衡量维和行动的结果。维和行动的结果或影响，是评估维和行动的根本重点，这便需要评估维和行动的"效力"。"效力"指功能和效验，其英文"effectiveness"在牛津词典中的解释为，"成功地产生预期结果的程度"。[2]这说明"效力"囊括了"成功"的含义，不过并不是一个绝对的概念，而是描述了一件事情成功实现了的程度。[3]因此，它具有两层含义，首先，一件事情的结果是积极效果的；其次，这个积极的效果在某

---

〔1〕 See Alexander Kocks, "The Political Economy of Peacekeeping: Providing UN Peace Operations as Transnational Public Goods", Paper prepared for presentation at the Sixth Pan-European International Relations Conference of the ECPR Standing Group on International Relations (SGIR), August 2007, p. 10.

〔2〕 《牛津词典》，原文："the degree to which something is successful in producing a desired result"。

〔3〕 不同的学者对于维和行动"effectiveness"具有不尽相同的界定，例如 Fortna 将其界定为遵守停火协议；Doyle, Sambanis 认为是和平持续时间与稳定政体的结合；Bove, Ruggeri, Hultman, Kathman, Shannon 认为是平民得到了保护，以及减少了交战方之间的暴力水平。See Hultman, L., Kathman, J., Shannon, M., "Beyond Keeping Peace: United Nations Effectiveness in the Midst of Fighting", *American Political Science Review*, Vol. 108, No. 9, 2014, pp. 737-753; Hultman, L., Kathman, J. D., Shannon, M., "United Nations Peacekeeping Dynamics and the Duration of Post-civil Conflict Peace", *Conflict Management & Peace Science*, Vol. 33, No. 3, 2016, pp. 231-249.

种程度上是符合预期的，仅在其完全符合预期时才能称其为成功。"效力"作为评估公共产品符合政策目标的程度，通常以产出和结果之间的关系加以衡量，因此"效力"与"效率"之间有一定的因果联系。"效率"是导致具有"效力"的绝对条件，并非"效力"本身，所以，应该避免混淆维和行动有效的因素与效力本身的测量，例如，判断一些维和行动成功与否可能需要首先判断是否有足够的资源分配给特派团。然而，更为重要的是继续追踪这些资源的使用情况及最终的产出结果。

二、效率与效力指标选取

"效率"和"效力"是评价维和行动作为公共安全产品的经济与政治的两个相互关联的不同层面，需要进一步通过细化的变量加以衡量。本书选取评价"效率"的变量为维和行动人员授权人数与实际派遣人员间的差额，会员国缴纳维和摊款的拖欠情况；评价"效力"的变量为冲突管控情况与国家能力提升情况，其中冲突管控情况包含暴力的减缓、冲突的遏制、冲突的调解，以及人道主义情况四个子目标，国家能力提升情况包含汲取能力、强制能力、行政能力和制度能力四个维度。

在选取变量及测量前应先明确一定的选取原则，结合维和行动自身的联合公共安全产品属性，本书认为评价其成效的变量首先应坚持利益攸关方间的最小公约数原则，也就是说要具有统一的最低成效标准。既然是一种联合公共安全产品，其成效自然包含集体成效和参与产品供给方的个体成效，以及消费方所获得的成效。集体虽然由个体组成，但集体成效并非个体成效的简单叠加，集体行动可以产生独立于每个个体的集体成效。集体往往首先关注的是从更高层次上分析得出的公共产品，[1]而个体相对从低层次出发。就安全问题而言，集体可能更关注冲突的根源，个体则偏向于冲突的管控、人权的保障等问题。不同的行为体根据其利益攸关程度的差异，所关注的成效侧重也会有所不同，直接受冲突侵犯的民众也许不会关注地区外维和贡献国在该地区内的因冲突而带来的投资损失。因此，变量的选取首先应坚持底线思维，这个底线应从冲突的有效管控出发，毕竟冲突管控是维和行动最为核

---

［1］ 参见［美］保罗·F. 戴尔、丹尼尔·德鲁克曼著，聂军译：《和平行动的评价》，知识产权出版社 2013 年版，第 11 页。

心的任务与目标。其次，应该有明确的测量时间范围。评价维和行动通常从短期和长期两个时间维度着手。从短期的角度来看，成效可以定义为实现在和平行动期间或者维和部队撤离之后的一段范围的目标。从长期的角度来看，一般意味着在和平行动之后的几年内当事方的安全和发展状况。短期结果很可能是长期成功的诸多影响因素之一，长期视角与短期视角之间的评价结果也很可能是相悖的。真正的难题在于短期多短，长期多长？似乎很难给出明确的时间范围。本书认为关于冲突管控的测量应尽量控制在维和行动授权的时间范围内，而关于国家能力提升的评价应采用中长期的时间范围。最后，选取的变量应尽可能是可操作、可量化的，彼此之间应尽量避免重复和相冲突。

选取维和行动人员授权人数与实际派遣人员间的差额以及会员国缴纳维和摊款的拖欠情况作为评价维和行动产出效率的变量，原因在于，如上文所述，用充分供给替代最大供给来评价维和行动的产出效率有一定的优势，维和行动的充分供给可以理解为已经采取了一切确保和平行动富有成效的必要措施。也就是说，贡献者们在客观上已经使用了一切可行的技术和资源，主观上也都具有充足的意愿。维和行动的成本主要可以大致概括为人力、资金和技术设备三个方面，技术设备主要还是通过维和经费采买，所以维和成本可以总的概括为人力和资金两方面，从而关于评价维和行动效率的变量应从人员和资金情况入手。从客观上来讲，维和摊款凭借着联合国维和行动经费的摊派原则可以保证一定的维和经费，并且摊款原则从会员国自身的能力大小出发，体现了一定的公正性。在会员国都按照规定、及时上缴经费的情况下，维和资金已经从某种程度上满足了动用一切可行的资金资源原则。诚然，联合国维和行动预算可能与现实的复杂情况不相匹配，但这是联合国预算的技术问题，而非会员国的供给问题。而且无论是人力，还是资金资源，本书都不主张强调供给越多越好，反而应强调对于有限资源的高效使用，也就是要否定最大化原则，而强调充分原则。因此，维和行动的资金效率问题主要是会员国的主观问题，如果会员国能主动按时缴纳维和摊款，甚至提供额外捐助，说明会员国主观上具有贡献维和行动的意愿，反之则相反。本书未统计会员国的捐助行为，是因为这在会员国间不具有普遍性，且捐助金额会产生相对的评价结果，例如很难说明美国捐助一亿美元与埃塞俄比亚捐助一千万美元，谁的意愿更大。同样，关于维和人力资源的评价更是一个会员国主观意愿的问题，因为联合国没有对于会员国提供维和人员采取强制措施。客观上是军事人员大国，但不一定是最主动的人员贡献国。各会员国实际派出的维和人员情况体现了其供给的主观意愿。

鉴于维和行动效率关乎产出量和时效两个层面。本书还将用维和战略部署储备（strategic deployment stocks）情况辅以评估维和行动的部署的时效情况。维和战略部署储备是 2002 年联合国大会提出的一个关于维和人力、物资的战略储备方案，用以支持所有维和行动的启动，以期在安理会授权一项行动后 30 天至 90 天内充分部署该项行动。战略部署储备的建立被认为有助于加快特派团的启动和扩大。战略部署储备 2002 年成立时，其储值为 5.26 亿美元，至 2016 年，其储值增至 6.592 亿美元。2002 年至 2016 年间的维和行动第一年使用资产的 29% 来自战略部署储备。[1] 通过战略部署储备得以建立的维和行动实际使用天数则可以表明联合国维和行动的时效。

本书关于冲突管控的变量选取及其测量参照了戴尔和德鲁克曼的《和平行动的评价》。[2] 该书作为如何评价和平行动提供了一个完整性的评价框架，是研究和平行动评估的重要参考。作者根据这个框架，提出了和平行动任务的三项目标，分别是核心目标（暴力的减缓、冲突的遏制和冲突的调解）、非传统维和目标（监督选举、民主化、人道主义援助、解除武装、复员和返乡以及人权保护）、冲突后缔造和平目标（地方治安、法治、地方治理、恢复、和解和变革）。每一个目标之中又细分出一系列测量变量，为整合性和可操作性的评估和平行动提供了指导性方案。本书在戴尔和德鲁克曼的评估框架基础上进行了一些修正。首先，本书将三个目标缩减为"冲突管控"和"国家能力提升"两项目标，其中"冲突管控"包括了维和行动的核心目标，"国家能力提升"主要指代和平行动中的建设和平目标。这样操作的优势在于，一方面，本书认为"非传统维和目标"不适宜直接作为评估和平行动成效的标准，不符合 21 世纪后转型了的建设和平任务"建设和平即国家建设"（peacebuilding as statebuilding）的特征。而用"国家能力提升"作为替代的评估标准更能满足这一特征。并且，"非传统维和目标"中的民主、自由化任务

〔1〕 See UN General Assembly, *Activities of the Office of Internal Oversight Services: Review and Evaluation of Strategic Deployment Stocks*, A/71/798, February 17, 2017, pp. 9, 12.

〔2〕 参见［美］保罗·F. 戴尔、丹尼尔·德鲁克曼著，聂军译：《和平行动的评价》，知识产权出版社 2013 年版，第 25~52 页。

是"自由主义建设和平"的集中体现，只是对于战后国家实现自由化的简单"修复"，其短期成效虽然明显，但在影响更为深处和长远的国家能力建设方面已广受诉病。其次，本书重新整合、精简了细分的测量变量，减少了原先框架中的重复操作和无法操作的部分变量。

本书将冲突管控的目标细化为"暴力的减缓"、"冲突的遏制"和"冲突的调解"，并且增加了"人道主义状况的改善"这项子目标。对于所有的和平行动而言，有一些基本的功能是相同的，几乎所有的和平行动都寻求暴力的减少、冲突的遏制乃至解决，这三个子目标之间存在着递进的关系。本书省略了戴尔和德鲁克曼研究中关于维和行动中解除武装、复员与返乡（DDR）目标的评估，本书认为这些为实现最终和平稳定的任务，包括在暴力的减缓、冲突的遏制两项目标之中。

暴力的减缓指的是武装暴力的降低或完全消除。需回答的问题是，还存在暴力吗？如果还存在暴力，那么暴力的水平下降了吗？本书选择"和平持续的时间""冲突事件数量""平民伤亡的数目"这三个自变量对其进行测量。这三个变量既体现了暴力减缓的时间变化，又体现出了规模层面的变化。

冲突的遏制是在暴力得以阻止或消减之后有所超越，冲突不再蔓延或扩散了。从空间上看，要回答冲突在地理区域上扩大了吗？从行为体上看，冲突包括更多或更少的行为体了吗？冲突管控的最终目标是希望冲突各方能够实现和解，内战国家再度统一。本书运用"根据地理坐标确定暴力行为的地点""活跃的参战者或参与方的数目""邻国的卷入情况""主要大国或区域性大国卷入情况"四个变量对其进行观察。

当然和解并不意味着冲突根源的彻底解决。和解有时只是冲突方之间的妥协或是一种僵局。"签署和平协定和条约"是冲突得以遏制的一项重要指标，和平协定意味着，签署方已经接受了一些条款并且同意继续朝着和平的、与冲突相反的关系前进。[1]而"内战国家的再度统一"则是在实现和解基础上的更进一步的目标。

本书认为人道主义状况（包括部分人权状况）也应该是冲突管控的一项子目标，因为在发生冲突的国家中，其人道主义状况很大程度上与暴力的程

---

〔1〕 参见［美］保罗·F.戴尔、丹尼尔·德鲁克曼著，聂军译：《和平行动的评价》，知识产权出版社 2013 年版，第 40 页。

度息息相关，暴力是人道主义状况恶化的诱因，维护和改善受暴力影响的民众的境遇是和平行动贯穿始终的任务。本书选择"流离失所人数""婴儿死亡率""受到种族灭绝公约规定的侵害的人员数量"三个自变量来评估人道主义状况的改善程度。在冲突中，流离失所人群往往是人道境遇恶化最为显著的人群，之所以选择受援助人数而非援助物资数量作为测量变量，是因为救援物资难以选取一定的衡量基准，并且具体的发放量也难以统计。婴儿死亡率是社会经济学家衡量生活质量的常用指标，而且婴儿常被认为是暴力冲突中最为直接的受害者。虽然种族灭绝仅代表一种类型的侵犯人权的行为，但却是最不为容忍的暴行，是否避免出现种族灭绝是评判一项和平行动是否具有成效的底线。

表 5-1　冲突管控的维度及其测量

冲突管控维度	变量及其测量
暴力的减缓	和平持续的时间 冲突事件数量 平民伤亡的数目
冲突的遏制	根据地理坐标确定暴力行为的地点 活跃的参战者或参与方的数目 邻国的卷入情况 主要大国或区域性大国卷入情况
冲突的调解	签署和平协定和条约 内战国家的重新统一
人道主义状况的改善	流离失所人数 婴儿死亡率 受到种族灭绝公约规定的侵害的人员数量

资料来源：笔者自制。

综合型维和行动中建设和平任务的核心逻辑是认为通过对于"脆弱国家"的能力建设，可以从根本上解决冲突的根源。维和行动最终从阻止冲突的"消极和平"手段转向了解决冲突根源的"积极和平"方式。建设和平的"国家能力"建设逻辑是在 20 世纪 90 年代末国际干预手段转型的背景下产生的，这里面涉及一个"国家"再回归的过程。冷战结束后，一批政府技能弱化、社会紊乱、陷入或濒临内战的国家涌现，并且爆发了大量的人道主义危机事件。国际社会开始反思国家主权与人权的关系。在自由主义主导的情况下，人权开始被赋予高于主权的地位，而国家尤其是未能履行"保护责任"的国家则被视为人道主义灾难的元凶。而这些所谓发生人道灾难的"脆弱国家"并未被视为在能力上处于弱势地位，反而被认为相较于其公民，它们过于强大了。这便导致一方面，在 20 世纪 90 年代出现了一系列通过强制手段干涉国家主权的行为，例如对于伊拉克（1991 年）、索马里（1992 年 ~ 1993 年）、波斯尼亚（1993 年 ~ 1995 年）、科索沃（1999 年）的干涉行为；另一方面，国际社会中的一些援助项目和政策也都附加了一定的改革条件，限制和削弱了接受国的经济和公共服务能力。[1]这一时期的建设和平任务只是对于冲突后国家的简单"修复"，仅停留在快速的选举和市场化经济改革，而对于国家深层次的制度建设则鲜有涉及。因为初期的建设和平任务假设了政治和经济自由化在没有正常运转的制度机构的情况下便可正常运行。这种假设存在严重的缺陷，从安哥拉（1991 年）、柬埔寨（1991 年）、利比里亚（1993 年）、波斯尼亚（1995 年）等一些失败的案例中便可以体现。[2]

　　20 世纪 90 年代末，国家再次回归国际干预目标的中心地位。国家从寻找冲突的根源转向了解决冲突的根源。大量学者认为国家能力（state capacity）[3]与国内冲突的爆发和复发之间存在着一定的负相关性，能力较弱的国家更可能遭遇国内冲突；较强的国家能力通过提高反叛的机会成本显著地降低了内

---

　　〔1〕　See David Chandler ed., *The Twenty Years' Crisis*, *1997-2017*, Palgrave Macmillan, 2017, p. 74.

　　〔2〕　See Roland Paris, Timothy D. Sisk eds., *The Dilemmas of Statebuilding*：*Confronting the Contradictions of Postwar Peace Operations*, Routledge, 2009, pp. 2-3.

　　〔3〕　本书关于"国家能力"（state capacity）的界定，参见了胡鞍钢、王绍光：《中国国家能力报告》，辽宁人民出版社 1993 年版，第 3 页中的定义，指国家将自己的意志、目标转化为现实的能力。国家能力包括汲取财政能力、宏观调控能力、合法化能力以及强制能力。卢凌宇在此基础上将国家能力概括为汲取能力、强制能力、行政能力和制度能力。详见卢凌宇：《西方学者对非洲国家能力（1970—2012）的分析与解读》，载《国际政治研究》2016 年第 4 期。本书之后的分析将依据卢凌宇的划分。

战发生的概率。[1]根据公共产品理论的理解，国内暴力冲突爆发或复发的原因在于冲突当事方内部长期的公共产品（政治和社会经济物品）供给不均或不足导致了部分民众的"怨恨"，破坏了统治合法性，从而为冲突打开了机会窗口。当冲突发起方对于使用暴力获取的收益大于成本的预期和计算时，暴力冲突便发生了。改善冲突当事方的公共产品供给能力和供给制度是解决冲突的根源所在。[2]以提高"脆弱国家"的国家能力建设为核心职能的建设和平事业开始逐渐成为西方社会用于解决暴力冲突的主要手段。在 21 世纪头 10 年之间，几乎所有的国际干预议题都把建设和平与国家建设作为一项关键目标：2004 年 8 月，美国政府成立了重建与稳定协调员办公室（Office of the Co-ordinator for Reconstruction and Stabilization），专门用于援助国家建设事业；2005 年 2 月，英国政府出台的报告《投资于预防：管理不稳定风险和改善危机应对的国际战略》（Investing in Prevention: An International Strategy to Manage Risks of Instability and Improve Crisis Response）将国家建设视为其"稳定伙伴关系"议程的关键部分；2005 年 3 月，在巴黎举行的经济合作与发展组织（以下简称经合组织）援助国援助委员会高级别会议上，经合组织国家发展的部长们同意了一套"促进脆弱国家良好国际参与的原则"，其中"以国家建设为中心目标"；同月，经合组织非洲委员会的报告赞许了向非洲提供的双边援助中已有四分之一以上直接用于国家能力建设；[3]2005 年 12 月，联合国大会和安理会分别通过决议设立建立和平委员会，以协调这一领域的国际活动。

---

〔1〕 See Paul Collier, Anke Hoeffler, "Greed and Grievance in Civil War", *Oxford Economic Papers*, Vol. 56, No. 4, 2004, p. 563-595; James Fearon, David Laitin, "Ethnicity, Insurgency and Civil War", *The American Political Science Review*, Vol. 97, No. 1, 2003, pp. 75-90; Mehmet Gurses, T. David Mason, "Weak State, Regime Types, and Civil War", *Civil Wars*, Vol. 12, No. 1-2, 2010, pp. 140-155; David Sobek, "Masters of their Domains: The Role of State Capacity in Civil Wars", *Journal of Peace Research*, Vol. 47, No. 3, 2010, pp. 267-271, 转引自卢凌宇：《国家能力与国内冲突的复发》，载《国际安全研究》2015 年第 1 期；Michael McBirde, Gary Milante, Stergios Skaperdas, "Peace and War with Endogenous State Capacity", *Journal of Conflict Resolution*, Vol. 55, No. 3, 2011, pp. 446-468.

〔2〕 See Hanne Fielde, Indra de Soyasa, "Coercion, Co-Optation, or Cooperation?", *Conflict Management and Peace Science*, Vol. 26, No. 1, 2009, pp. 5-20; Baogang Guo, "Political Legitimacy and China's Transition", *Journal of Chinese Political Science*, Vol. 8, No. 1, 2003, pp. 1-16; Carrett Hardin, "The Tragedy of the Commons", *Science*, Vol. 162, No. 3859, 1969, pp. 1234-1248; Michael McBirde, Gary Milante, Stergios Skaperdas, "Peace and War with Endogenous State Capacity", *Journal of Conflict Resolution*, Vol. 55, No. 3, 2011, pp. 446-468.

〔3〕 See David Chandler ed. , *The Twenty Years' Crisis*, 1997-2017, Palgrave Macmillan, 2017, p. 74.

作为国家建设的建设和平事业已经从对于冲突后国家的简单"修复",转化为对于"脆弱国家"的彻底改造。建设和平对于国家机构的恢复、重建又重塑了国内公共产品的供给与分配,间接地促进了当事方的国家能力建设。联合国确立了建设和平即国家建设的五项目标——包容性的政治、安全、司法、经济基础、收入和服务,以此指导会员国确定具体优先事项。[1]这些指标的具体内容包括解除武装、复员与返乡,安全部门改革,重建经济和社会基础设施,重建公共行政和法治体系,难民回归与安置、人道主义援助,选举援助,推动制宪、落实和平协议与政治进程,创伤咨询、过渡时期正义与和解等,涉及安全和军事、社会经济发展、人道主义、政治和外交、正义与和解等领域事务,旨在创造稳定、恢复国家机构并解决冲突的社会经济议题。[2]建设和平的目标和内容明确体现了国家能力的四个维度,分别为汲取能力、强制能力、行政能力和制度能力。汲取能力是国家动员社会经济资源的能力;强制能力是国家运用暴力手段维护统治的能力;行政能力反映的是国家机器的决策和治理能力,是国家搜集和管理信息的能力;制度能力则体现国家行动的效率和效果。其中汲取能力是其他能力的来源与基础,强制能力极大地依赖汲取能力所提供的大量公共资源;制度能力建设被认为是建立民众对国家的信心和预防暴力冲突的先决条件。《2011年世界发展报告:冲突、安全与发展》和经合组织向捐助方发布的关于在冲突和脆弱局势中支持建设国家的指导中,都强调了制度建设作为可持续和平的核心支柱地位。[3]本书关于国家能力的测量评估参照卢凌宇所著的《西方学者对非洲国家能力(1970-2012)的分析与解读》中的变量及测量方法,各项指标总结如下:

---

〔1〕 参见联合国:《冲突后建设和平——秘书长的报告》,A/67/499-S/2012/746,2012年8月10日,第9页。

〔2〕 Michael Barnett, et al., "Peacebuilding: What is in a Name?", *Global Governance*, Vol. 13, 2007, pp. 49-50, 转引自李因才:《超越自由主义:建设和平的多元论争》, 载《国际政治研究》2019年第1期。

〔3〕 参见联合国:《冲突后建设和平——秘书长的报告》,A/67/499-S/2012/746,2012年8月10日,第11页; Edward D. Mansfield, Jack Snyder, *Electing to Fight: Why Emerging Democracies Go to War*, Cambridge, The MIT Press, 2005.

表 5-2　国家能力的维度及其测量[1]

国家能力维度	变量及其测量
汲取能力	相对政治能力（Relative Political Capacity，RPC），国家实际收入占预期收入的百分比； 自然资源（石油、其他矿产）收入占国内生产总值的比例，数据取自《世界发展指标》（Word Development Indicators）
强制能力	军费占中央政府支出的比例； 每万人武装力量人数，以武装力量总人数除以一国总人口数量，并乘以一万得出，武装力量包括军队、警察和民兵等
行政能力	政治风险信息集团（Political Risk Service Group，PRSG）制作的国家风险指南（International Country Risk Guide，ICRG）中的官僚质量变量（Bureaucratic Quality），取值在 0~4 之间，高分表示一国的官僚机构有能力和技术实施有效管治
制度能力	半民主政体和政权寿命，两个变量取自"政体"（Polity）数据库

资料来源：笔者总结。

　　评价国家能力各维度的变量选取旨在发挥彼此之间相互补充的作用，以便评价结果尽可能客观。其中，相对政治能力是从正面来评估国家的汲取能力，而自然资源收入所占比重则捕捉资源对国家能力的腐蚀作用。因为军费开支的增加未必等比例地增强军事能力，[2]所以用武装力量占比来进一步补充。"半民主政体这个变量测度的是政权类型，是制度能力的间接变量；政权寿命则试图捕捉政治制度能力的结果，因为能力强大的制度预期会生存更长

----

　　[1]　关于变量选取的原则具体参见卢凌宇：《西方学者对非洲国家能力（1970—2012）的分析与解读》，载《国际政治研究》2016 年第 4 期。例如卢凌宇选取"相对政治能力"而不是"税收"作为国家汲取能力的变量，是因为税收无法反映政府从非税收来源获得的收益；选取"军费占中央政府支出的比例"而不是"军费占国内生产总值的比例"，是因为军费占中央政府支出的比例更为确切地体现了国家对军队的资源投入和重视程度。卢凌宇的分析框架针对非洲国家能力的评估，因为非洲多数国家严重依赖自然资源而成为"食利国家"（rentier state），因此"自然资源占国内生产总值的比例"相较于"税收"能更有效地评估国家的汲取能力。但当评估维和行动的目标国家收入是非自然资源依赖型时，将不再使用该指标。

　　[2]　See T. Mason, Dale Krane, "The Political Economy of Death Squads：Toward a Theory of the Impact of State-Sanctioned Terror", *International Studies Quarterly*, Vol. 33, No. 2, 1989, pp. 175-198.

的时间。"[1]

综上，本书已经通过维和行动成效在效率和效力两个层面的各项分指标构建出了一个综合的评估框架，这个框架体现出了对于维和行动的投入而产生的结果及后续影响。

第二节 维和行动的成效评估结果

一、维和行动的效率评估结果

本书选取评价"效率"的变量为维和行动人员授权人数与实际派遣人员间的差额、会员国缴纳维和摊款的拖欠情况。关于维和行动人员授权人数与实际派遣人员间的差额统计，笔者选取的统计范围是目前正在进行的五项较为重要和典型的综合性特派团，该五项行动的维和人员总量约占目前正在执行的 14 项行动总人数的 77%，[2]因而，可以从这五项行动的人员供给情况推断出当前维和行动的整体人员供给效率。人员统计数据来源于联合国维和行动官网和安理会决议文件，官网中会对每项正在执行的行动，以及完成了的行动提供简单的数据描述。关于评估时间节点的选取，鉴于安理会授权后需要一定的时间来执行，另外任何特派团都存在维和人员轮替的问题，因此特派团的维和人员统计每个月都会有所波动，本书选取实际派遣人数的截止日期为相关文件发布时维和行动官网上提供的最新近日期，即 2019 年 4 月。安理会根据各项行动的进展而调整维和授权，例如，安理会根据南苏丹冲突形势的变化及时将维和任务重心从国家建设调整至保护平民，并追加了维和人员数量的授权。[3]因此笔者选取的授权时限是各项行动人数的最新近授权。以马里稳定团为例，稳定团设立于 2013 年 4 月，关于其维和人员数量的最新近授权为 2018 年 6 月，因此马里特派团的授权人数选取的是 2018 年 6 月的数据。此外，关于维和人数的统计数据仅包括维和行动的军事和警事人员，这

---

〔1〕 卢凌宇：《西方学者对非洲国家能力（1970—2012）的分析与解读》，载《国际政治研究》2016 年第 4 期。

〔2〕 截至 2019 年 4 月，该 5 项行动总派遣人数为 69 477 人，14 项总维和行动人数为 89 681 人，数据参见联合国维和行动官网 2019 年 4 月的统计数据。

〔3〕 See UN Security Council Resolution 2132（2013）and Resolution 2155（2014）.

是因为安理会决议中仅有军事和警事人员的数量授权。统计结果显示如下：

表5-3　正在进行的部分维和行动授权人数与实际派遣人数对比（单位：人）

正在进行的部分维和行动	授权人数 [1]	实际派遣人数 [2]（截至2019年4月）	缺口
联合国中非共和国综合特派团 MINUSCA	13 730	13 660	70
联合国马里多层面综合稳定特派团 MINUSMA	15 209	14 790	419
联合国刚果（金）稳定特派团 MONUSCO	18 316	16 864	1452
联合国达尔富尔特派团 UNAMID	6550	7392	-842
联合国南苏丹共和国特派团 UNMISS	19 101	16 741	2360
合计	72 906	69 447	3459

资料来源：笔者根据联合国维和行动官网上的统计数据自制。

　　根据统计结果可以发现，目前正在执行的14项维和行动中规模较大的5项综合行动中，除达尔富尔混合行动外，总体存在着维和人员供给不足问题。同时，各项行动间的赤字情况差异较为明显，人员缺口最为严重的南苏丹共和国特派团，赤字达2360人；赤字最小的中非共和国综合特派团，则为70人。由此可以推断联合国维和行动人员供给普遍存在不足的情况。并且，在维和人员供给存在赤字的情况下还存在供给结构和维和人员结构问题。供给结构问题是指维和人员贡献仅依赖于少数一部分国家，三分之一会员国贡献80%的军事人员，[3] 而且主要的贡献国都是发展中国家。维和人员结构问题是

---

〔1〕　授权人数分别来源于关于中非特派团的第2448（2018）号决议；联刚特派团的第2463（2019）号决议；马里稳定团的第2423（2018）号决议；达尔富尔特派团的第2429（2018）号决议；南苏丹特派团的第2459（2019）号决议。

〔2〕　See UN Peacekeeping, *UN Mission Summary of Military and Police*, https：//peacekeeping. un. org/en/troop-and-police-contributors, last access on May 30, 2019.

〔3〕　See UNOIOS, *Evaluation of DPKO/DFS Planning during the Force Generation Process and Related Engagement with the Security Council and Troop-Contributing Countries*, April 7, 2017, pp. 7-8.

指，一方面，女性维和人员占比较少，目前仅占维和人员总体人数的13%。[1]秘书长鼓励更多的女性参与维和行动，认为女性维和人员可在当地发挥模范作用，她们通常在以男性为主导的社会鼓励妇女和女性争取自己的权利，并参与和平进程。[2]另一方面，掌握当地语言的维和人员，及具有综合行动领导能力的维和官员的比重也亟待提升。[3]

当前维和人员的供给状况直接关系维和人员自身和维和行动整体的素质问题，而维和人员素质与维和行动的效力具有正相关性。有研究显示，当前维和行动的人员大部分由军事实力高质量的国家的军队组成，在阻止暴力和创建缓冲区、到达偏远地区，以及在监督和平协议的执行等方面都有较高的能力。[4]鉴于发展中国家维和人员与发达国家维和人员之间的素质差异，即使发展中国家贡献再多的维和人员，整体的维和水平仍受到质疑。总的来看，当前维和部队在行动能力上也存在赤字。联合国和平行动部最新评估报告《联合国维持和平行动目前和正在出现的统一能力要求》(*Current and Emerging Uniformed Capability Requirements for United Nations Peacekeeping*) 中指出了维和部队在如下方面存在能力赤字：其一，特派团应更具灵活变通的能力，需要提供更多可迅速部署的部队、部队后备连、特种部队、成建制的警察部队、快速反应部队和攻击直升机队来控制更大的地区；其二，情报的获取能力，需要更多的专门情报人员、设备和工具；其三，应对高风险环境和夜间飞行的能力，需要更多的多任务工程师、运输、信号、航空和医疗领域的专业人才和相关设备；其四，维和部队自我保护的能力，需要更多爆炸物（及简易爆炸物）处理人员、情报部队、战斗工程和车辆队，及爆炸物探测工具、电子对抗和警报系统、放地雷车等设备；其五，其他重要先进技术能力，需要更多包括探测和预警系统、卫星图像、可视化监视和遥感、微波、光纤链路和超视距通信、夜视雷达、航空数据和地理空间信息等相应领域的技术人员

---

〔1〕　See UN Peacekeeping, *Gender Statistics April* 2019, https：//peacekeeping. un. org/en/gender, last access on May 31, 2019.

〔2〕　参见联合国维和行动官网：https：//peacekeeping. un. org/zh - our - peacekeepers，最后访问日期：2019 年 5 月 31 日。

〔3〕　See UNDPO, *Current and Emerging Uniformed Capability Requirements for United Nations Peacekeeping*, January 2019, p. 6.

〔4〕　See Felix Haass, Nadine Ansorg, "Better Peacekeepers, Better Protection? Troop Quality of United Nations Peace Operations and Violence against Civilians", *Journal of Peace Research*, Vol. 55, No. 6, 2018.

和设备。[1]

关于维和行动的时效性评价，2017 年 2 月，联合国大会公布了内部监督事务厅关于 2002 年至 2016 年间战略部署储备运行情况的评估报告，报告指出在规定期限内交付战略储备的情况鲜有发生，战略部署储备并没有促进特派团在 90 天内更快地启动和扩大任务。[2]也就意味联合国维和行动整体存在时效性不足的问题。战略部署储备物资送达特派团的时间平均是在总部发出指示后 152 天，而在设备送达后的 24 天之后才可以开始使用。[3]自 2012 年以来，在分析的 30 个特派团中，只有 4 个特派团在总部发出指示后平均交付时间不到 90 天。[4]综合型的维和特派团几乎都不能按时实现启动。

关于维和行动资金的筹措效率，本书采用的是会员国缴纳维和摊款的拖欠情况这一变量来进行评测。评测的年限是从 2001 年至 2018 年间，每年会员国的总体拖欠情况。数据来源于秘书长各年度向大会提交的《联合国财政情况报告》，[5]具体统计情况如下：

表 5-4　联合国会员维和经费总体拖欠情况（2001 年～2018 年）

年份（年）	截至每年 9 月未缴款总金额（单位：亿美元）
2001	18
2002	13
2003	10
2004	26
2005	29

［1］ See UNDPO, *Current and Emerging Uniformed Capability Requirements for United Nations Peacekeeping*, January 2019, pp. 4-6.

［2］ See UN General Assembly, "Activities of the Office of Internal Oversight Services: Review and Evaluation of Strategic Deployment Stocks", A/71/798, February 17, 2017, pp. 2, 14.

［3］ See UN General Assembly, "Activities of the Office of Internal Oversight Services: Review and Evaluation of Strategic Deployment Stocks", A/71/798, February 17, 2017, p. 15.

［4］ 这四个特派团分别为：联合国埃博拉疫情紧急响应特派团（UNMEER）、联合国驻叙利亚监督团（UNSMIS）、联合国驻塞浦路斯维和部队（UNFICYP）、联合国科索沃临时行政当局特派团（UNMIK）。

［5］ See UN General Assembly, https://www.un.org/en/ga/contributions/financial.shtml, last access on June 1, 2019.

年份（年）	截至每年9月未缴款总金额（单位：亿美元）
2006	19
2007	27
2008	29
2009	21
2010	32
2011	33
2012	18.5
2013	34
2014	26
2015	14.6
2016	23.4
2017	25
2018	25

资料来源：笔者根据历年《联合国财政情况报告》自制。

　　表格中的统计结果表明会员国对于联合国维和经费的缴款整体上一直处于拖欠情况。从表中可以看出，自2001年至2018年，维和行动摊款的拖欠总额整体大致呈不断上升的趋势，虽然在个别年份出现了一定的回落。资金拖欠一方面来自会员国，很大一部分原因是会员国的意愿问题。而维和行动的供给分工结构加大了经费拖欠的可能性。由于少数的发达国家承担大部分的维和经费，这些国家不仅主导着维和预算的决定权，维和经费整体的拖欠情况也多是取决于这些国家的缴费情况。还有一部分原因来自联合国，由于全年维持和平摊款的数额和时间无法预测，会员国可能难以全面及时了解摊款情况。[1]会员国未能及时缴纳和拖欠维和经费导致的直接后果是联合国拖欠维和行动补偿额，维和人员和设备贡献国时常不能得到报销款，造成了经济负担，抑制了供给维和行动的动力。2019年1月，印度常驻联合国代表赛

―――――――――――

〔1〕　参见联合国大会：《联合国财政情况—秘书长的报告》，A/73/443，2018年10月19日，第3页。

义德·阿克巴鲁丁（Syed Akbaruddin）就曾在安理会表示，欠款已经给派遣国在提供人员、人员、设备等方面造成了巨大负担。[1]

表 5-5　联合国拖欠维和部队金额及款项统计（2014 年~2018 年）

年份（年）	联合国拖欠维和部队金额及款项（单位：亿美元）		
2018	总额 2.21	部队和建制警察单位款额	0.92
		在役特派团特遣队所属装备索偿款额	0.43
		已结束特派团特遣队所属装备索偿款额	0.86
2017	总额 4.91	部队和建制警察单位款额	0.01
		在役特派团特遣队所属装备索偿款额	4.04
		已结束特派团特遣队所属装备索偿款额	0.86
2016	总额 5.88	部队和建制警察单位款额	1.26
		在役特派团特遣队所属装备索偿款额	3.76
		已结束特派团特遣队所属装备索偿款额	0.86
2015	总额 10.38	部队和建制警察单位款额	3.14
		在役特派团特遣队所属装备索偿款额	6.38
		已结束特派团特遣队所属装备索偿款额	0.86
2014	总额 12.73	部队和建制警察单位款额	5.85
		在役特派团特遣队所属装备索偿款额	6.02
		已结束特派团特遣队所属装备索偿款额	0.86

资料来源：笔者根据历年《联合国财政情况报告》自制。

维和经费得不到及时的筹措会产生多方面的消极影响，首先，维和人员和设备供给国得不到及时的报销，或是报销金额过低，会直接阻碍供给方的参与动机，或是供给的维和人员和设备质量难以保障，欠款的威胁还会限制

---

[1]　See "UN Owes India $ 38 Million For Peacekeeping Operations: Guterres", The Sentinel, https://www.sentinelassam.com/news/un-owes-india-38-million-for-peacekeeping-operations-guterres/, last access on June 1, 2019.

供给方与联合国谈判中的议价能力。[1]其次，间接影响在于，会增加联合国财政危机的可能性。拖欠的经费易形成集聚效应，直到造成整个联合国系统的财政危机。20 世纪 90 年代末和 21 世纪初的联合国财政危机便是佐证。

二、维和行动的效力评估结果

评估冲突管控变量的数据主要取自以下几个政治学科领域内使用频率较高的数据库，其数据质量较为可靠。其一，是武装冲突定位与事件数据项目（*The Armed Conflict Location & Event Data Project*，ACLED），该数据项目的目标是捕捉发生在各州的政治暴力和抗议的形式、参与者、日期和地点，其数据覆盖了 80 个受冲突困扰的国家，每个国家的数据年限各异。本书中关于"冲突事件数量""根据地理坐标确定暴力行为的地点""活跃的参战者或参与方的数目""邻国的卷入情况""主要大国或区域性大国卷入情况"这五个变量的数据均取自该数据项目。在该数据项目网站[2]输入选择的国家、年限、冲突类型，便可自动生成相应的数据报告。该数据项目将冲突分为八类，既包括暴力冲突，也包含非暴力冲突。本书仅选取了战役（battle）、暴乱（riot）、针对平民的暴力（violence against civilians）三个涉及使用武力的冲突选项。生成的报告中会自动显示每个冲突事件的地理坐标和参与方，笔者根据其内容进行进一步的统计。

其二，关于"签署和平协定和条约"和"内战国家的重新统一"的变量数据一部分来源于乌普萨拉大学和奥斯陆和平研究所内战研究中心（PRIO）的武装冲突数据集，不过该数据集仅收录了 1975 年至 2011 年发生内战国家的和平协定签署情况，笔者又根据联合国维和行动网站中已完成的各项维和行动档案总结了 2011 年至 2018 年的签署情况。

其三，关于"流离失所人数"变量的数据取自联合国难民事务高级专员公署（UNHCR）的人口统计数据库。[3]从该数据库可以获取每个国家在 1951

---

〔1〕　See Katharina P. Coleman, "The Political Economy of UN Peacekeeping: Incentivizing Effective Participation", International Peace Institute, May 2014, p. 9.

〔2〕　武装冲突定位与事件数据项目（ACLED）官网：https://www.acleddata.com/data/，最后访问日期：2019 年 5 月 27 日。

〔3〕　联合国难民事务高级专员公署人口统计数据库官网：http://popstats.unhcr.org/en/time_ series，最后访问日期：2019 年 5 月 27 日。

年至 2017 年间人口的非正常居民身份和流动情况，身份具体包括寻求庇护者（asylum-seekers）、国内流离失所者（internally displaced persons）、处于国内流离失所状况者（persons in IDP-like situation）、其他原因（others of concern）、返回原地的国内流离失所者（returned IDPs）、难民（refugees）、返回原地的难民（returned refugees）、处于难民状况者（persons in Refugee-like situation）、无国籍者（stateless persons）共九项分类。笔者将当年的全部分类的人数相加，然后减去返回原地的国内流离失所者和难民，从而得出统计数据。

其四，"婴儿死亡率"是指在一年内每 1000 名活产婴儿中一岁前死亡的比例。数据取自世界银行的世界发展指数（World Development Indicators）。[1]

其五，"受到种族灭绝公约规定的侵害人员的数量"变量一方面参照系统和平中心（Center for Systemic Peace）关于各国 1959 年至 2013 年间的种族灭绝情况的统计。该数据库的统计数据既包括种族灭绝，又包含了政治灭绝（Politicide）。2013 年至 2018 年的统计，笔者参照的是联合国人权署的记录。[2]

关于案例的选择说明：

截至 2018 年年底，联合国共执行了 71 项维和行动，本书仅抽选部分具有代表性的行动作为评估案例，以期从中总结出联合国维和行动作为整体所具有的成效。案例选择大致遵循以下原则，首先，该项行动的任务要以实现维和行动的核心目标为主，即实现暴力的减缓、冲突的遏制和冲突的调解三项目标；其次，冲突在行动的执行过程中仍在持续，这样以便评估当维和行动介入后当事方内部冲突情况的动态变化过程；最后，尽量选择新近的维和行动，这样有利于体现维和行动任务发展变化所带来的影响。此外，还应避免选择极端案例，如卢旺达、索马里维和行动。鉴于此，本书认为联合国塞拉利昂特派团（1999 年~2005 年）、联合国布隆迪行动（2004 年~2006 年）、联合国利比里亚特派团（2003 年~2018 年）、联合国马里综合稳定团（2003 年~2018 年）四个案例符合上述原则。

关于联合国维和行动冲突管控的效力，具体评估结果如下：

---

〔1〕 世界银行世界发展指数官网：http://datatopics. worldbank. org/world-development-indicators/，最后访问日期：2019 年 5 月 21 日。

〔2〕 系统和平中心数据：http://www. systemicpeace. org/inscrdata. html；联合国人权署数据：http://libraryresources. unog. ch/c. php？g=462695&p=3162785#21505046，最后访问日期：2019 年 5 月 21 日。

表5-6　联塞特派团冲突管控效力评估结果

塞拉利昂 （1999 年～2005 年）	变量及其测量	时间（年）	
		1999	2005
暴力的减缓	和平持续的时间	持续	
	新危机、军事化的争端或战争（次）	448	4
	平民伤亡的数目（人）	100	0
冲突的遏制	根据地理坐标确定暴力行为的地点（个）	146	3
	活跃的参战者或参与方的数目（个）	13	4
	邻国的卷入情况	邻国平民卷入	无直接参与
	主要大国或区域性大国卷入情况	西非共同体停火监督团（ECOMOG）	无直接参与
冲突的调解	签署和平协定和条约	1999 年《洛美和平协定》；2000 年《阿布贾停火协议》	
	内战国家的重新统一	统一	
人道主义状况的改善	流离失所人数（人）	986 559	46 279
	婴儿死亡率（每千人）	144.4	127.8
	受到种族灭绝公约规定的侵害人员的数量（人）	无	无

资料来源：笔者自制。

表5-7　联布行动冲突管控效力评估结果

布隆迪 （2004 年～2006 年）	变量及其测量	时间（年）	
		2004	2006
暴力的减缓	和平持续的时间	持续	
	新危机、军事化的争端或战争（次）	69	92
	平民伤亡的数目（人）	377	137

续表

布隆迪 （2004 年~2006 年）	变量及其测量	时间（年）	
		2004	2006
冲突的遏制	根据地理坐标确定暴力行为 的地点（个）	25	40
	活跃的参战者或参与方的数目（个）	8	4
	邻国的卷入情况	刚果（金） 暴徒；刚果 （金）民间武装	刚果（金） 政府武装
	主要大国或区域性大国卷入情况		刚果（金）
冲突的调解	签署和平协定和条约	2006 年《关于持久和平、安 全与稳定的原则协定》；《布 隆迪政府和巴利佩胡图–民族 解放阵线之间的停火协定》	
	内战国家的重新统一	统一	
人道主义状况 的改善	流离失所人数（人）	404 161	–370 982
	婴儿死亡率（每千人）	82.6	74.6
	受到种族灭绝公约规定的 侵害人员的数量（人）	无	无

资料来源：笔者自制。

表 5-8　联利特派团冲突管控效力评估结果

利比里亚 （2003 年~2018 年）	变量及其测量	时间（年）	
		2003	2017
暴力的减缓	和平持续的时间	持续	
	新危机、军事化的 争端或战争（次）	236	31
	平民伤亡的数目（人）	0	7

续表

利比里亚 （2003 年~2018 年）	变量及其测量	时间（年）	
		2003	2017
冲突的遏制	根据地理坐标确定暴力行为的 地点（个）	43	13
	活跃的参战者或参与方的 数目（个）	8	13
	邻国的卷入情况	无直接参与	无直接参与
	主要大国或区域性大国卷入情况	西非共同体停 火监督团 （ECOMOG）	无直接参与
冲突的调解	签署和平协定和条约	2003 年《阿克拉停火协议》； 《阿克拉和平协定》	
	内战国家的重新统一	统一	
人道主义状况 的改善	流离失所人数（人）	870 157	9462
	婴儿死亡率（每千人）	103	55.9
	受到种族灭绝公约规定的 侵害人员的数量（人）	无	无

资料来源：笔者自制。

表5-9 联马稳定团冲突管控效力评估结果

马里 （2003 年~2018 年）	变量及其测量	时间（年）	
		2003	2018
暴力的减缓	和平持续的时间	持续	
	新危机、军事化的争端或战争（次）	4	487
	平民伤亡的数目（人）	13	883

续表

马里 （2003 年~2018 年）	变量及其测量	时间（年）	
		2003	2018
冲突的遏制	根据地理坐标确定暴力行为的地点（个）	3	271
	活跃的参战者或参与方的数目（个）	3	26
	邻国的卷入情况	无直接参与	布基尼亚法索政府军；几内亚政府军
	主要大国或区域性大国卷入情况	无直接参与	法国
冲突的调解	签署和平协定和条约	无	
	内战国家的重新统一	统一	
人道主义状况的改善	流离失所人数（人）	4193	180 630
	婴儿死亡率（每千人）	103.3	65.8
	受到种族灭绝公约规定的侵害人员的数量（人）	无	有

资料来源：笔者自制。

评估国家能力建设的变量数据来源如下："相对政治能力"变量数据来源于跨界研究合伙组织（Transresearch Consortium）的数据库，[1]该数据库采用五个不同的模型来计算各国的相对政治能力，其中模型 1（rpe_ agri）是专门针对发展中国家的计算模型，所以，本书关于相对政治能力的数据取自该模型；"自然资源收入占国内生产总值的比例"取自世界发展指数；"军费占中央政府支出的比例"取自斯德哥尔摩国际和平研究所（SIPRI）的各国军费开支数据库；[2]"每万人武装力量人数"变量数值根据世界发展指数中提供的国家人口、武装人员数量两项数据计算得出；"官僚质量变量"数据来源于政

---

〔1〕 跨界研究合伙组织官网的相对政治能力数据库网站：http://transresearchconsortium.com/download-dataset，最后访问日期：2019 年 5 月 21 日。

〔2〕 斯德哥尔摩国际和平研究所的军费支出数据库网站：https://sipri.org/databases/milex，最后访问日期：2019 年 5 月 21 日。

治风险信息集团（Political Risk Service Group，PRSG）制作的国家风险指南
（International Country Risk Guide，ICRG）数据库政治类 12 个变量之一的官僚
质量变量；[1]关于"半民主政体"和"政权寿命"变量的数据取自系统和平
中心（Center for Systemic Peace）的政体项目（the Polity Project）。[2]

　　同样，本书仅选取部分维和行动来评估联合国维和行动国家能力建设，
案例选取大致遵循如下原则：首先，该案例是一项综合型的维和行动，建设
和平即国家建设目标占有一定的比重；其次，当事方的国家建设目标尽量涉
及安全、司法、行政等多项部门，以便评估其国家能力在不同维度的建设结
果；最后，当事方的冲突情况尽量已经得到有效管控，以便排除暴力行为对
于国家能力建设的干扰。鉴于此，本书选取联合国布隆迪行动（2004 年~
2006 年）、联合国东帝汶特派团（2006 年~2012 年）、联合国利比里亚特派团
（2003 年~2018 年）、联合国海地特派团（2004 年~2017 年）四个案例。关
于评估时间范围的说明，不同于冲突管控的成效评估是在短时间范围内的操
作，国家能力建设成效评估应该在较长的时间范围内进行。不过，长时间段
的具体范围难以明确指明。本书认为，以最接近当前的时间和可获取的最新
近的数据时间为限即可，因此，四个案例的截止时间统一为 2016 年[3]，毕
竟我们是在当前的时间维度里对于历史事件进行评判。

　　关于联合国维和行动冲突管控的效力，具体评估结果如下：

表 5-10　联布行动国家能力建设效力评估结果

布隆迪 （2004 年~2006 年）	变量及其测量	时间（年）	
		2004	2016
汲取能力	相对政治能力	1.611	1.002
	自然资源收入占国内生产总值的比例	30.593%	17.021%
强制能力	军费占中央政府支出的比例	12.0%	10.0%
	每万人武装力量人数（人）	113	49

---

〔1〕　政治风险信息集团官网：https://www.prsgroup.com/，最后访问日期：2019 年 5 月 21 日。
〔2〕　系统和平中心的政体项目网站：http://www.systemicpeace.org/polityproject.html，最后访问
日期：2019 年 5 月 21 日。
〔3〕　"相对政治能力"变量的数据取自 2013 年。

布隆迪 （2004 年～2006 年）	变量及其测量	时间（年）	
		2004	2016
行政能力	官僚质量变量	0.0	0.1
制度能力	半民主政体	5	−1
	政权寿命	0	1

资料来源：笔者自制。

表 5-11 联东特派团国家能力建设效力评估结果

东帝汶 （2006 年～2012 年）	变量及其测量	时间（年）	
		2006	2016
汲取能力	相对政治能力	0.98	1.075
	自然资源收入占国内生产总值的比例	—	33.346%
强制能力	军费占中央政府支出的比例	6.3%	1.4%
	每万人武装力量人数（人）	10	10.5
行政能力	官僚质量变量	0.9	1.0
制度能力	半民主政体	7	8
	政权寿命	4	14

资料来源：笔者自制。

表 5-12 联利特派团国家能力建设效力评估结果

利比里亚 （2003 年～2018 年）	变量及其测量	时间（年）	
		2003	2016
汲取能力	相对政治能力	1.283	3.239
	自然资源收入占国内生产总值的比例	34.211%	23.696%
强制能力	军费占中央政府支出的比例	—	1.9%
	每万人武装力量人数（人）	48	4
行政能力	官僚质量变量	0.0	0.0

续表

利比里亚 (2003 年~2018 年)	变量及其测量	时间（年）	
		2003	2016
制度能力	半民主政体	1	6
	政权寿命	0	10

资料来源：笔者自制。

表 5-13　联海特派团国家能力建设效力评估结果

海地 (2004 年~2017 年)	变量及其测量	时间（年）	
		2004	2016
汲取能力	相对政治能力	0.398	0.519
	自然资源收入占国内生产总值的比例	0.708%	1.293%
强制能力	军费占中央政府支出的比例	0.0%	0.0%
	每万人武装力量人数（人）	0.0	0.2
行政能力	官僚质量变量	0.0	0.0
制度能力	半民主政体	0	5
	政权寿命	0	0

资料来源：笔者自制。

综合上述评价结果，大致可以得出如下结论。为避免案例选择的代表性不够、案例数量不够等问题而导致评价结果出现较大的偏差，本书会结合一些既有文献进一步佐证评价结果。

联合国维和行动对于冲突管控和国家能力建设都具有一定的效力，但其冲突管控效力要明显好于当事方国家能力建设的效力。在冲突管控方面，维和行动在很大程度上可以减缓暴力，遏制冲突的范围，并为冲突各方间的和解创造有利条件。这一结论与多数关于维和行动成效的研究相一致。[1]维和

---

[1]　具有代表性的研究：Kyle Beardsley, "Peacekeeping and the Contagion of Armed Conflict", *The Journal of Politics*, Vol. 73, No. 4, 2011, pp. 1051-1064; Virginia Page Fortna, "Does Peacekeeping Keep Peace? International Intervention and the Duration of Peace after Civil War", *International Studies Quarterly*,

行动可以有效减缓和避免人道主义灾难。[1]暴力和冲突的减缓自然会有助于人道主义境遇和人权状况的改善，特别是对于减少流失所人数有显著的作用。不过，暴力和冲突的减缓只是人道主义和人权改善的前提，仅能有助于免于恐惧和保护生存权等一些基本境遇和人权的改观，更进一步的人权发展则依赖于国家能力和经济社会的发展。通过评价的过程也可以简要总结联合国维和行动冲突管控具备效力的一些条件，如已签署和平协议、有和平可以维护、无邻国或大国的介入等。这些条件既可以是冲突管控具有效力的前提，也可以是结果。马里维和案例的评价结果与结论明显相左，主要是因为马里维和过程中同时要应对恐怖主义组织和极端组织行动，甚至出现维和部队参与作战的情况，导致了其维和行动更为复杂，对于维和行动提出了新的挑战。这也从反面论证了，维和行动作为一项政治手段，不应过于强调对于军事手段的运用。在国家能力建设方面，联合国维和行动中的建设和平任务对国家能力的建设整体表现得不尽如人意，仅发挥了甚微的效力。[2]维和行动的国家建设任务在短、中期内都没有显示出明显的改善，某些国家的某项能力甚至出现了倒退的趋势。而且也很难得出建设和平任务对于国家能力中的汲取能力、强制能力、行政能力和制度能力中的哪项更具影响力的结论。但是，并不能排

（接上页）Vol. 48, No. 2, 2004, pp. 269-292; Lisa Hultman, Jacob Kathman, Megan Shannon, "Beyond Keeping Peace: United Nations Effectiveness in the midst of Fighting", *American Political Science Review*, Vol. 108, No. 4, 2014, pp. 737-753; Barbara F. Walter, *Committing to Peace: The Successful Settlement of Civil Wars*, Princeton University Press, 2002; Michael W. Doyle, Nicholas Sambanis, *Making War and Building Peace: United Nations Peace Operations*, Princeton University Press, 2006; Caroline Hartzell, Matthew Hoddie, Donald Rothchild, "Stabilizing the Peace after Civil War: An Investigation of Some Key Variables", *International Organization*, Vol. 55, No. 1, 2001, pp. 183-208; Michael J. Gilligan, Ernest J. Sergenti, "Do UN Interventions Cause Peace? Using Matching to Improve Causal Inference", *Quarterly Journal of Political Science*, Vol. 3, No. 2, 2008, pp. 89-122.

〔1〕 能够佐证这一观点的代表性研究：Erik Melander, "Selected to Go Where Murderers Lurk? The Preventive Effect of Peacekeeping on Mass Killing of Civilians", *Conflict Management and Peace Science*, Vol. 26, No. 4, 2009, pp. 389-406; Lisa Hultman, Jacob Kathman, Megan Shannon, "United Nations Peacekeeping and Civilian Protection in Civil War", *American Journal of Political Science*, Vol. 57, No. 4, 2013, pp. 875-891.

〔2〕 佐证这一结论的代表性研究：David Chandler, *The Peacebuilding: Twenty Years'Crisis, 1997-2017*, Palgrave Macmillan, 2017; Sarah Hearn, "Peacebuilding and Institution-building", Thematic paper submitted to the Advisory Group of Experts 2015 Review of the United Nations Peacebuilding Architecture, February 2015.

除建设和平任务会在更长期时间范围内发挥明显效力的可能性。[1]同时也不应忽视与否定建设和平对于冲突后社会实现平稳过渡、社会秩序的暂时恢复等方面发挥的效力。

综合维和行动的"效率"和"效力"两个层面的评价,大致可以得出联合国维和行动具备一定的成效的结论,主要表现为在多数时期内,联合国都有一定的资源保障维和行动的部署与实施,同时联合国维和行动也具备一定的效力,并且其冲突管控的效力明显好于其国家能力建设的效力。不过,联合国维和行动的供给效率仍有待提升,关于维和人员、维和资金、维和行动的时效三个方面的现实表现都与对其的期许之间存在着一定的差距。供给效率的不足会严重抑制维和行动发挥更大的效力,尤其是冲突管控的效力。但国家能力建设的效力提升还应包含更为复杂的因素,这将在下一节中继续讨论。对于联合国维和行动成效评估的结果表明,应继续维护并强化维和行动的核心职能,发挥核心职能的相应资源的供给应有所保障,甚至应是维和资源投入的优先选项。而维和行动的建设和平、保持和平等非传统职能的内容需进一步合理规划,对于不妥之处应及时做好调整。

第三节　维和行动的成效提升

一、维和行动的效率提升

维和行动是国际社会参与最为广泛的国际公共产品。尽管联合国大部分会员国和系统内的多数机构都参与其中,但是仍然存在供给赤字问题。一方面表现为维和行动供给的整体规模还不够;另一方面,维和行动的资源利用效率低下,配给不合理,甚至存在资源的浪费。任何公共产品的生产过程都存在不同程度的集体行动困境。在集体行动中,个人的理性会导致集体的非理性,个体间的合作动力不足,选择"搭便车"更为有利可图。根据奥尔森的经典假设,集体行动的难易程度取决于集体中行为体的数量和同质性。参与集体行动的行为体数量越多,越容易鼓励"搭便车"现象;行为体间的收

---

〔1〕　See Hideaki Shinoda, "Peace-buidling and State-building from the Perspective of the Historical Development of International Society", *International Relations of the Asia-Pacific*, Vol. 18, No. 1, 2018, pp. 25-43.

入、偏好等差异性越大，"搭便车"行为越容易发生。[1]供给国际公共产品的集体行动中，通常是实力资源相对较弱的国家搭乘大国的"便车"。但在有些情况下，同时也会存在霸权垄断供给、多元行为体竞争供给权、大国默认甚至鼓励"搭便车"等现象。[2]因此，仅从"搭便车"的角度还不足以解释维和行动供给的效率低下问题。供给维和行动的集体行动中确实也面临着集体行动的困境，存在着因为"搭便车"现象而影响维和人员的供给规模的问题。[3]联合国维和经费筹措根据各会员国的经济实力大小履行摊派制度，具有一定的正义性，但实际上这从制度设计上默认了小国对于大国的"搭便车"行为。在维和行动的人员供给方面，由于大部分维和人员由发展中的小国来提供，因此与维和经费摊派不同，大国往往在搭小国的"便车"。

维和行动中独特的"搭便车"现象在一定程度上导致了维和行动供给效率低下，或是不稳定。其中，大国的贡献水平是极为重要的自变量。斯科特·巴雷特（Scott Barrett）从供给端角度将全球公共产品的供给方式分为五种类型，其中的"单一最大努力型"，指的供给规模取决于某个单一或几个国家联合提供水平；"联合努力型"，指总体供给规模取决于国际集体努力的水平。[4]本书认为维和行动的供给模式是单一最大努力型与联合努力型相结合的模式。也就是说，为实现一定的目标供给水平，既需要集体会员的共同努力，也需要个别大国发挥引领作用。集体的努力对于供给的数量水平有一定的保证，而大国的努力则是供给质量的保证。一方面，大国的经费摊派比例较大，其拖欠行为会严重影响维和经费的运转水平；另一方面，大国提供的维和人员素质和设备配给水平都明显优于小国，这是影响行动质量的关键因

---

〔1〕 参见［美］曼瑟尔·奥尔森著，陈郁等译：《集体行动的逻辑》，上海三联书店、上海人民出版社 1995 年版；Wolfgang Buchholz, Richard Cornes, Wolfgang Peters, "On the Frequency of Interior Cournot-Nash Equilibria in a Public Good Economy", *Journal of Public Economic Theory*, Vol. 8, No. 3, 2006, pp. 401-408.

〔2〕 参见张春：《国际公共产品的供应竞争及其出路——亚太地区二元格局与中美新型大国关系建构》，载《当代亚太》2014 年第 6 期；张春：《中非合作论坛与中国特色国际公共产品供应探索》，载《外交评论（外交学院学报）》2019 年第 3 期。

〔3〕 See Timothy JA Passmore, Megan Shannon, Andrew F. Hart, "Rallying the Troops: Collective Action and Self-interest in UN Peacekeeping Contributions", *Journal of Peace Research*, Vol. 55, No. 3, 2018, pp. 366-379.

〔4〕 See Scott Barrett, *Why Cooperate? The Incentive to Supply Global Public Goods*, Oxford University Press, 2007.

素。此外，大国的供给意愿有更为显著的示范效应，更容易影响其他国家的供给意愿。其实，出于一些互利的因素，小国也会默认大国在维和人员供给方面搭小国的"便车"。即便如此，这种近似分工的模式仍不利于维和行动人员供给的整体水平，除非大国能为小国的维和人员提供必要的培训、保证其业务素质，并为其配备优质的装备。显然，这一目标远未实现。

除了"搭便车"因素外，维和机制间的竞合关系也是决定维和行动供给效率的重要变量。"全球公共产品在供给端则充满竞争性与不确定性。"[1]在联合国框架之外也存在着多项国际维和行动机制，各机制间的关系已无法仅用简单的竞争关系来描述，如第四章中的论述，各机制间还具有相互合作的代理关系。不过，不同维和机制间的复杂关系确实带来了供给的不确定性。关键的一点在于，多项不同机制共存，或是创建新机制的成本较低的情况，会明显地稀释有限的维和资源，特别是造成联合国框架下的维和资源和权威流散较为明显。但联合国并没有排斥其他维和机制，因为其他机制往往更有意愿和行动力，而且联合国有时也存在供给缺位的情况。问题则在于如何协调联合国与非联合国维和机制间的关系，既能保证对于冲突安全问题的管控和治理不缺位，又能保证各项行动发挥其最大效用。根据现有情况，还是应在联合国为主导的前提下，进一步发挥各项机制间的比较优势，明确好代理分工内容。

供给国际公共产品的集体行动困境并非不能克服，至少可以采取一定的措施和手段予以缓解。通常会采用一些激励手段、惩罚手段、征收课税、创设监督机制等手段。这些手段的目的"实际上都是在将产品的公共性降低或者将公共产品与私人产品进行捆绑，从而使得公共产品在有效水平上得以提供"[2]。激励因素目前是较为有效的克服集体行动困境的手段。鉴于维和行动公益与私利相结合的联合公共安全产品属性，有研究表明，一些有利于供给方的如贸易、投资等方面的经济利益确实可以减缓"搭便车"行为。[3]这些贸易、投资，还有安全、海外侨民保护、联盟义务等都可以被归纳为硬性

---

[1]　曹德军：《论全球公共产品的中国供给模式》，载《战略决策研究》2019年第3期。

[2]　庞珣：《国际公共产品中集体行动困境的克服》，载《世界经济与政治》2012年第7期。

[3]　See Timothy JA Passmore, Megan Shannon, Andrew F Hart, "Rallying the Troops: Collective Action and Self-interest in UN Peacekeeping Contributions", *Journal of Peace Research*, Vol. 55, No. 3, 2018, pp. 366-379.

的激励因素（hard incentives）。除此之外，激励因素还包括权力、威望、自尊、社会存在感等一系列软性因素（soft incentives）。不过激励因素有很大的不确定性，要通过集体行动中的互动才能有效识别出供给方的利益诉求，而在互动过程中激励因素是发展变化的，最终激励供给方的是硬性与软性相结合的综合因素，甚至供给方自身也很难做出理性的判断和权衡。联合国可以创造一些软性的激励因素，例如通过宣传褒奖积极的贡献方，以塑造其负责任、讲道义的国际形象。从物质层面来看，维和人员的补偿款一向被认为是激励发展中会员国供给维和人员的重要因素，但反而会造成发达会员国的供给惰性。那么，联合国应该适当考虑实行差异化的补偿机制。可以将整体的补偿款拆分成各分项，并配以一定的补偿标准，根据各国维和派遣人员所达到的标准项来予以补偿。这一方面完善了补偿机制的公正性，同时也能激励发达会员国做出更多的贡献。

另外，应该进一步完善和优化联合国维和行动供给的分工和代理机制。就分工机制而言，联合国会员国之间的既有分工形式并不会轻易得到扭转。需要指明的是，目前联合国发达会员国与发展中会员国间的分工并非完全是基于比较优势的结果。发展中会员国的维和人员仅在人力成本方面更具优势，而在业务素质方面明显落后于发达会员国的维和人员。发达国家维和人员派出成本高、对于伤亡的过度顾忌是发达国家减少人员派遣的重要因素。并且，既有的分工模式并没有遭到发展中国家的反对。有研究指出，发达国家对于发展中国家的援助是激励发展中国家积极供给维和人员的主要激励因素。[1]如果这项研究成立的话，那么显然发达会员国与发展中会员国间默认了一种契约关系，双方认为这种分工是互惠的。即便如此，发达会员国依赖发展中会员国保障维和人员数量时，还有责任保障维和人员的质量。发达会员国仍应确保其部分援助有助于提升维和人员的素质和技能。就代理机制而言，联合国应该在其伙伴关系网络中建立更为多元化的代理模式。这种代理模式实质上是联合国与其系统内专业机构、非联合国维和机制，以及其他国际、地区组织之间更为明确的分工体系。各伙伴间应凭借各自的比较优势，各取所

---

〔1〕 See Andrew Boutton, Vito D'Orazio, "Buying Blue Helmets: Western Aid and the Construction of UN Peacekeeping Missions", *Working paper*, http://www.vitodorazio.com/uploads/1/3/0/2/13026085/bouttondorazioisa2017.pdf, last access on September 6, 2019.

长，承接维和行动中的各项专业任务。这就意味着联合国要为自身做减法，仅发挥自身的政治和协调能力方面的优势。

这同时也意味着联合国维和行动面临更为复杂的集体行动。集体行动中的行为体不仅是会员国，还包括其他国际机构、地区组织、非政府机构等行为体。这一方面意味着集体行动要面临更为复杂的异质性。另一方面，集体行动还面临更深的层次性。这对集体成员的组合提出了更高的要求。为减轻异质性导致的集体行动困境问题，集体会员应保持适度的规模，这在理论上与联合国鼓励伙伴的广泛参与是相悖的。联合国应该利用私有利益之间的互补性来组合集体会员。此外，联合国还可以从融资创新的角度来丰富维和资金储备。联合国维和经费目前仍是以摊款和和平基金为主，在此基础上可以考虑加入一些金融化的融资工具。

二、维和行动的效力提升

从现实情况来看，国际公共产品并不一定能直接转化为替代国内公共产品。国际公共安全产品的本质作用应该体现为其塑造冲突当事方自身供给国内公共产品的能力。国内暴力冲突爆发或复发的原因在于冲突当事方内部长期的公共产品（政治和社会经济物品）供给不均或不足导致了部分民众的"怨恨"，破坏了统治合法性，从而为冲突打开了机会窗口。当冲突发起方对于使用暴力获取的收益大于成本的预期和计算时，暴力冲突就发生了。所以，改善冲突当事方的公共产品供给能力和供给制度成为解决冲突的根源所在。从上述的评估中可以得出结论，联合国维和行动作为一项重要的国际公共安全产品，对于当事方的冲突管控具有一定的效力。也就是说，对于当事方来讲，联合国维和行动可以提供临时性的安全、政治秩序保障，扮演临时公共部门的角色，具有一种补充性的作用。那么，问题则在于联合国维和行动如何有效地塑造当事方自身长久供给国内公共产品的能力？对于联合国来讲，这就要求其从外部干预者转化为当事方国家能力建设的内部参与者，联合国提供的公共产品对于当事方的国家能力应具有内生性的生成能力。联合国不应只是过渡性"建设和平"进程的外部专家和管理者，而应成为国内支持和促进进程的一部分。而联合国的工作目标并非先验的、预先设定的，而应强调和平的可持续性和地方合法性。

　　首先，联合国应了解一个国家政府有效供给国内公共产品的先决条件是什么。不同于国际公共产品供给的无政府状态，国内公共产品供给主要由代表公共利益、享有公共权力的政府来承担。财政收入，也就是汲取能力，是政府供给公共产品的根本保障。公共产品的质量水平受到财政收入的约束。因此，一国的经济基础水平是影响一个国家公共产品的供给水平的关键因素，当然还包括一国政府的宏观调控和政策制定的水平。但经济基础水平只是充分条件，在一定的经济基础条件下，足够集权和强有力的国家政府则是保障汲取能力的必要条件。如果没有对于合法暴力的垄断及其必要的集权程度，国家就不能够成为法律秩序的实施者，更不要说提供公共服务、管理或监督经济活动。[1]同时，高效地提供公共产品的能力还取决于该国政体与其社会经济发展水平是否相适应。与经济发展水平相适应的政治体制有利于经济的良性发展。从而可以得出，一个国家政府有效地提供公共产品的先决条件是集权政府、一定的经济发展水平和与其相适应的政治体制。其中集权是必要条件，经济发展和合适的政体则是充分条件。

　　在现实中，上述三个条件往往难以同时兼备。尤其是对于冲突后的国家来讲，这些国家几乎不能同时具备这三个条件，而且时常出现三者难以兼容的情况。通常一些冲突后国家具备一定的政府集权，像索马里完全无政府的情况只是极端案例，可是这些集权政府多数都兼具汲取性的经济制度。在汲取性的制度下，统治者或当权者通过政治或经济手段汲取民众的经济利益。汲取制度虽然也能取得一定的经济增长，但长期来看多会导致经济停滞。并且汲取制度是为了满足当权者及其利益集团的利益，仅提供十分有限和低质量的公共产品。另一种情况下，当国家在冲突后的转型阶段，政府在未实现集权的情况下便采取了开放包容性的政治经济制度。这是多数冲突后国家建设采取的方案。在这种情况下，通常战后经济也并未能得以复苏，同时权力涣散的中央政府难以提供基础性的公共服务，而且冲突各派也处于一种消极的权力平衡状态，国家仍未实现整合。那么，政府集权、经济发展和合适的政体三者之间只能是一种闭环现象吗？实现三者间的良性互动，究竟是一种线性的发展关系，还是同步共生的关系？这是国际社会干预冲突后国家能力

---

　　[1]　参见［美］德隆·阿西莫格鲁、詹姆斯·A.罗宾逊著，李增刚译：《国家为什么会失败》，湖南科学技术出版社2015年版，第56页。

建设过程中必须厘清的问题。

联合国目前的干预采取的是后者的逻辑，认为国家的各方面能力是个同步共生的发展过程。这个逻辑的背后有着自由和平（liberal peace）思想的支撑。[1] 以自由和平思想为指导的建设和平行动认为，依循民主、自由、分权制衡、法治等自由主义原则便能实现"积极和平"。自由和平思想在建设和平行动中的主导地位成型于冷战格局结束，[2] 是"历史的终结"和"民主和评论"的乐观论调的具体实践。而其具体操作则是对冲突后国家的行政、立法、司法和经济等部门进行自由化改革和重建，以及对市民社会的组织培养。基于自由和平的建设和平行动是典型的"一刀切"（one fits all）模式，先验地存在一个强烈的思想倾向，相信"所有的好事一起来"，民主化能够促进自由市场、自由贸易以及和平的对外政策。[3] 这种西式"自由民主"在一些国家推行后鲜有实现预期目标的，有时反而撕裂了族群和社会，其制度设计被看作是一种"争斗之邀请"，所造成的结果是互相争斗，或是"选举着互斗"。[4] 对一些国家来讲，市场化改革非但没有促进民主，反而强化了威权主义、裙带主义和社团主义。[5] 此外，自由市场化改革引发的新自由主义经济不利于社会的整体福利，反而加剧社会贫富分化，造成社会的进一步分裂。[6] 不仅如此，由于国际社会的建设和平行动会在冲突后塑造新的权力结构，在这一过程中注定要损害或忽视部分群体的利益，往往会遭到一定的来自地方

〔1〕　See Roland Paris, *At War's End：Building Peace after Civil Conflict*, Cambridge University Press, 2004; Oliver P. Richmond, "UN Peace Operations and the Dilemmas of the Peacebuilding Consensus", *International Peacekeeping*, Vol. 11, No. 1, 2004, pp. 83-101; Madhav Joshi, Sung Yong Lee, Roger Mac Ginty, "Just How Liberal is the Liberal Peace?" *International Peacekeeping*, Vol. 21, No. 3, 2014, pp. 364-389.

〔2〕　参见李因才：《超越自由主义：建设和平的多元论争》，载《国际政治研究》2019 年第 1 期。

〔3〕　参见任晓：《论国际共生的价值基础——对外关系思想和制度研究之三》，载《世界经济与政治》2016 年第 4 期。

〔4〕　Cecil Van Meter Crabb, Pat M. Holt, *Invitation to Struggle：Congress, the President and Foreign Policy*, CQ Press, 1981; Jack Snyder, *From Voting to Violence：Democratization and Nationalist Conflict*, Norton, 2000; Edward D. Mansfield, Jack Snyder, *Electing to Fight：Why Emerging Democracies Go to War*, Cambridge, MIT Press, 2005.

〔5〕　See Stephen J. King, *Liberalization Against Democracy：The Local Politics of Economic Reform in Tunisia*, Indiana University Press, 2003.

〔6〕　See Michael Pugh, "Toward Life Welfare", in Edward Newman, Roland Paris, Oliver P. Richmond eds., *New Perspectives on Liberal Peacebuilding*, United Nations University Press, 2009.

的阻力。[1]

实际上，联合国维和建和行动的问题并不在于将自由、民主作为善治的目标，也并非民主制度与多民族发展中国家不相兼容，而是在于这些目标实现的路径。联合国应该改变简单叠加结构性因素这种机械式、标准化的行动模式，而应该将行动的自主权交由当事方，由当事方在政治进程中自行发展出符合其自身情况的政治制度和发展路径。联合国应尊重其发展路径，并对其机构建设给予政治和技术支持。在这一过程中，联合国行动的首要目标还是应该回归维和行动的核心任务，即确保冲突当事方重新恢复和平稳定的局势。在有和平可以维系的基础上，联合国及国际社会应该进一步确保冲突后的当局政府能集中权力，巩固新生的国家政权，同时联合国应该集中援助新生国家的公共经济领域，联合国还应利用教育手段协助新生国家认同的建构。

冲突后的政府集权工作主要集中在赋权和恢复职能两个方面。赋权是指确保政府具有代表性，并得到民众的支持与信任。赋权的过程通常通过组织选举来实现，那么这又回到了在高度多元异质的社会中如何推进民主的问题。联合国应该在选举援助的过程中避免同时进行过多的自由化改革，主要是促使新成立的政府避免过多地受到来自政府部门之间、民间机构和团体的制约和资源流散。联合国应该在建立民众之间、民众与政府之间的互信与信心方面做更多的工作。冲突后的民众通常要面临选择立场的问题。以阿富汗为例，那里的民众需要计算与塔利班还是政府和北约站在一边的风险，或者两者都不站的风险。而这一决策计算过程往往受到集体行动的影响，个人的决定会受到邻居或是所在社区、族群成员的决策影响。联合国及国际社会一方面应该努力争取重要人物或意见领袖对于政府的支持，同时借助他们来凝聚民众的意见。另一方面，联合国应避免对于政府的负面宣传，而应努力塑造政府的正面形象。同时，联合国的宣传活动也可以成为确保负责任政府的工具。联合国制裁手段则是制约政府行为的另一个重要工具。这两个工具可以在当事方民主制度不完善的情况下，对于新成立的政府和领导人起到一定的约束作用。

其次，联合国应该将更多的资源集中于政府职能的恢复工作。实践中的

---

〔1〕 See Patrick Tom, *Liberal Peace and Post-Conflict Peacebuilding in Africa*, Palgrave Macmillan, 2017, p. 93.

经验表明，只有当政府机构存在一定的韧性（resilience）并能有效运作时，脆弱性和冲突才能得到克服。[1]加强政府职能还是《2030 年可持续发展议程》目标 16 的核心任务，其目的是使政府的核心职能成为促进公正、和平与包容社会的一项基本战略。[2]根据联合国开发计划署的指导，政府核心组织管理、安全部门改革、公务员制度改革、公共财务管理、地方治理、救助职能是需要强化的六个核心领域。[3]在这六个领域中最根本的是要解决好财政与人员组织之间的关系问题。在冲突后的初期阶段，政府有限的财政水平应首先用于一定的公职人员录用工作，公职人员是政府职能得以运行的基本保障。政府一方面要招收具有专业素养的人才，另一方面还要吸纳之前的反对派人士。这不仅是为整合战时分裂的社会，而且在社会经济尚未恢复之前，政府公职人员录用和一系列公共项目可以为青年、前战斗人员、难民和其他求职者提供临时工作机会，可以同时满足创造就业机会和对于基础设施、服务的迫切需要。这也是为什么联合国及国际社会不应鼓励当事方进行过于激进的市场化改革，而应首先将资源投入财政和公共服务领域。联合国还应进一步帮助新组建的政府抵御来自外部的安全和金融风险。在体制改革的初期阶段，来自外部的安全威胁或金融冲击极易阻断冲突后的恢复进程。从这一点也说明，联合国不宜过早地指导冲突后国家的金融、市场等领域的自由化改革。

再其次，联合国应通过援助手段积极促进冲突后社会公共经济的恢复。自由主义的维和建和行动过于集中于制度建设而对经济和社会发展关注不足，[4]无助于消除冲突的根源。而且联合国既有的援助项目多以市场化改革为前提，鼓励私有经济和小型私有企业，一定程度上确实会解决一定的就业问题。但是过早地培育市场的力量会造成政府权力的过度分散，并且这些企业多不关心基础设施和公共服务建设，这并不是适合于冲突后社会的发展路径。鉴于

---

[1] See United Nations Development Program, *Guidance Note: Supporting Civil Service Restoration and Reform in Fragile and Conflict-Affected Settings*, March 14, 2018, p. v.

[2] See Jairo Acuña-Alfaro, "The Critical Role of Government: Core Government Functionality in Fragile, Low-Income and Conflict Affected Settings", https://www.undp.org/content/undp/en/home/blog/2018/the-critical-role-of-government.html, last access on August 28, 2019.

[3] See United Nations Development Program, *Guidance Note: Supporting Civil Service Restoration and Reform in Fragile and Conflict-Affected Settings*, March 14, 2018, p. v.

[4] 参见何银：《发展和平：联合国维和建和中的中国方案》，载《国际政治研究》2017 年第 4期。

此，联合国应明确好冲突后社会经济恢复工作的一些基本原则。其一，联合国维和建和的经济援助工作应该以短期任务为主，一方面，基于短期目标的实现才能进一步实现长期目标；另一方面，联合国维和建和行动应有明确的退出机制，长期的发展援助任务并不适宜由维和建和行动来承担。其二，联合国维和建和的短期援助工作应以满足基本民生的公共服务领域为主，如公共交通、卫生、通信、金融、学校等公共基础设施，还有一些基本的技能培训等。其三，联合国维和建和的援助项目应以冲突影响最为严重的群体为优先服务目标，并注重冲突后的社会融合问题。其四，联合国维和建和行动的发展援助应借助伙伴关系网络。其中，早期恢复工作小组（The Cluster of Working Group on Early Recovery，CWGER）是重要的伙伴网络。小组由 30 个来自人道主义和发展领域的联合国和非联合国全球伙伴组成，联合国开发计划署被指定为小组组长。维和建和行动在伙伴的合作中，既要明确好分工，也要做好任务的衔接，以便发展人道组织机构承接更为长期的援助工作。

最后，联合国还应该通过和平教育、公民教育等手段积极推动当事方国家认同的建构过程。"国家认同就是人们对其存在其中的国家的认可与服从，其反映的是人与国家的基本关系。"[1]国家认同是国家合法性的重要基础。"国家认同不仅是现代国家生存与发展的需求，它同时也是生活于现代国家中的每个公民的需求。"[2]国家认同的建构是个双向的过程，既有赖于国家对民众的认同建构，又依赖于个人建构自己的国家认同。这就决定了国家建设与国家认同的建构通常是一个正向的互动关系。当国家有能力提供公共产品时会赢得民众支持，当民众支持政府时，社会将实现稳定，稳定有利于经济发展，国家提供公共产品的能力将进一步提升。当然，人们的认同来源不仅是物质利益，还包括一定的价值取向和情感。除了在制度、机构等物质利益层面外，联合国还应在"情感""价值"方面发挥作用。应首先明确，国家认同的建构是内部的生成过程，无法通过外部力量强加。但是联合国仍可以发挥一定的协助性、诱导性的工作，教育可以是主要手段。例如，提供和平、公民教育以营造和平和现代公民意识文化。"公民对政权、制度与国家的认同，在很大程度上取决于建构与政体性质相适应的公民教育体系与国家意识

---

[1]　林尚立：《现代国家认同建构的政治逻辑》，载《中国社会科学》2013 年第 8 期。
[2]　林尚立：《现代国家认同建构的政治逻辑》，载《中国社会科学》2013 年第 8 期。

形态。"〔1〕联合国，尤其是教科文组织的一些和平教育项目，可以将战乱所产生的共同伤痛记忆塑造为民众的集体身份认同，以超越之前以族群、社区为单位的差异认同，这些伤痛记忆不仅是凝聚国家意识和进行和平教育的重要素材，也可以转化为国家振兴的重要精神动力。而公民教育的意义在于强调有别于传统社会中个体成员的利益通过帝王贵族、酋长等赋予的方式，在现代公民国家中，个体的利益与权利通过民主政治来实现，个体与国家是紧密联系的，国家不再外在于己。总之，联合国教育的目的是帮助冲突后的社会重新塑造一种集体的身份和全新的价值取向，对于引导人们的国家认同和协调整个社会的观念与行动具有十分重要的作用。

---

〔1〕　林尚立：《现代国家认同建构的政治逻辑》，载《中国社会科学》2013 年第 8 期。

联刚特派团与联刚稳定团的比较研究

第一节　刚果（金）国内冲突回顾

刚果（金）[1]具有悠久的历史文明。公元 1 世纪班图人到此定居，13 世纪建立库巴王朝，14 世纪下半叶刚果王国兴起，15 世纪开始遭到葡萄牙殖民者的入侵，19 世纪后期，沦为比利时的殖民地，1960 年重新获得独立。但是独立后的刚果（金）并未走上国家建设的正常道路，反之频繁地陷入国内、跨国族群冲突，国内人道危机严重，国家发展严重受阻。

刚果（金）在独立之初即陷入危机，危机于 1960 年爆发，持续 5 年之久，此次危机以反对比利时宗主国的军事控制为由，诱发了一系列的党派斗争和族群冲突，并且兼具代理人战争的性质。20 世纪 50 年代发展起来的一场非洲民族主义运动，激发了刚果人民的民族意识，比利时迫于压力放弃了对于刚果（金）的殖民统治。刚果（金）1960 年 6 月 30 日独立，由帕特里斯·卢蒙巴（Patrice Lumumba）领导的刚果民族运动党（MNC）赢得了议会选举，卢蒙巴被任命为总理，议会选举刚果人同盟（ABAKO）的约瑟夫·卡萨武布（Joseph Kasa-Vubu）为总统。然而，刚果（金）在民族主义运动期间党派和团体林立，这些党派和团体在种族和地理上有广泛的分歧，彼此对立，[2]这便为独立后的权力斗争埋下了伏笔。刚果（金）独立之初的军队、行政机构和经

---

[1]　1966 年刚果民主共和国首都改名金沙萨，国名简称"刚果（金）"，此处为行文方便，除特殊情况统一称作"刚果（金）"。

[2]　See Bill Freund, *The Making of Contemporary Africa: The Development of African Society since 1800* (*2nd ed.*), Palgrave-Macmillan, 1998, p. 199.

济管理部门仍由比利时人掌控，比利时政府希望白人能够无限期地保持他们的地位，[1]这引起了刚果（金）人民的不满。1960 年 7 月 6 日，刚果（金）士兵哗变，要求驱逐比利时军官，当即发生了流血事件，造成了包括欧洲移民在内的伤亡，引起了西方国家的关注。7 月 8 日，比利时政府悍然出动伞兵部队镇压刚果（金）军队，并支持和怂恿冲伯（Moïse Tshombe）集团在刚果（金）南部加丹加省宣布独立，成立了"加丹加共和国"，策动卡隆古成立了"开赛矿业国"，从而又引发了刚果（金）的国内冲突。刚果（金）总统卡萨武布和总理卢蒙巴向美国发出呼吁，请求帮助。艾森豪威尔政府认为，只有以联合国的名义出兵，才可能防止苏联的直接卷入。7 月 14 日，联合国安理会关于向刚果（金）派遣联合国维和部队的决议得到了美苏两国的投票支持。1960 年 7 月至 1964 年 6 月执行了联合国刚果行动（ONUC）。

　　卢蒙巴起初还向艾森豪威尔领导的美国政府寻求军事援助，但遭到了拒绝，随即又向苏联寻求援助获得了成功，苏联同意为其提供武器、后勤和物资支持，大约 1000 名苏联军事顾问很快抵达刚果（金）。苏联的支持不仅使刚果（金）政府产生了分裂，而且还引起了美国的担忧。[2]冲伯等人开始呼吁卡萨武布反对卢蒙巴的中央集权倾向，解决分裂问题。[3]与此同时，卢蒙巴的亲信蒙博托（Joseph-Désiré Mobutu）有效地控制了军队，开始扶植自己的支持者。[4]1961 年 1 月 17 日，卢蒙巴被加丹加部队处决。1964 年 7 月，冲伯被委任为临时总理，并且在 1965 年 3 月的选举中，其领导的刚果国民大会党（CONACO）赢得了绝大多数席位，但是党派中很大一部分成员变节组成了新的党派，造成了政治僵局。1965 年 11 月 25 日，在政府几近瘫痪的情况下，蒙博托通过一场不流血的政变夺取了政权。蒙博托一上台，发动政府武装进行了残酷镇压，分裂运动基本被扑灭，国内政局日趋稳定，然而，蒙博托的专制政权又诱发了第一次刚果战争（1996 年~1997 年）。

---

〔1〕　See Leo Zeilig, *Lumumba: Africa's Lost Leader*, Haus, 2008, p.102.

〔2〕　See Leo Zeilig, *Lumumba: Africa's Lost Leader*, Haus, 2008, p.116.

〔3〕　See Georges Nzongola-Ntalaja, *The Congo, From Leopold to Kabila: A People's History* (3rd ed.), Palgrave, 2007, pp.109-110.

〔4〕　See David Renton, David Seddon, Leo Zeilig, *The Congo: Plunder and Resistance*, Zed Books, 2007, p.113.

　　蒙博托的专制政权造成了扎伊尔[1]严重的内忧外患，为叛乱运动埋下了伏笔。蒙博托执掌下的扎伊尔，经济民生严重恶化，国家内部矛盾开始上升。据统计，从 1960 年独立到 1997 年蒙博托统治结束，扎伊尔的国内总产值下降了 65%。[2]冷战结束后，美国停止了对于蒙博托的支持，而开始支持一批新的非洲领导人。进入 20 世纪 90 年代，民主化浪潮开始席卷非洲大陆，蒙博托也被迫做出了民主改革的承诺，但改革甚微，引起了民众及国际社会的强烈不满。蒙博托的统治遇到了相当大的内部阻力，由于中央政府软弱，叛乱集团可以在扎伊尔东部各省寻求庇护，远离首都金沙萨。主要的反对派集团包括支持卢蒙巴的左翼分子，以及反对蒙博托统治的少数族群和地区少数族群。蒙博托政权最终被来自加丹加省的卢巴人洛朗·德西雷·卡比拉（Laurent-Désiré Kabila）推翻。

　　扎伊尔东部地区的族群矛盾是叛乱的直接导火索。扎伊尔东部地区族群结构复杂，还有一部分是跨界族群，其中较为典型的是图西族人。在刚果（金）独立之前移民来的图西族人通常被称为"班纳木伦人"（Banyamulenge），而在独立后的图西族移民则被称为"班亚旺达人"（Banyarwanda）。扎伊尔在 1981 年通过了一项限制性的公民法案，剥夺了"班纳木伦人"和"班亚旺达人"的公民身份及其所有政治权利。[3]虽然这项法律从未得到执行，但它极大地激怒了这些图西族人，并加剧了种族仇恨。[4]从 1993 年至 1996 年，Hunde、Nande 和 Nyanga 青年经常攻击 Banyamulenge，共造成 14 000 人死亡。[5]1995 年，扎伊尔议会命令卢旺达或布隆迪血统的所有少数族裔遣返其原籍国，包括"班纳木伦人"。由于政治排斥和种族暴力，早在 1991 年"班纳木伦人"就同卢旺达爱国阵线（RPF）建立了联系，爱国阵线主要是一个组织设在乌干达但渴望在卢旺达掌权的图西族反叛运动。在卢旺达大屠杀期间，有大量

---

　　〔1〕　蒙博托执政后于 1971 年将刚果民主共和国改名为扎伊尔，洛朗·德西雷·卡比拉于 1997 年又将之改为刚果（金）。

　　〔2〕　See Ch. Didier Gondola, *The History of Congo*, Greenwood Press, 2002, p. 6.

　　〔3〕　See René Lemarchand, *The Dynamics of Violence in Central Africa*, University of Pennsylvania, 2009, pp. 15–16.

　　〔4〕　See Severine Autesserre, "The Trouble With Congo: How Local Disputes Fuel Regional Conflict", *Foreign Affairs*, Vol. 87, No. 3, 2008, pp. 94–110.

　　〔5〕　See René Lemarchand, *The Dynamics of Violence in Central Africa*, University of Pennsylvania, 2009, pp. 13–14.

卢旺达人逃离，约有150万人定居在扎伊尔东部，[1]这些难民中既有逃离屠杀的图西族人，也有躲避卢旺达爱国阵线报复的胡图族人。这些胡图族人在扎伊尔东部建立了营地，从那里攻击新到的卢旺达图西族人以及当地的"班纳木伦人"和"班亚旺达人"。新到的武装分子还打算在卢旺达重新掌权，并开始对卢旺达新政权发动攻击，对这个新生国家构成了严重的安全威胁。蒙博托政府不但没有管控这些胡图族移民，实际上还支持他们，提供训练和补给，因此引发了蒙博托政府与卢旺达新政权之间的矛盾。与此同时，卢旺达政府也在暗中组织扎伊尔东部地区的图西族武装，在1996年8月31日爆发了"班纳木伦人"叛乱。叛乱很快得到了民众的支持，发展成了一场全国性的革命。[2]之后，"班纳木伦人"的反叛组织和其他叛军合流为由卡比拉领导的刚果民主力量解放联盟（AFDL），并得到了卢旺达和乌干达的大力支持，安哥拉、布隆迪、赞比亚、津巴布韦、埃塞俄比亚、南苏丹等国相继加入反蒙博托阵线，第一次刚果战争逐渐从国内冲突演变成了一场地区战争。政府军在强大的攻势下接连败退，蒙博托于1997年初叛逃，卡比拉于5月17日宣布自己为总统，重整国内秩序，并将扎伊尔重改为刚果（金）。

　　然而，卡比拉执政未能为国家带来和平，刚果（金）于1998年再次陷入战乱。这次主要发生在刚果（金）境内的战乱持续了近5年（1998年~2003年）之久，有9个非洲国家和近25个武装组织参与了这场战争，损失伤亡极为惨重，是第二次世界大战后最为惨烈的国际冲突，被称为"非洲的世界大战"。执政后的卡比拉面临着巩固政权的一系列挑战，一方面要继续平定安抚国内的反叛组织；另一方面，也是更为重要的一点，是如何应对国外的干预势力。卡比拉在邻国的支持下夺取了政权，执政后的卡比拉政府不仅因为巨额外债而受制于外国支持者，而且还有大量的外籍支持者继续留在刚果（金）干预政治事务，这些人引起了当地人的不满，卡比拉甚至被视为外国势力在本国的代理人，其执政合法性面临着很大的质疑。1998年7月14日，卡比拉解雇了卢旺达籍的总参谋长詹姆斯·卡巴雷贝（James Kabarebe），取而代之

　　〔1〕　See Filip Reyntjens, *The Great African War: Congo and Regional Geopolitics, 1996–2006*, Cambridge UP, 2009, p. 45.

　　〔2〕　See Osita Afoaku, "Congo's Rebels: Their Origins, Motivations, and Strategies", in John F. Clark ed., *The Africa Stakes of the Congo War*, Palgrave Macmillan, 2002, p. 121.

的是刚果（金）本国人塞莱斯廷·基夫瓦（Celestin Kifwa）。[1]两周后，卡比拉又命令所有卢旺达和乌干达的军队撤出刚果（金）。这一系列举动引起了邻国和当地"班纳木伦人"武装的警觉和不满，在卢旺达的支持下，"班纳木伦人"于1998年8月2日发起了针对卡比拉政府的武装叛乱，刚果（金）再次陷入战乱。2001年1月16日，卡比拉遭侍卫刺杀身亡，其子约瑟夫·卡比拉（Joseph Kabila）接任执政。进入2002年，战争形势明显朝向有利于刚果（金）政府的方向发展，在南非的指导下，冲突各方在4月至12月间举行了多场和谈，并最终签署了和平协议，第二次刚果战争告一段落。

2003年6月，根据交战各方达成的《全面包容性协议》（Global and All-Inclusive Agreement），刚果（金）成立了过渡政府。协议责成当事各方执行一项计划，以重新统一国家，解除交战各方的武装并使其一体化，并举行选举。由于存在许多问题，导致该国大部分地区继续不稳定，主要原因是前交战各方拒绝将权力交给一个中央集权和中立的国家行政当局。一些交战国保留了与过渡政府不同的行政和军事指挥和控制结构，此外，高层官员从公务员、士兵和基础设施项目中侵吞资金的腐败行为，进一步导致了不稳定。2006年7月，刚果（金）举行全国大选，约瑟夫·卡比拉当选总统，并在2011年选举中再次连任。其法定任期应于2016年12月结束，但由于种种原因，约瑟夫·卡比拉一再延期，大选最终推迟至2018年12月30日才举行。庆幸的是，此次大选成了刚果（金）独立后的首次和平的权力交接，反对党民主与社会进步联盟的领导人费利克斯·安托万·齐塞克迪·奇隆博（Felix Tshilombo Tshisekedi）当选为新一任总统。

然而，刚果（金）的国家建设过程任重而道远，由于族群认同超越国家认同，刚果（金）仍保持着"有社会而无国家"的状态。[2]每次全国大选都会引发不同程度的族群冲突，族群的分裂与冲突始终是割裂刚果（金）国家和社会、阻碍国家发展的最根本原因。至今威胁较严重的族群冲突主要包括伊图里冲突（Ituri Conflict）和基伍冲突（Kivu Conflict）。伊图里冲突发生在东北部伊图里地区以农耕为主的伦杜族（Lendu）和以游牧为主的西莫族

---

〔1〕 See Filip Reyntjens, *The Great African War: Congo and Regional Geopolitics, 1996-2006*, Cambridge UP, 2009, p. 169.

〔2〕 参见刘鸿武：《论非洲国家治理问题的特殊性对中非关系的影响》，载《当代世界》2013年第7期。

（Hema）之间的一场重大冲突。两族之间早在 1972 年就开始交战，但第二次刚果战争使冲突加剧，一直持续到今天。两族之间的矛盾由来已久，主要集中在土地资源的使用与分配。1973 年的《土地使用法》激发了矛盾。《土地使用法》允许人们购买自己不居住的土地，如果两年内土地所有权无人异议，就会将所有居民赶出土地。一些富有的西莫人利用这条法律强迫伦杜人离开他们的土地，导致越来越多的怨恨。而第二次刚果战争期间，"乌干达人民国防军"（UPDF）入侵该地区，于 1999 年策动创立伊图里省，并任命西莫人为地方长官，彻底激怒了伦杜人，导致了布卢瓦大屠杀。尽管在欧盟和联合国维和部队的干预下，冲突有所管控，但仍未彻底解决。2017 年末，冲突又出现了激化的迹象。

基伍冲突始于 2004 年刚果（金）东部，冲突大致分为三个阶段，第一阶段是"刚果（金）武装部队"（FARDC）与"全国保卫人民大会"（CNDP）之间的对抗（2004 年~2009 年）。2006 年 7 月，恩孔达（Laurent Nkunda）参加大选失败后在东部地区建立了图西族反政府武装"全国保卫人民大会"，并于 2009 年加入卡比拉联合政府。第二阶段是"3 月 23 日运动"（March23 Movement，M23）（2012 年 4 月~2013 年 11 月）。2012 年，"全国保卫人民大会"前指挥官恩塔甘达（Bosco Ntaganda）与卡比拉政府产生分歧，建立"3 月 23 日运动"反政府武装。2013 年 2 月 24 日，11 个非洲国家领导人签署了和平协议，旨在为刚果（金）东部地区带来和平。由于内部存在分歧，M23 叛军没有派代表参加协议的谈判或签署。[1] 2013 年 3 月 28 日，联合国安理会通过 2098 号成立了一支"干预旅"，通过强制手段应对东部地区的武装冲突，M23 得到遏制。第三阶段，主要与"解放卢旺达力量"（FDLR）和"马伊—马伊民兵"（Mai-Mai Militias）之间的对抗（2015 年至今）。"解放卢旺达力量"是一个反对图西族影响的胡图族团体，是卢旺达种族灭绝分子在刚果活跃的最后几个派别之一。"马伊—马伊民兵"是活跃在刚果（金）的任何一种以社区为基础的民兵组织的统称，其组织较为松散，其成立的目的是保卫自己的领土不受其他武装组织的侵犯，但也有一些组织可能是为了利用战争

---

[1] See "African leaders sign deal aimed at peace in eastern Congo", Reuters, https://www.reuters.com/article/us-congo-democratic-un/african-leaders-sign-deal aimed at-peace-in-eastern-congo-idUS-BRE91N03H20130224, last access on June 9, 2019.

为自己谋利益，开展抢劫、偷窃或土匪活动。这两派是目前仍然比较活跃的地方政府武装。

第二节 刚果（金）维和行动的决策过程与供给

刚果（金）自独立后，国内持续多年的族群矛盾和武装冲突导致了大量的人员伤亡，造成了严重的人道主义灾难，并阻碍了国家的社会和经济发展。根据国际救援委员会（International Rescue Committee）的统计，在1998年至2007年间，战争及其连带因素已造成540万人死亡，其中最主要的原因是疾病和饥饿。[1]虽然这一数据遭到了其他研究机构的质疑，[2]但第二次刚果战争无疑是第二次世界大战以来世界范围内最致命的冲突之一。冲突导致的人道主义危机造成的损害远大于冲突本身，且持续得更为漫长。平民成了武装冲突的最大受害者和袭击对象，对于妇女和儿童的伤害要远远超过武装人员。[3]1998年至2007年间的武装冲突导致约两百万平民流离失所，[4]大量的平民，特别是儿童因得不到及时的医疗救助和食物而死亡。据估算，冲突期间每天有超过1000人死于冲突，其中98%的死因是可预防和治疗的疾病。[5]妇女和女童还时常面临性侵犯的威胁，男童则易被引诱或强迫成为童军。尽管2013年后，刚果（金）内大规模的武装冲突逐渐平息，但东部地区的族群矛盾仍未解除，仍然时而出现小规模的冲突和针对平民的袭击。刚果（金）国内的

---

〔1〕 See International Rescue Committee, https：//www. rescue. org/country/democratic-republic-congo#what-are-the-main-humanitarian-challenges-in-congo, last access on June 9, 2019.

〔2〕 加拿大的西门菲莎大学（Simon Fraser University）发布的报告《人类安全报告》（Human Security Report）认为国际救援委员会的统计数据因统计方法的问题夸大了刚果（金）的伤亡人数，该报告认为在1998年至2004年间的伤亡数据仅为20万人，载 https：//www. hsrgroup. org/，最后访问日期：2019年6月9日。

〔3〕 See Nurith Aizenman, "The Hidden Toll of Conflict on Kids", National Public Radio, https：//www. npr. org/sections/goatsandsoda/2018/08/30/643410295/the-hidden-toll-of-conflict-on-kids, last access on June 9, 2019.

〔4〕 See Walter C. Soderlund, E. DonaldBriggs, Tom PierreNajem, Blake C. Roberts, *Africa's Deadliest Conflict：Media Coverage of the Humanitarian Disaster in the Congo and the United Nations Response*, 1997-2008, Wilfrid Laurier University Press, 2013.

〔5〕 See World Health Organization, "Democratic Republic of the Congo Strategy Paper", https：//www. who. int/hac/crises/cod/appeal/DRC_ StrategyPaper_ Jan05_ Final_ rev11Apr05. pdf？ua＝1, last access on June 9, 2019.

人道主义危机情况尚无明显改观，2017 年甚至出现了恶化的趋势。2016 年 6 月，总统约瑟夫·卡比拉为了延长任期，推迟了选举，在全国各地引发叛乱和动荡。截至 2017 年 12 月底，国内约有 390 万流离失所者，其中约 170 万是新近的流离失所者，超过 1300 多万的平民亟待人道主义救助，64% 的刚果（金）人民处于贫困之中。[1]在冲突地区，针对平民的敲诈、绑架、被迫参加战斗或工作等犯罪行为频仍，对妇女和女童的暴力行为在全国各地也很普遍。自 2014 年暴发的埃博拉病毒疫情使形势进一步恶化，武装冲突时常阻碍国际医疗救援人员的救治活动，刚果（金）已然是人道主义情况最为恶劣的国家之一。

刚果（金）国内的人道主义危机引发了国际社会的迫切关注，国际社会采取了多项措施进行干预，防止刚果（金）的人权情况进一步恶化。正如西门菲莎大学的《人类安全报告》所指出的，在国际救援委员会 2000 年首次发布关于战争死亡情况的报告后，国际社会向刚果（金）提供的人道主义援助价值增加了 5 倍。[2]此外，国际刑事法院（ICC）于 2004 年起对于刚果（金）国内展开了一系列调查。联合国人权理事会（HRC）于 2012 年 3 月 23 日通过了第 19/27 号决议，鼓励在刚果（金）建立一个国家人权委员会，对其人权情况进行监测。联合国人权事务高级专员办事处（OHCHR）于 2010 年 10 月 1 日发布《1993-2003 年刚果民主共和国侵犯人权记录》（Mapping Human Rights Violations 1993-2003）指出了 617 项最为严重的人权违犯记录。2011 年 3 月 3 日又发布了题为《刚果民主共和国性暴力受害者的补救和赔偿》报告，该报告强调了性暴力受害者往往要为他们遭受的伤害承担代价，并呼吁刚果（金）政府为性暴力受害者设立赔偿基金。在地区层面，2008 年 11 月 9 日，南部非洲发展共同体（SADC）派遣一个军事专家小组评估该国不断升级的暴力情况和当地局势。大湖区国际会议（ICGLR）机制则为 2013 年的和平协议签署提供了重要的对话平台。[3]

---

〔1〕 See International Rescue Committee, https://www. rescue. org/country/democratic-republic-congo #what-are-the-main-humanitarian-challenges-in-congo, last access on June 9, 2019.

〔2〕 See David Axe, "Just How Many Congolese Were Killed in War?", War is Boring, https://warisboring. com/just-how-many-congolese-were-killed-in-war/, last access on June 9, 2019.

〔3〕 See International Coalition for the Responsibility to Protect, http://responsibilitytoprotect. org/index. php/crises/crisis-in-drc#internationalresponse, last access on June 9, 2019.

在所有的国际干预中，联合国安理会发挥着至关重要的作用。安理会在 2003 年 7 月至 2013 年 1 月间出台了一系列的制裁决议，在这些决议中，对北基伍和南基伍、伊图里的民兵，以及 M23 和 FDLR 叛军实施武器禁运，并对两名 M23 领导人——让-玛丽·卢尼加·卢杰雷罗（Jean-Marie Runiga Lugerero）和中上校埃里克·贝德热（Eric Badege）——实施旅行禁令和资产冻结。联合国安理会进行干预的更为重要的手段是授权向该国派遣两个特派团。第一个是联刚特派团（MONUC），1999 年卢萨卡停火协议之后成立的。联刚特派团于 2010 年 7 月由联刚稳定团（MONUSCO）接替，旨在更好地保护平民并解决联刚特派团期间提出的问题，包括联合国维和人员性侵犯等。

联合国在刚果（金）的维和行动始于第二次刚果战争后的停火观察任务，之后转向通过选举援助帮助其实现民主过渡，随后又转为保护平民和国家建设任务，行动形式从特派团转化为了稳定团。具体的发展过程大致可以分为四个阶段：其一，冲突管控和特派团的逐步壮大阶段；其二，支持过渡政府和 2006 年组织普选阶段；其三，过渡后完成稳定任务阶段；其四，成立干预旅打击 M23 和其他指定武装组织，并推动组织新的总统选举阶段。

一、联刚特派团和稳定团的决策

（一）联刚特派团的决策过程

1999 年 7 月 10 日，刚果（金）、纳米比亚、卢旺达、乌干达和津巴布韦五国元首以及安哥拉国防部部长在卢萨卡签署协定，旨在停止刚果（金）境内所有交战方之间的敌对行动。刚果争取民主联合会和解放刚果运动的代表拒绝签署该协定。协定中载有关于联合国协同非统组织组建、促成和部署一支"适当的部队"的提议，以确保协定的执行。[1]秘书长根据对于形势的判断，认为应该通过三个阶段来部署刚果（金）的维和行动。首先，向安理会建议部署至多 90 名联合国军事联络人员，以及必要的文职、政治、人道主义和行政工作人员，部署到停火协定各签署国的首都和军委会的临时总部，首批军事联络员旨在协助联合军委会和各当事方调查指控的违反停火行为；进行该

---

〔1〕 参见联合国安理会：《秘书长关于联合国在刚果民主共和国境内初步部署的报告》，S/1999/790，1999 年 7 月 15 日，第 3 页。

国的一般性安全评估，为随后的部署提供建议，提供人道主义援助等。[1]与此同时，维和行动部已经与可能提供部队的国家进行了接触，以期评价它们准备提供军事观察员、经安理会批准后提供建制部队的情况。安理会通过第1258（1999）号决议授权了秘书长的提议，首批军事联络员任务期为3个月。第二阶段部署军事观察员。在尚未得到技术调查组提供确切的关于部署地点的安全情况报告时，鉴于刚果（金）形势紧迫，秘书长提请安理会授权设立联刚观察团，部署至多500名军事观察员，并提供必要的后勤和人员支助。但安理会认为在技术调查组尚未提供评估报告的情况下，不能授权秘书长的提议，只是提请秘书长立即采取必要的行政步骤，为至多500名联合国军事观察员提供装备，以便将来经安理会授权后联合国能迅速部署这些人员。[2]第三阶段，联刚特派团正式成立。自秘书长1999年11月1日提交报告以后，刚果（金）境内的军事和安全情况明显恶化。安理会于1999年11月30日第1279（1999）号决议授权成立联刚特派团，其人员由之前决议中派遣的人员组成，还包括人权、人道主义事务、新闻、政治事务和行政支助领域的多学科人员。并又在2000年2月的第1291（2000）号决议中授权扩大联刚特派团，其组成为至多5537名军事人员，其中包括至多500名观察员，以及一些支助人员。

（二）联刚稳定团的决策过程

联刚特派团经过十年的执行期后，刚果（金）的国内形势出现了明显的改观和变化，联合国、刚果（金）政府一致认为联合国在刚果（金）的维和行动需要进行缩编和任务重组。秘书长在向安理会的报告中总结了刚果（金）在过去十年取得的重大进展，包括结束内战；成功完成过渡，并恢复了国家领土完整；在2006年成功举行了民主选举；基础设施发展计划正在进行；刚果（金）与东部邻国的关系改善。[3]即便如此，刚果（金）存有的武装团体依然威胁着平民的安全，以及南北基伍和东方省部分地区的稳定。解放卢

---

〔1〕　参见联合国安理会：《秘书长关于联合国在刚果民主共和国境内初步部署的报告》，S/1999/790，1999年7月15日，第5页。

〔2〕　参见联合国安理会第1278（1999）号决议，1999年11月1日。

〔3〕　参见联合国安理会：《秘书长关于联合国组织刚果民主共和国特派团的第三十一次报告》，S/2010/164，2010年3月30日，第5页。

旺达民主力量等武装团体还在继续针对平民进行报复性袭击。此外，国家安全机构的一些人员仍然存在着严重侵犯人权的行为。与此同时，国家政府在收复的地区内难以恢复权力，地方选举和大选的筹备工作仍然面临着延误。针对这些问题，联合国在刚果（金）的维和行动仍有存在的比较，但需要针对新的形势进行调整。

约瑟夫·卡比拉总统曾于2009年年中请联合国在2010年6月以前提交特派团的逐步缩编计划。秘书长在2010年2月22日至3月5日，向刚果（金）派遣了一个多学科的技术评估团，以评估特派团的任务完成情况，评估其是否达到缩编要求。刚果（金）政府和技术评估团的评估意见认为，这些没有冲突的省份目前的安全和稳定程度使维和部队能够从这些地区撤离，而不会产生失控的不稳定重现的风险。遵循该国政府确定的原则，联刚特派团部队将从8个省份完全撤离，这将确保在没有联刚特派团部队存在的情况下，国家机构正式全面承担在这些地区独立维持法律和秩序以及必要安全安排的责任。[1]不过，特派团的缩编将会分阶段逐渐完成。

技术评估团进而总结了刚果（金）存在的问题：一方面，刚果（金）面临着明显的国家能力缺陷。在强制能力上，刚果（金）武装和警察力量都面临结构薄弱和能力不足的问题；在制度能力上，刚果（金）宪法中预见的诸多司法机构尚待建立，民事、军事领域的法官和检察官数量严重短缺，监狱系统条件恶劣。另一方面，刚果（金）存在着严重的人道主义危机和侵犯人权现象。刚果（金）境内仍存在大量的流离失所人群；各武装团体，特别是卢旺达民主力量和上帝军，以及刚果（金）武装力量、国家警察、法国国家情报局人员和其他受任保护平民的刚果民主共和国官员，继续犯下严重侵犯人权的行为；武装团体继续系统地征招和使用儿童；性暴力仍然是对妇女和女童的一大威胁。[2]

鉴于此，秘书长提议将联合国在刚果（金）的维和任务进行重组，改组后的任务将反映当前优先保护平民的需要；承认该国不同地区的不同需要；让国家机构获得尽可能独立运作的空间；让联刚特派团重点完成具有明确战

---

〔1〕 参见联合国安理会：《秘书长关于联合国组织刚果民主共和国特派团的第三十一次报告》，S/2010/164，2010年3月30日，第22页。

〔2〕 参见联合国安理会：《秘书长关于联合国组织刚果民主共和国特派团的第三十一次报告》，S/2010/164，2010年3月30日，第9~15页。

略目标和撤离战略的重大任务，同时相应注意建设和平的需要；并在当地条件允许的情况下逐步过渡到更注重于建设和平与可行的发展而不是注重于安全的联合国存在打下基础。[1]安理会在第 1925（2010）号决议中基本接受了秘书长的提议，认同刚果（金）已进入新的阶段，决定联刚特派团自 2010 年 7 月 1 日起，改称为联刚稳定团。[2]联刚稳定团将把军事力量集中在东部地区，改组后的驻刚果（金）维和行动将收缩其传统的军事职能。稳定团的核心职能将围绕"保护平民"和"实现稳定和巩固和平"两方面展开。[3]在 2018 年的第 2409（2018）号决议中重新确定了稳定团的两项主要优先事项：其一，通过综合军事和民事反应保护平民；其二，支持 2016 年 12 月 31 日协议的实施和选举进程，以举行可信的选举。不过稳定团的核心任务并没有根本改变，其重心依然是支持通过国家能力建设来扩大刚果（金）的国家权力。正如第 2463 号决议中重申的，支持刚果（金）的国家机构的稳定和加强，以及关键的治理和安全改革。[4]这表明，联合国不仅希望通过维和人员和国际社会的其他会员来帮助刚果（金）实现这两项任务，更多地希望通过支持刚果（金）当局加强和改革安全、司法机构，提高军事、警事能力等国家能力的提升来实现这两项目标。希望刚果（金）政府自身能承担起更多巩固和平的责任。[5]

转型后的维和行动重心从军事职能向政治职能倾斜，不过随后其军事职能又出现了再次强化的过程。随着 M23 反叛组织的出现，秘书长建议作为一个例外，在不产生先例或损害维和商定原则的情况下，联刚稳定团应在核定的 19 815 人兵员上限内，设一个"干预旅"，由三个步兵营、一个炮兵连和一个特种部队和侦察连组成，接受联刚稳定团部队指挥官的直接指挥，负责解除武装体的作战能力，目标是协助减轻武装团体对刚果（金）东部的国

---

〔1〕 参见联合国安理会：《秘书长关于联合国组织刚果民主共和国特派团的第三十一次报告》，S/2010/164，2010 年 3 月 30 日，第 19 页。

〔2〕 参见联合国安理会第 1925（2010）号决议，2010 年 5 月 28 日，第 2 页。

〔3〕 参见联合国安理会第 1925（2010）号决议，2010 年 5 月 28 日，第 4~5 页。

〔4〕 参见联合国安理会第 2463（2019）号决议，2019 年 3 月 29 日，第 8 页。

〔5〕 See Petrus de Kock, "The DRC at 50: Confronting the Challenges of Peace and Territorial Consolidation", SAIIA Policy Briefing 22, Governance of Africa's Resources Program at the South African Institute of International Affairs, August 2010.

家权力和平民安全构成的威胁。[1]安理会在第2098（2013）号决议中授权了这一建议。这标志着联合国维和行动武力使用原则的新变化，维和部队已突破了其中立身份，成为武装冲突中的作战方。此外，联刚稳定团是最危险的一项维和行动，维和人员时常成为被袭击的目标，产生了重大的伤亡和人身威胁。从而，联刚稳定团中的维和人员自我安全保护也成为秘书处和安理会的重要关切。再者，自2014年西非地区突发埃博拉病毒疫情以来，刚果（金）是疫情较为严重的地区，加重了其人道主义危机，联刚稳定团被委任以协助国际卫生组织和其他援助机构来管控疫情，这是联刚稳定团又一新的职能变化。

表6-1　联刚特派团与稳定团的任务比较

	联刚特派团	联刚稳定团
核心任务	冲突管控	保护平民、政治稳定
职能	安全职能、部分政治职能	安全职能、政治职能、部分发展职能
具体任务	监督停火； 监督撤军； 隔离交战方部队； 战斗人员解除武装、复员和返乡； 排雷行动； 保护和促进人权	在联刚特派团任务基础上，还有： 保护平民； 安全部门改革和其他法治活动； 恢复和扩大国家权力； 选举援助； 强制和平； 协助人道主义援助和疫情管控

资料来源：笔者自制。

二、联刚特派团和稳定团的供给

（一）联刚特派团的供给情况

联刚特派团自1999年成立以来，其规模开始逐渐扩大。其初期人员组成仅为500名军事观察员，主要任务是支持实施刚果各方同卷入冲突的六个国家之间签署的《卢萨卡停火协定》。随后，安理会第1291（2000）号决议将

---

[1] 参见联合国安理会第2098（2013）号决议，2013年3月28日，第5页。

联刚特派团的部队人数增加至 5537 名军事人员，其中包括至多 500 名观察员，并扩大了特派团的任务范围。联刚特派团的任务根据安理会第 1445（2002）号、第 1468（2003）号和第 1484（2003）号决议进一步扩大，特派团的兵力在 2003 年增加至 10 800 人，以便特派团能够从 2003 年 5 月至 9 月部署到布尼亚的欧盟领导多国特遣部队手中接管任务，还增加了帮助设立伊图里平定委员会和支持该委员会的工作等内容，这项任务于 2004 年完成。洛朗·恩孔达率领的持不同政见部队于 2004 年 6 月占领布卡武之后，联刚特派团的任务从而得到加强，增加了支持努力稳定南北基伍的局势的内容，包括支持刚果（金）武装力量开展行动、解除武装集团的武装。为此，联刚特派团的兵力进一步增加至 16 700 人。[1]安理会第 1856（2008）号决议将特派团扩大至最大规模，授权部署 19 815 名军事人员、760 名军事观察员、391 名警务人员和 1050 名建制警察单位人员。[2]2010 年，其规模有所缩小，降至 18 884 名军事人员、712 名军事观察员、1223 名警察。在特派团人员规模不断扩大的同时，其核定预算规模也在不断上升，逐渐成为一项最贵的维和行动。

表 6-2　联刚特派团人员贡献国及其分布（单位：个）

	军事人员派出国（合计：65）	警事人员派出国（合计：33）
非洲	贝宁、布基纳法索、喀麦隆、埃及、加纳、肯尼亚、马拉维、马里、摩洛哥、莫桑比克、尼日尔、尼日利亚、塞内加尔、南非、坦桑尼亚、突尼斯、赞比亚、中非、科特迪瓦、乍得、马达加斯加、多哥、利比亚	贝宁、布基纳法索、喀麦隆、中非、乍得、埃及、几内亚、科特迪瓦、马达加斯加、马里、摩洛哥、尼日尔、尼日利亚、塞内加尔、多哥、也门
亚太	孟加拉国、中国、印度、印度尼西亚、约旦、马来西亚、蒙古国、尼泊尔、巴基斯坦、斯里兰卡、也门、阿尔及利亚、土耳其、瓦努阿图	孟加拉国、印度、约旦、尼泊尔、巴基斯坦、土耳其、瓦努阿图

---

[1]　参见联合国安理会第 1565（2004）号决议，2004 年 10 月 1 日，第 2 页。
[2]　参见联合国安理会第 1856（2008）号决议，2008 年 12 月 12 日，第 3 页。

	军事人员派出国（合计：65）	警事人员派出国（合计：33）
欧洲	比利时、波斯尼亚和黑塞哥维那、捷克、丹麦、法国、爱尔兰、挪威、波兰、罗马尼亚、俄罗斯、塞尔维亚和黑山、西班牙、瑞典、瑞士、乌克兰、英国、法国、葡萄牙、意大利	法国、意大利、罗马尼亚、俄罗斯、西班牙、瑞士、乌克兰
北美	加拿大、美国	加拿大
拉美	玻利维亚、危地马拉、巴拉圭、秘鲁、乌拉圭、阿根廷、智利	阿根廷、乌拉圭

资料来源：联合国维和行动官网："联刚特派团档案"，载 https://peacekeeping. un. org/sites/default/files/past/monuc/facts. shtml，最后访问日期：2019 年 9 月 21 日。

表 6-3　联刚特派团年度核定预算（2000 财年~2010 财年）

年份	联刚特派团年度核定预算（单位：亿美元）
2000 财年	0. 552 71
2001 财年	2. 464 72
2002 财年	4. 013 02
2003 财年	5. 081 22
2004 财年	6. 650 59
2005 财年	9. 409 46
2006 财年	10. 784 98
2007 财年	11. 352 61
2008 财年	11. 296 24
2009 财年	12. 226 39
2010 财年	13. 515 30
合计	87. 3

资料来源：联合国维和行动官网："联刚特派团档案"，载 https://peacekeeping. un. org/sites/default/files/past/monuc/facts. shtml，最后访问日期：2019 年 9

月21日。前一年7月1日至本年6月30日为一财年。

参与刚果（金）维和行动的主要行为体还有非盟、南部非洲发展共同体（SADC，以下简称南共体）和大湖区域国际会议（ICGLR，以下简称大湖会议）为代表的非洲地区和次区域组织，以欧盟为主的区域外地区组织，联合国开发计划署、联合国难民事务高级专员公署、世界卫生组织、世界银行等联合国系统内的专职机构，以及一系列非政府组织。各组织机构间凭借各自的比较优势而形成了某种分工与协作，例如开发计划署和世界银行主要发挥建设和平的职能，欧盟和南共体代理了部分强力干预职能等。另一方面，共同的价值观也是凝聚不同行为体间合作的黏合剂，比如确保"人的安全"是非盟和欧盟干预政策的共同取向。[1]具体的合作情况如下：

首先，在地区组织层面，针对非洲的冲突管控，非盟和非洲次区域组织与联合国之间已经逐渐形成了一种共生的分工。[2]非盟和次区域组织通常作为第一反应者，稳定暴力冲突的爆发，当局势足够稳定时，联合国将接管维和行动，以巩固和平，这体现在布隆迪、中非和利比里亚的和平行动中。在此背景下，非盟、南共体和大湖会议凭借各自的专长和优势与联合国一同解决刚果（金）旷日持久的冲突问题。不过，联合国与非洲地区组织针对刚果（金）的安全合作在分工的基础上更趋向一种协作伙伴关系，虽然非洲地区组织发挥了更多的强力职能，但同时也在积极运用政治、外交手段调解冲突各派。在刚果（金）冲突问题中，地区组织会员国具有更为直接的利益关系。地区组织，特别是地区内权威政治人物的调解工作更易被当事方接受，地区组织往往在联合国与当事方之间发挥润滑剂的作用。联合国则通过在各地区组织委任特别代表和代表间的不定期会晤来统一协调与各组织间的沟通、协作。虽然，联合国与地区组织之间是安全合作伙伴，但同时也存在着一定的分歧和矛盾，例如，关于安全形势的界定、领导权的竞争等。同时，地区组织会员国还通过多边行动来实现自身的国家利益，有时这些私利与地区的公利也存在矛盾。即便如此，为解决刚果（金）冲突问题，联合国与地区组织

---

〔1〕 See Mary Martin, "A Force for Good? The European Union and Human Security in the Democratic Republic of Congo", *African Security Review*, Vol. 16, No. 2, 2007, pp. 63–77.

〔2〕 See Cedric de Coning, "Peace Enforcement in Africa: Doctrinal Distinctions between the African Union and United Nations", *Contemporary Security Policy*, Vol. 38, No. 1, 2017, p. 154.

之间必须相互倚重，双方之间需要确保能力、合法性的相互借力与补充。

非盟通常是联合国最先寻求合作的非洲地区组织。非盟也较早地介入了刚果（金）问题。在联合国尚未对刚果（金）的冲突做出回应前，非盟的前身——非洲共同体组织（Organization of African Unity，OAU）就于 1996 年举行会议探讨如何应对刚果（金）引发的地区冲突。非盟通过军事与政治手段相结合的方式解决刚果（金）的冲突问题。军事手段包括 2004 年非盟与联合国共同在卢旺达与刚果（金）派遣军事观察员监测两国间的停火状况、2005年非盟和平安全理事会授权一支由 6000 人组成的部队在刚果（金）东部对于卢旺达的反叛武装进行强制卸武。政治手段方面，非盟首先为各方提供了一个沟通平台，非盟凭借自身的平台效应积极在冲突各方间进行调解，其中非盟发起的苏尔特和卢萨卡首脑会议及达成的相关协议，是刚果（金）和平进程中取得的显著突破。非盟推动与联合国、南共体和大湖会议间形成共同的行动方案，例如各组织之间共同敦促交战各方允许平民接受人道主义机构的救助。再者，非盟是联合国重要的地方知识来源，非盟通过自身的评估机制向联合国提供刚果（金）的安全形势报告，非盟还是联刚特派团任务变更的重要咨询对象。

南共体是介入刚果（金）冲突的最为重要的次区域组织。南共体对于刚果（金）的干预主要表现为军事干预和调解相结合的方式，在武力使用问题上，南共体较联合国表现得更为积极和激进。在 1998 年至 2010 年间，南共体共实施了两次军事干预，首次是 1998 年在卡比拉总统的请求下，南共体以集体安全的名义授权由安哥拉、纳米比亚和津巴布韦三个组织会员国组成的军队反击卢旺达和乌干达对于刚果（金）的入侵。第二次干预，是在刚果（金）与乌干达和卢旺达签署和平协议后，南共体于 2003 年部署一部分军事力量在刚果（金）防御其安全，并协助刚果（金）的安全部门建设。南共体还在冲突各方间进行积极的调解和预防外交。在第二次刚果战争期间，许多调解工作和和平方案都是由南共体推动的。[1]南共体还协同非盟、欧盟和联合国通过援助投票管理技术、后勤支援和提供投票站安保的方式，一同促成了刚果（金）2006 年大选。

---

〔1〕 See Tatiana Carayannis, "The Challenge of Building Sustainable Peace in the DRC", *Background paper*, *Centre for Humanitarian Dialogue*, July 2009, p. 11.

　　大湖会议是另一重要的介入冲突的次区域组织。大湖会议是在第二次刚果战争背景下成立的。其成立始于 2000 年，当时联合国安理会在第 1291 号和第 1304 号决议中要求召开一次关于大湖区和平、安全、民主和发展的国际会议，[1]以作为政治对话平台协调大湖区内国家间的冲突与分歧，这便为其创立提供了契机。大湖会议的主要目标是加强地区安全、稳定与发展。针对刚果（金）的冲突问题，除了发挥调解、预防外交职能外，大湖会议的另一主要职能是治理刚果（金）东部地区自然资源非法开采问题，大湖会议于2009 年启动 "反对非法开采自然资源区域倡议" （*Regional Initiative against the Illegal Exploitation of Natural Resources*, RINR）。这项倡议旨在打破矿产收入和叛军融资之间的联系，还有助于配合联合国对于刚果（金）反叛武装的制裁措施。

　　欧盟是介入刚果（金）冲突的主要区域外地区组织。在第二次刚果战争期间，刚果（金）伊图里地区出现了严重的人道主义危机，联合国秘书长安南呼吁向该地区建立并部署临时多国部队，直到削弱的联刚特派团得到增援。2003 年 5 月 30 日，安理会通过第 1484（2003）号决议，授权向伊图里首府布尼亚部署临时多国紧急部队（IMEF），任务是确保机场的安全、保护难民营内的国内流离失所者和该镇的平民。这支部队主要由法国和一些南非、瑞典和加拿大的部队组成。这是欧盟首次在区域外执行的军事行动。多国部队成功地稳定了布尼亚的局势，并加强了联合国在刚果（金）的影响。2003 年9 月 1 日，该地区的安全责任再次移交给联刚特派团。2005 年 12 月，联合国再次请求欧盟支援联刚特派团维持刚果（金）即将于 2006 年到来的大选期间的秩序。安理会在第 1671（2006）号决议中授权在刚果（金）境内部署欧盟刚果（金）部队（EUFOR RD Congo），部署时间自举行第一轮总统和议会选举之日开始，为期四个月。

　　其次，在联合国系统内机构层面，联合国开发计划署是协助在刚果（金）维和行动最为重要的系统内机构，其发挥的专业性职能主要包括解除武装、冲突后重建、选举援助等，开发计划署在不同时期的工作有不同的侧重。在1999 年冲突各方达成停火协议至 2003 年签署《全面包容性协议》之间，开发

---

[1] See International Conference on the Great Lakes Region, http://www.icglr.org/index.php/en/background, last access on June 22, 2019.

计划署集中努力促进国际社会中的各援助方的重新参与，同时在较安全的西部省份开展恢复活动。在 2003 年至 2004 年间，开发计划署先后发起并设立了最低限度的过渡和恢复伙伴关系方案（*Minimum Partnership Program for Transition and Recovery*），支援过渡时期国家机构建设方案，以及在驻地办公室成立了冲突后重建小组以支援刚果（金）冲突后的过渡工作。自 2004 年年底以来，随着联合国开发计划署驻地代表被任命为联刚特派团副特别代表、人道主义协调员和驻地协调员，开发计划署开始更加密切地参与安理会授权的任务。[1]同时在 2004 年年底，为应对 2006 年将举行的大选，开发计划署开始发挥更多的选举援助职能。2005 年，联刚特派团/联合国开发计划署联合选举小组（MONUC/UNDP Electoral Unit）成功地登记了 2500 万名选民，并组织了一次全民公决，近 62% 的选民参加了全民公决。[2]

世界银行是对刚果（金）冲突后进行援助的又一重要机构，在 2001 年至 2010 年共计援助 49 个项目，[3]其援助项目内容大致包括军事人员尤其是针对儿童军放弃武装和复员；经济部门和信贷能力的重建与恢复；农业、水基础设施建设；艾滋病预防等。除联合国开发计划署和世界银行之外，世界粮食计划署和儿童基金会协调努力，通过一批入学、就餐和保护方案，帮助了儿童兵重返社会。[4]此外，联合国难民事务高级专员公署、联合国人口活动基金、联合国艾滋病规划署、联合国人权事务高级专员办事处、联合国人道主义事务协调办公室、世界卫生组织也是联合国系统内联刚特派团的重要合作伙伴。

最后，在国际非政府组织层面，还有大量的国际非政府组织活跃在刚果（金）从事人道主义援助、人权监督、协助冲突管控、冲突后建设和平等方面的协助工作。在从事人道主义援助方面较有影响力的组织有丹麦难民委员会（Danish Refugee Council）、国际救援委员会（International Rescue Committee）、

---

〔1〕 See United Nations Development Program Evaluation Office, *Case Study Democratic Republic of the Congo*：*Evaluation of UNDP Assistance to Conflict-Affected Countries*, 2006, p. 3.

〔2〕 See United Nations Development Program Evaluation Office, *Case Study Democratic Republic of the Congo*：*Evaluation of UNDP Assistance to Conflict-Affected Countries*, 2006, p. 4.

〔3〕 See The World Bank, http://projects. worldbank. org/search? lang = en&searchTerm = &countrycode_exact=ZR, last access on June 19, 2019.

〔4〕 参见联合国大会、安理会：《秘书长关于冲突后立即建设和平的进展报告》，A/64/866-S/2010/386，2010 年 7 月 16 日，第 8 页。

妇女对妇女基金会（Kvinna till Kvinna Foundation）、天主教发展观察组织
（Catholic Agency for Oversees Development）；从事人权保护和监督的组织有行
动援助组织（Action Aid）、国际过渡司法中心（International Center for Transi-
tional Justice）、卡特中心（Carter Center）；从事协助冲突管控的组织有反对军
火贸易运动组织（Campaign Against Arms Trade）、调解资源组织（Conciliation
Resources）、防止武装冲突全球伙伴关系（Global Partnership for the Prevention
of Armed Conflict）、小型武器国际行动网络（International Action Network on
Small Arms）、国际和平局（International Peace Bureau）；从事建设和平的组织
有发展合作与研究机构（Agency for Cooperation and Research in Development）、
促进和平与安全的性别行动（Gender Action for Peace and Security）、全球建设
和平妇女网络（Global Network of Women Peacebuilders）、国际警戒（Interna-
tional Alert）、卡鲁纳建设和平中心（Karuna Center for Peacebuilding）。

（二）联刚稳定团的供给情况

联刚稳定团是目前规模最大、出资最多的联合国维和行动。稳定团目前
由 15 301 名军事人员、1260 名警事人员构成。[1]现有的规模较成立之初有了
明显的收缩，其最初的授权规模为最多可有 19 815 名军事人员、760 名军事
观察员、391 名警务人员和 1050 名建制警察单位人员。[2]稳定团的实际派出
规模在 2014 年时达到了最大化，其中一个很重要的原因是干预旅的设置，国际
社会对于稳定团成功遏制 M23 等武装团体抱有很大的信心。干预旅在设立之初
确实取得了一定成效，主要表现在 M23 暂时停止叛乱并且内部出现了瓦解。[3]
2015 年稳定团的军事人员规模开始有所削减。而稳定团军事人员规模逐渐削
减的原因还在于，卡比拉政府对于稳定团的消极态度，约瑟夫·卡比拉多次
向联合国提出削减甚至撤出稳定团的提议。国际社会减少对于稳定团的支持
是另一重要原因，特别是安理会 5 个常任理事国与刚果（金）之间并不存在

---

〔1〕　参见联合国维和行动官网：https://peacekeeping.un.org/zh/troop-and-police-contributors，
2019 年 5 月 31 日，最后访问日期：2019 年 6 月 16 日。

〔2〕　参见联合国安理会第 1925（2010）号决议，2010 年 5 月 28 日，第 3 页。

〔3〕　See Scott Sheeran, Stephanie Case, "The Intervention Brigade: Legal Issues for the UN in the Dem-
ocratic Republic of the Congo", http://responsibilitytoprotect.org/index.php/crises/151-the-crisis-in-drc/
5651-the-intervention-brigade-legal-issues-for-the-un-in-the-democratic-republic-of-the-congo, last ac-
cess on June 16, 2019.

重要的战略利益，都不愿在刚果（金）作过多的投入，并且5个常任理事国之间对于刚果（金）问题存在着很大的分歧。美国将在刚果（金）的维和行动称为"联刚稳定团疲劳症"（MONUSCO Fatigue），否定其积极意义，极力促使削减稳定团的经费。[1]再者，稳定团的缩编是维和行动人员结构调整的直接表现，符合维和行动军事人员减少，而对警事、民事人员和"支援人才"需求上升的趋势。不过，在同一时期内，联合国南苏丹特派团无论是军事人员，还是警事人员的规模却呈不断扩大的趋势，[2]虽然不同特派团的结构调整原因不尽相同，但这仍说明在刚果（金）国内安全形势尚未充分好转的情况下，削减其行动规模仍在很大程度上取决于国际社会的支持力度。

表6-4 联刚稳定团人员规模变化（2011年~2018年）（单位：人）

	2011年	2012年	2013年	2014年	2015年	2016年	2017年	2018年
军事人员	17 807	17 765	19 899	19 953	17 527	17 403	15 673	15 584
警事人员	1121	1401	1299	1083	1200	1350	1351	1362
合计	18 928	19 166	21 198	21 036	18 727	18 753	17 024	16 946

资料来源：根据联合国维和行动官网提供的历年数据统计，数据日期：每年12月，载 https://peacekeeping.un.org/en/troop-and-police-contributors，最后访问日期：2019年6月16日。

表6-5 联刚稳定团军事和警事贡献前十名国家和人数（单位：人）

军事人员贡献前十名		警事人员贡献前十名	
巴基斯坦	2698	埃及	323
印度	2624	塞内加尔	300
孟加拉国	1697	印度	274
摩洛哥	1368	孟加拉国	182
南非	1118	吉普提	30

---

〔1〕 See Effectiveness of Peace Operations Network, *Assessing the Effectiveness of the United Nations Mission in the DRC/MONUC-MONUSCO*, 2019, pp. 16, 100, 101.

〔2〕 联合国南苏丹特派团2019年~2016年军事和警事派出人数依次为，14 491、14 494、12 581、11 384；1797、1778、1559、1432。数据来源于联合国维和行动官网，数据取自每年的12月。

军事人员贡献前十名		警事人员贡献前十名	
印度尼西亚	1034	几内亚	24
坦桑尼亚	951	科特迪瓦	23
乌拉圭	922	突尼斯	20
尼泊尔	887	马里	18
马拉维	854	尼日尔	17

资料来源：联合国维和行动官网："联刚稳定团"，载 https://peacekeeping. un. org/zh/mission/monusco，数据日期：2019 年 3 月，最后访问日期：2019 年 6 月 16 日。

联刚稳定团仍然是联合国维和行动中耗资最多的一项行动。不过自 2015 年开始，其核定预算开始有所减少。尽管其 2018 财年的核定预算仍达 11. 4 亿美金，约占联合国行动全部预算的 16%。[1] 但这较上一年度减少了近 1 亿美元，降幅为 8%。[2] 而 2020 财年的预算将会在此基础上继续削减 8. 2%。[3] 联刚稳定团人员和资金规模的缩减是其行动精简化的体现，稳定团将集中力量在受武装集团暴力影响的地区，特别是刚果（金）东部和开赛省开展活动。稳定团已于 2019 年 6 月 30 日在南部的上洛马米省的卡米娜关闭了 7 个办事处和 1 个营地，相应地减少 752 名工作人员和职位。[4] 并且，在 2018 年刚果（金）相对较平稳地举行了总统选举后，稳定团对于刚果（金）选举的援助力度也将有所减缓，这也将为稳定团节省很大一部分开支。其次，近年来稳定团人员空缺率有所上升，也就是稳定团核定人数与实际人数间的差额比例在增大，例如

---

〔1〕 2018 财年维和行动核定预算总额 68. 032 361 亿美元，引自联合国大会：《维持和平行动 2017 年 7 月 1 日至 2018 年 6 月 30 日期间核定资源》，A/C. 5/71/24，2017 年 6 月 30 日，第 3 页。

〔2〕 See The Global Observatory, https://theglobalobservatory. org/2017/07/monusco-drc-peacekeeping-budget-cuts/, last access on Sep 17, 2019.

〔3〕 See United Nations, "Fifth Committee Reviews Budget Proposal for Mission in Democratic Republic of Congo, Draft Resolution on Financing Interim Force in Lebanon also Introduced", https://www. un. org/press/en/2019/gaab4324. doc. htm, last access on July 6, 2019.

〔4〕 See United Nations, "Fifth Committee Reviews Budget Proposal for Mission in Democratic Republic of Congo, Draft Resolution on Financing Interim Force in Lebanon also Introduced", https://www. un. org/press/en/2019/gaab4324. doc. htm, last access on July 6, 2019.

联合国警察空缺率从 2016 年度的 8.4%，上升至了 2017 年度的 17.6%。[1]人员空缺率的增大相对的便是工资和口粮支出的减少。再者，稳定团规模缩小也是在为其从刚果（金）撤出做渐进的准备。安理会提议要于 2019 年 10 月 20 日出台一份关于联刚稳定团退出策略的评估报告，[2]这预示着关于稳定团的退出计划将很快被提上日程。

表 6-6 联刚稳定团年度核定预算（2011 财年～2019 财年）

年份	联刚稳定派团年度核定预算（单位：亿美元）
2011 财年	13.69
2012 财年	7.935 171
2013 财年	13.475 388
2014 财年	14.563 783
2015 财年	13.984 753
2016 财年	13.321 786
2017 财年	12.357 231
2018 财年	11.418 481
2019 财年	11.146 195
合计	111.89

资料来源：根据联合国大会维和行动各财年核定资源报告统计。前一年 7 月 1 日至本年 6 月 30 日为一财年。

在联刚稳定团时期的刚果（金）维和行动供给同样倚仗全球性的伙伴关系网络。联刚稳定团时期较联刚特派团时期的伙伴间的合作机制化程度有所提升，同时伙伴间的监督、制约也有所加强。从合作内容的变化来看，鉴于

---

〔1〕 参见联合国大会：《联合国组织刚果民主共和国稳定特派团 2009 年 7 月 1 日至 2010 年 6 月 30 日期间预算执行情况秘书长的报告》，A/65/682，2010 年 12 月 31 日，第 2 页；《联合国组织刚果民主共和国稳定特派团 2016 年 7 月 1 日至 2017 年 6 月 30 日期间预算执行情况秘书长的报告》，A/72/638，2017 年 11 月 11 日，第 4 页。

〔2〕 See United Nations, "Security Council, Adopting Resolution 2463 (2019), Calls for Strategic Review of Stabilization Mission in Democratic Republic of Congo, Extends Mandate", https://www.un.org/press/en/2019/sc13759.doc.htm, last access on July 6, 2019.

刚果（金）安全形势有所恶化，以及埃博拉病毒疫情的突发，维和行动中强力措施得以强化，非传统安全因素的重要性得以提升。稳定团的行动内容较以往的维和行动有很大的突破和创新，主要体现在设立干预旅、使用无人机技术，以及参与疫情管控等方面。此外，在刚果（金）的建设和平工作也在积极展开，与特派团时期略有不同，这一时期的建设和平工作重心开始向善治和发展领域倾斜。

首先，在伙伴关系的改善方面，一方面，联合国与地区组织伙伴间的合作机制化程度加强。为了消除冲突的根源，并确保该国和该区域实现长治久安，时任联合国秘书长潘基文牵头并积极斡旋促成该区域 11 个国家的代表、非盟主席、大湖会议、南共体及联合国秘书长于 2013 年 2 月 24 日在埃塞俄比亚的斯亚贝巴签署了《刚果民主共和国和该区域的和平、安全与合作框架》（*Peace Security and Cooperation Framework for the DRC and the Region*）。该框架概述了国家、地区和国际各级的承诺，为巩固刚果（金）东部的和平与安全，促进该地区各国政府之间的合作形成了一致的合作指导原则。随后，肯尼亚和苏丹也加入合作框架，并于 2014 年 1 月 31 日签署了和平协议，为该地区的和平与安全合作设立了统一的目标与行动规范。提供两个治理结构，即区域监督机制（Regional Oversight Mechanism）和技术支持委员会（Technical Support Committee），其中区域监督机制负责制定合作框架的实施计划，技术支持委员会由签署国元首代表组成，负责制定区域监督机制、实施计划的基准。非盟和联合国是合作框架治理机制的共同主席，非盟、联合国、大湖会议和南共体共同担任合作框架的保证方，使联合国与该地区内国家和地区组织之间形成了"11+4"的协调合作机制，加深了联合国与地区伙伴间的沟通联系。

另一方面，对于联刚稳定团行动的伙伴监督与制约程度也有所加强，特别表现在与国际非政府组织之间。这主要是因为联刚稳定团为应对新的安全形势变化采取的一些新手段突破传统的规范，主要体现在设立干预旅和使用无人机技术两个方面。安理会授权联刚稳定团设立干预旅的决议引起国际社会的广泛关注，2013 年 5 月 23 日，19 个国际非政府组织联合致函时任联合国秘书长潘基文，表达对于刚果（金）和平进程以及部署干预旅的关切。信中明确建议，如果干预旅表现不济，或者刚果（金）政府在履行其根据《刚果（金）和大湖地区和平、安全与合作框架文件》做出的承诺方面没有取得足够进展，安理会就应认真考虑暂停干预旅。[1]此外，2013 年 12 月和 2014 年 4 月，联刚稳定团部署了两架无人机[2]，首次运用无人机执行监测任务的联合国维和行动。行动中的无人机主要用于监测叛乱分子的集散活动，为国内流离失所者绘制不断变化的营地地图，监测非法跨境流动和资源买卖活动，甚至还被用于监测戈马附近的火山地质情况。这对于幅员辽阔、交通基础设施匮乏的刚果（金）来说，使用无人机执行监测任务可以大为节省时间、精力和金钱，同时允许地面部队专注于重要的行动，避免在危险环境中进行部署。不过，无人机的使用同时遭到了质疑甚至是某种程度的反对。质疑声音主要来自部分跨国媒体和国际非政府组织，新人道主义新闻社（The New Humanitarian）和世界宣明会认为通过无人机来收集人道主义信息将严重模糊军事行动和人道主义行动的边界，鉴于联刚稳定团的非中立立场，他们很有可能通过无人机来收集军事情报。同时，国际助残组织（Handicap International）、关注世界（Concern Worldwide）、芬恩教会援助团（Finn Church Aid）等机构也表达了类似的担忧。[3]

其次，稳定团的维和内容及形式有所变化，一方面是在强力措施方面，安理会直接在维和行动中设立可以使用强制措施的干预旅。在使用武力问题上，联合国从以往向非洲地区组织代理强力手段，直接转化为在联合国行动内部直接授权使用武力。不过这一形式上的转变并没有实质性的变化，新授权的强制任务仍由非洲的地区组织来执行，联合国与地区伙伴间仍保持着代理分工的合作形式。2013 年 3 月 28 日，联合国安理会在第 2098（2013）号决议中授权成立干预旅，该部队起初由 3069 名士兵组成，分为 3 个步兵营、1 个炮兵连和 1 个特种部队和侦察连。[4]干预旅是联合国首次在维和行动中

---

〔1〕 See Refworld, "NGOs Concerned about New Democratic Republic of Congo the Intervention Brigade", https://www. refworld. org/docid/51ade6954. html, last access on June 26, 2019.

〔2〕 联刚稳定团使用的无人机具体指无人机系统（Unmanned Aerial Systems, UAS）。

〔3〕 See Inyenyeri News, "NGOs against MONUSCO Drones for Humanitarian Work", http://www. inyenyerinews. org/justice-and-reconciliation/ngos-against-monusco-drones-for-humanitarian-work/, last access on June 26, 2019.

〔4〕 参见联合国安理会第 2098（2013）号决议，2013 年 3 月 28 日，第 5 页；UN News, "Tanzanian Troops Arrive in Eastern DR Congo as Part of UN Intervention Brigade", https://news. un. org/en/story/2013/05/439332-tanzanian-troops-arrive-eastern-dr-congo-part-un-intervention-brigade#. UizEW9JJOE0, last access on June 25, 2019.

部署专门负责执行有针对性进攻行动的武装部队，其直接目标是打击威胁刚果（金）东部地区和平民安全的武装团体，重点是打击 2012 年开始兴起的 M23 运动组织。同时干预旅的创立也是刚签署的《刚果（金）和大湖地区和平、安全与合作框架文件》的直接成果。干预旅的首任指挥官是来自坦桑尼亚的詹姆斯·阿洛伊兹·姆瓦基博尔瓦（James Aloizi Mwakibolwa）将军。在其于 2012 年 10 月担任大湖会议军事评估小组的指挥官，负责评估刚果（金）东部的军事形势时，提出了创立干预旅的意见，意见很快得到了联合国以及非盟、南共体的支持，特别是南共体的响应最为积极。干预旅的会员主要来自南非、马拉维和坦桑尼亚三个南共体的会员国。这是次地区组织试图主导地区内安全事务的努力，也是用非洲办法解决非洲问题的一种实践。[1]

另一方面，刚果（金）安全形势的恶化加重了联合国与其伙伴的人道主义救援任务。2016 年末以来，刚果（金）东部地区的安全局势因总统选举推迟而进一步恶化，而之前已处于稳定的南部和中部的大片开赛地区因遭受新的暴力冲击而再次陷入冲突局势。2016 年，联合国难民事务高级专员公署授权的关注对象增加了 16%，达到 330 万人。但与此同时，刚果（金）区域办事处的预算却开始减少，从 2017 年 2.34 亿美元降至 1.5 亿美元，[2]加大了联合国难民事务高级专员公署资源筹措和物资投放的压力。并且，人道主义救援人员也面临着安全威胁，需要维和部队对其提供保护。部分国际人道主义非政府组织威胁，如果不采取任何措施确保它们的安全，它们的活动就会中断。13 家国际人道主义组织解释说，几个星期前，它们已经成为若干事件的受害者，包括武装人员抢劫和攻击它们的车队。人道主义者指出，它们的优先事项是提供紧急人道主义援助和执行发展项目，要求其工作人员的安全以及人道主义通道的安全，以便能够接触到需要援助的受益者。[3]

埃博拉病毒疫情的暴发加重了刚果（金）的非传统安全威胁，对于稳定

〔1〕 See Engelbert A. Rugeje, Sadiki Maeresera, "The United Nations Force Intervention Brigade: Wither the SADC/ICGLR Synchronized Peace Support Efforts in the Eastern Democratic Republic of Congo Recurring Conflict?", *Journal of International Studies*, Vol. 12, 2016, p. 68.

〔2〕 See UNDP Democratic Republic of the Congo Regional Office, http://reporting. unhcr. org/node/4874? y=2016#year, last access on June 23, 2019.

〔3〕 See MONUSCO UN Missions, "North Kivu: 13 International Humanitarian NGOs Threaten to Withdraw from Rutshuru Following Insecurity", https://monusco. unmissions. org/node/100043756, last access on June 26, 2019.

团提出了新的救援挑战。2014 年至 2016 年，西非地区暴发了埃博拉病毒疫情，疫情始于几内亚，然后开始跨界传播到了塞拉利昂、利比里亚和刚果（金）等。刚果（金）的人道主义形势因疫情的暴发而进一步恶化。自疫情暴发后，联刚稳定团协同刚果（金）卫生部、世界卫生组织、无国界医生、国际医疗队、国际医疗行动联盟等部门和国际组织一同管控疫情、进行人道主义救援，形成了应对疫情的伙伴关系。以世界卫生组织为代表的国际组织主要负责疫情监测、鼓励社区参与、病例管理、实验室服务、接触者追踪、感染控制、后勤支持、培训和安全埋葬等工作；[1]联刚稳定团则通过提供后勤支持、办公设施、交通、通信和安全保障，为应对疫情提供支持。[2]经多方努力，疫情一度得到控制。目前，世界卫生组织在北基伍有近 280 名工作人员，与其他部门和组织的人员协作，并已经建立了 6 个治疗中心。[3]尽管当地民众对于联刚稳定团在内的国际组织的救助行为有一些戒备和抵触，但疫情管控形成的伙伴关系有助于促进和改善联刚稳定团与刚果（金）政府间的关系。联合国主张埃博拉病毒疫情管控要以刚果（金）政府为领导，这一点得到了刚果（金）政府的赞许，约瑟夫·卡比拉总统也对于联刚稳定团的支持表示赞许。[4]与政府间关系的改善则有利于人道主义救援工作的进一步开展。

最后，虽然刚果（金）的冲突形势未能得以扭转，但是在刚果（金）的建设和平任务已经开始向善治和发展方向倾斜。刚果（金）在 2006 年成功举行选举后，联合国开发计划署开始对于其国家能力的恢复抱有更高的期望。

---

〔1〕 See World Health Organization, "Ebola Virus Disease", https://www. afro. who. int/health-topics/ebola-virus-disease, last access on June 24, 2019.

〔2〕 See World Health Organization, "New Measures and Strong Partnership Having Positive Impact on Ebola Response in the Democratic Republic of the Congo", https://www. who. int/news-room/detail/08-11-2018-new-measures-and-strong-partnership-having-positive-impact-on-ebola-response-in-the-democratic-republic-of-the-congo, last access on June 24, 2019.

〔3〕 See World Health Organization, "New Measures and Strong Partnership Having Positive Impact on Ebola Response in the Democratic Republic of the Congo", https://www. who. int/news-room/detail/08-11-2018-new-measures-and-strong-partnership-having-positive-impact-on-ebola-response-in-the-democratic-republic-of-the-congo, last access on June 24, 2019.

〔4〕 See What's in Blue, "Democratic Republic of the Congo: Resolution to be Adopted on Ebola", https://www. whatsinblue. org/2018/10/democratic-republic-of-the-congo-drc-resolution-to-be-adopted-on-ebola. php, last access on June 24, 2019.

2008年至2012年期间，善治和减贫是联合国开发计划署在刚果（金）的两大支助方案，具体内容包括支持选举制度、司法和安全改革、打击腐败、落实权力下放、打击森林砍伐和气候变化、冲突后的规划和稳定。在善治领域，针对选举援助，计划署协助独立国家选举委员会进行选民登记，征聘和培训了363 000名选举代理人，资助了30 000名国家观察员筹备2011年的选举；针对公共财政，计划署协助制定了公共财政条例，重组了司法部门的审计结构；针对安全部门，计划署参与了3527名警员的培训工作，在北基伍建立了第一家法医单位，并设立了一个法律援助中心，对国家武装的两个旅进行了基础设施支助，并为南基伍和伊图里地区的7000名士兵及其家属提供营地。在减贫领域，在联刚稳定团支持下，进一步落实刚果（金）西部的发展协调方案；制定小额信贷方案；为3万名退伍军人家属提供基本服务，包括南基伍地区的道路基础设施改造；为2600名性暴力和性别暴力受害者创造了收入；通过全球抗击艾滋病、结核病和疟疾基金对20.8万人进行筛查，并向4万多名艾滋病患者提供抗逆转录病毒治疗。[1] 从2013年开始，计划署将援助方案转向巩固和平和加强民主规划、发展和包容性增长气候变化和自然资源管理三个方面。[2]

2010年5月，世界银行与联合国相互协作，成立了世界银行—联合国应对脆弱性和冲突伙伴关系信托基金。信托基金为在中非、刚果（金）、几内亚比绍、利比里亚、南苏丹和也门执行项目提供了援助。这一时期世界银行对于刚果（金）的援助项目较联刚特派团时期有所不同，援助更集中在发展领域，其中很大一部分是基础设施建设项目，例如2010年6月和2013年6月的多式联运交通项目；2014年3月的因加3号电站与中型水电站建设技术援助项目；2016年2月的重点道路重新开放与维护项目；以及城市供水、机场改造等项目。援助的第二个重点是教育和卫生领域，再者是一些金融服务和对于中小企业的援助。

---

〔1〕　See UNDP in DRC, http://www. cd. undp. org/content/rdc/en/home/operations/about_ undp. html#, last access on June 23, 2019.

〔2〕　See UNDP in DRC, http://www. cd. undp. org/content/rdc/en/home/operations/about_ undp. html#, last access on June 23, 2019.

第三节　刚果（金）维和行动的评估与成效提升

一、刚果（金）维和行动的效率评估

即便联合国在刚果（金）维和行动的人员和资金规模最为庞大，但相较于刚果（金）广袤的国土，落后的基础设施、严峻的冲突环境以及复杂的任务授权，造成刚果（金）维和行动始终处于严重的能力赤字状态。[1]虽然刚果（金）维和行动的人员和资金预算规模大体上呈逐年增长的趋势，不过与此同时，行动的授权也在不断扩充，其任务范围包括稳定局势、保护平民和国家能力建设三大领域，是典型的综合型行动，其资源投入的增速不足以支撑其能力扩充。那么，从行动授权的完成结果来看，刚果（金）维和行动同样存在供给效率不足的问题。同样选取"维和行动人员授权人数与实际派遣人员间的差额"和"会员国缴纳维和摊款的拖欠情况"作为评估刚果（金）维和行动供给效率的两项指标。关于刚果（金）维和行动人员授权与实际派遣情况的具体评估对象是安理会历次授权维和人员数量的具体执行情况，安理会在联刚特派团和稳定团（截至2019年6月）共6次授权对于行动人员规模进行调整。关于评估时间节点的选取，鉴于安理会授权后需要一定的时间来执行，另外任何特派团都存在维和人员轮替的问题，因此特派团的维和人员统计每个月都会有所波动，本书统一截取在该授权结束最后一年的12月的实际派遣人数作为基准，如联刚特派团第一次授权是2000年，下一次授权是2003年，那么2000年授权的实际派遣人数的时间节点便为2002年12月。具体评估情况如表6-7所示：从统计结果可以看出，联合国刚果（金）维和行动普遍存在着人员供给赤字的问题，仅在2004年的授权期间出现过盈余情况。相比而言，联刚特派团人员赤字情况略好于稳定团的情况，但特派团人员供给

---

〔1〕　关于联刚特派团和稳定团的能力赤字问题在以下报告中均有提及：Center for Civilians in Conflict, *From Mandate to Mission: Mitigating Civilian Harm in UN Peacekeeping Operations in the DRC*, 2016; *Protection with Less Presence: How the Peacekeeping Operation in the Democratic Republic of Congo is Attempting to Deliver Protection with Fewer Resources*, 2017; Stimson Center and Better World Campaign, *Challenges and the Path Forward for MONUSCO*, 2016; Effectiveness of Peace Operations Network, *Assessing the Effectiveness of the United Nations Mission in the DRC/MONUC-MOUNUSCO*, 2019.

的波动幅度较大，而稳定团在两次授权间的赤字情况有明显好转。具体到维和人员的结构来看，从截取的 2010 年和 2017 年两次刚果（金）维和行动人员在职情况可以大致得出，刚果（金）维和行动的各类人员普遍存在供给赤字的问题，并且军事人员和警事人员的空缺情况最为严重。比较两次行动可以发现，联刚稳定团较特派团而言，军事人员的空缺率有明显改善，而警事人员，特别是建制警队人员的空缺则增加显著。

表6-7 联刚特派团人员供给赤字情况（单位：人）

联刚特派团的历次授权	授权人数	实际派遣人数	空缺率
安理会第 1291（2000）号决议	6037	4420	26.8%
安理会第 1484（2003）号决议	10 800	10 649	1.4%
安理会第 1565（2004）号决议	16 700	18 296	-9.6%
安理会第 1856（2007）号决议	22 016	20 509	6.8%

资料来源：笔者自制。

表6-8 联刚稳定团人员供给赤字情况（单位：人）

联刚稳定团的历次授权	授权人数	实际派遣人数 （时间节点要解释， 指明期间会有波动）	空缺率
安理会第 1925（2010）号决议	22 016	18 753	14.8%
安理会第 2348（2017）号决议	18 316	17 038	7.0%

资料来源：笔者自制。

表6-9 联刚特派团人力资源在职情况（2009 年 7 月 1 日～2010 年 6 月 30 日，单位：人）

类别	核定数	实际数（平均）	空缺率
军事观察员	760	704	7.4%
军事特遣队	19 815	18 208	8.1%
联合国警察	391	320	18.2%
建制警察部队	1050	852	18.9%
国际工作人员	1180	967	18.1%

类别	核定数	实际数（平均）	空缺率
本国工作人员	2855	2628	8.0%
联合国志愿人员	673	619	8.0%

资料来源：笔者根据联合国大会：《联合国组织刚果民主共和国稳定特派团 2009 年 7 月 1 日至 2010 年 6 月 30 日期间预算执行情况秘书长的报告》，A/65/682，2010 年 12 月 31 日，第 2 页统计绘制。

表 6-10　联刚稳定团人力资源在职情况（2016 年 7 月 1 日~2017 年 6 月 30 日，单位：人）

类别	核定数	实际数（平均）	空缺率
军事观察员	760	472	37.9%
军事特遣队	19 815	16 881	14.8%
联合国警察	391	322	17.6%
建制警察部队	1050	1049	0.1%
国际工作人员	885	778	12.1%
本国工作人员	2522	2350	6.8%
联合国志愿人员	419	364	13.1%

资料来源：笔者根据联合国大会：《联合国组织刚果民主共和国稳定特派团 2016 年 7 月 1 日至 2017 年 6 月 30 日期间预算执行情况秘书长的报告》，A/72/638，2017 年 11 月 11 日，第 4 页统计绘制。

关于会员国缴纳维和摊款的拖欠情况，刚果（金）维和行动的资金筹措数据特别资金项目虽然在联合国维和行动的整体预算中，但有独立的预算和账号。因此大会第五委员会每年会对该行动进行预算并由秘书长对上一年资金使用情况进行回顾，从而生成报告并由大会决议。本书便是根据联合国大会在 2010 年至 2018 年间关于联刚特派团和稳定团经费筹措的历年决议，统计了未缴摊款金额、未缴摊款金额约占该项行动摊款总额比例和截止时限内足额缴纳摊款的会员国数三项内容，统计结果见表 6-11 和 6-12。从统计结果可以得出，刚果（金）维和行动历年都存在拖欠摊款的情况，也就是其资金供给同样存在着赤字问题。不过，未缴摊款占摊款总额比例整体呈下降趋势，这在稳定团期间表现得更为平稳。但是在截至时限内足额缴纳摊款的会员国数量却出现了下降的趋势，尽管 2018 年出现了较大幅度的回升，但整体规模仍然很小，仅有 14% 的会员国。[1]当然，也有大量的会员国会在时限之外足额缴纳摊款，同时说明行动摊款的时效性严重不足。而未缴摊款占比和足额缴纳摊款的会员国数同时下降在某种程度上也能表明，及时缴纳了行动摊款的 14% 的会员国应该是维和行动摊款比例较大的国家。特别是在 2017 年，仅有 7 个国家在时限内足额缴纳摊款，并且未缴款比例仍维持在 2.2%，可以间接地说明大国普遍履行了其缴款义务。同时也间接地说明，支持刚果（金）的维和行动在大国间应该具有一定的共识。

表 6-11 联刚特派团摊款缴纳情况（单位：亿美元）

时限	未缴摊款	约占摊款总额比例	足额缴纳会员国数（个）
2003 年 4 月 30 日	1.397	9.1%	32
2004 年 4 月 30 日	1.111	6%	36
2005 年 4 月 30 日	无数据		
2006 年 4 月 30 日	1.721	5%	57
2007 年 4 月 30 日	2.434	6%	36
2008 年 4 月 30 日	3.436	7%	36
2009 年 4 月 30 日	2.740	4%	42
2010 年 4 月 30 日	1.551	2%	49

资料来源：根据联合国大会 2003 年~2010 年间关于联刚特派团经费的筹措决议统计。

表 6-12 联刚稳定团摊款缴纳情况（单位：亿美元）

时限	未缴摊款	约占摊款总额比例	足额缴纳会员国数（个）
2011 年 4 月 30 日	2.881	3%	44

---

〔1〕 根据联合国大会《以大会第 70/245 号决议通过的分摊比例表和大会第 70/246 号决议核准的各等级国家名单为基础制定的 2016 年 1 月 1 日至 2018 年 12 月 31 日维持和平行动实际摊款比率》，A/70/331/Add.1，2015 年 12 月 28 日，大会对 193 个会员国进行摊款比率核准。

时限	未缴摊款	约占摊款总额比例	足额缴纳会员国数（个）
2012 年 4 月 30 日	2.516	2%	60
2013 年 4 月 30 日	1.515	1%	52
2014 年 4 月 30 日	3.677	3%	28
2015 年 4 月 30 日	2.804	2%	27
2016 年 4 月 30 日	5.122	3%	15
2017 年 4 月 30 日	4.043	2.2%	7
2018 年 4 月 30 日	3.776	2%	27

资料来源：根据联合国大会 2011 年~2018 年间关于联刚稳定团经费的筹措决议统计。

二、刚果（金）维和行动的效力评估

评估刚果（金）维和行动的效力同样包括冲突管控情况与国家能力提升情况两个层面，其中冲突管控情况包含暴力的减缓、冲突的遏制、冲突的调解以及人道主义状况的改善四个子目标，国家能力提升情况包含汲取能力、强制能力、行政能力和制度能力四个子目标，具体评估结果见表 6-13 和 6-14。总体来看，联合国在刚果（金）的维和行动既未能有效地管控其境内的冲突情况，又未能对其国家能力进行有效建设。在联刚特派团和稳定团两个阶段期间，刚果（金）的冲突局势都出现了明显的恶化趋势，冲突事件有所增加，冲突范围有所扩散。在特派团期间，维和部队一度将冲突范围管控在东部地区。可是在稳定团期间，冲突范围再度蔓延，在刚果（金）中部地区再度复发。虽然刚果（金）维和行动以保护平民为核心任务，但其平民伤亡数量仍呈上升趋势，不过在稳定团期间，平民伤亡情况总体上有所缓解，好于特派团期间，刚果（金）的整体人道主义情况略微有所改善。同时也有研究指出，如果没有在刚果（金）派驻联合国维和行动，其人道主义情况会严重得多，死亡、强奸和人口流离失所的人数会大大增加。[1]刚果（金）维和行动的成功之处在于确保了刚果（金）领土的统一，避免了国家分裂情况的出现。行动还有效地将地区冲突管控为刚果（金）的国内冲突，在稳定团期间，邻国和地区大国武装干涉刚果（金）的情况基本结束。这很大一部分得益于维和行动有效地开展了解除武装、复员和返乡任务。自 2002 年以来，有32 000 多名境外前战斗人员及其家属，主要是前卢旺达民主解放阵线的人员被遣返回卢旺达。[2]

表 6-13　联合国刚果（金）维和行动冲突管控情况评估

联刚特派团 （1999 年~2009 年）	变量及其测量	时间（年）	
		1999	2009
暴力的减缓	和平持续的时间	间断	
	新危机、军事化的争端或战争（次）	420	633
	平民伤亡的数目（人）	2251	3871
冲突的遏制	根据地理坐标确定暴力行为的地点（个）	155	137
	活跃的参战者或参与方的数目（个）	22	26
	邻国（地区）的卷入情况	南非政府军、津巴布韦政府军、纳米比亚政府军、乌干达政府军、卢旺达政府军	乌干达政府军、卢旺达政府军、苏丹政府军
	主要大国或区域性大国卷入情况	南非	

---

〔1〕 See Effectiveness of Peace Operations Network, *Assessing the Effectiveness of the United Nations Mission in the DRC/MONUC-MOUNUSCO*, 2019, p. 23.

〔2〕 See UN Security Council, "Special Report of the Secretary-General on the Strategic Review of the United Nations Organization Stabilization Mission in the Democratic Republic of the Congo", S/2017/826, September 29, 2017, pp. 4, 9.

续表

联刚特派团 （1999年~2009年）	变量及其测量	时间（年）	
		1999	2009
冲突的调解	签署和平协定和条约	1999年《停火和停止敌对行动协定》；2003年《全面包容性协议》；2008年《和平协定》	
	内战国家的重新统一	国家实现统一	
人道主义状况的改善	流离失所人数（人）	238 952	2 416 500
	婴儿死亡率（每千人）	109.4	87
	受到种族灭绝公约规定的侵害人员的数量	有	
联刚稳定团 （2010年~2017年）	变量及其测量	时间（年）	
		2010	2017
暴力的减缓	和平持续的时间	间断	
	新危机、军事化的争端或战争（次）	286	829
	平民伤亡的数目（人）	964	1831
冲突的遏制	根据地理坐标确定暴力行为的地点（个）	56	317
	活跃的参战者或参与方的数目（个）	19	42
	邻国（地区）的卷入情况	乌干达反政府武装、安哥拉政府武装	
	主要大国或区域性大国卷入情况	南非	
冲突的调解	签署和平协定和条约	2013年《刚果（金）和大湖地区和平、安全与合作框架文件》；2016年《全面和包容各方的政治协议》	
	内战国家的重新统一	国家实现统一	

联刚特派团 （1999 年~2009 年）	变量及其测量	时间（年）	
		1999	2009
人道主义状况 的改善	流离失所人数（人）	1 763 780	4 863 162
	婴儿死亡率（每千人）	84.8	70
	受到种族灭绝公约规定的 侵害人员的数量	到 2017 年 6 月 30 日， 稳定团在开赛各省确 定了 42 个万人坑[1]	

资料来源：笔者自制。

　　联合国维和行动对于刚果（金）的国家能力建设同样收效甚微。刚果（金）国家在汲取能力、强制能力、行政能力和制度能力层面上，仅有汲取能力略有提升。而国家的强制能力和制度能力则处于波动状态。关于国家的强制能力，刚果（金）的国家武装力量有一定的提升，不过国家武装存在着过度使用武力的问题，[2] 而且有时还存在侵犯人权的行为。制度能力建设是联合国在刚果（金）维和行动中的一项优先的建设和平任务，对于刚果（金）的民主选举进行援助则是任务的具体体现。维和行动曾对刚果（金）2006 年和 2018 年的大选进行支助，并且还在大选到来之际积极地进行与选举有关的暴力预防工作。联合国的支助是大选能够顺利举行的重要原因。在 2018 年的大选过程中，刚果（金）政府明确拒绝联合国的选举援助。从 2018 年大选的顺利开展及其后刚果（金）国内暂时的稳定形势来看，刚果（金）的选举制度还是得到了一定的建设与发展。不过刚果（金）的政治制度尚未解决其国内的政治分裂和纷争，一些地方群体仍未整合到政权内，国家政权仍存在合法性问题，同时选举的可信性也存在质疑。这也是为什么刚果（金）每当举行选举都会诱发不同程度的冲突事件的原因。刚果（金）维和行动将过多的资源用于国家能力建设中的制度能力建设活动，这也是导致国家能力各个层面没有实现均衡发展的重要原因。

─────────────

〔1〕　参见联合国大会：《联合国组织刚果民主共和国稳定特派团 2016 年 7 月 1 日至 2017 年 6 月 30 日期间预算执行情况秘书长的报告》，A/72/638，2017 年 11 月 11 日，第 6 页。

〔2〕　参见联合国大会：《联合国组织刚果民主共和国稳定特派团 2016 年 7 月 1 日至 2017 年 6 月 30 日期间预算执行情况秘书长的报告》，A/72/638，2017 年 11 月 11 日，第 3 页。

表 6-14　联合国刚果（金）维和行动国家能力建设情况评估

联刚特派团 （1999 年~2009 年）	变量及其测量	时间（年）	
		1999	2009
汲取能力	相对政治能力	0.473	0.680
	自然资源收入占国内生产总值的比例	28.5%	31.9%
强制能力	军费占中央政府支出的比例	1.2%	0.7%
	每万人武装力量人数（人）	20.2	25.5
行政能力	官僚质量变量	0.0	0.0
制度能力	半民主政体	0	5
	政权寿命	0	3
联刚特派团 （2010 年~2016 年）	变量及其测量	时间（年）	
		2010	2016
汲取能力	相对政治能力	0.654	0.705
	自然资源收入占国内生产总值的比例	31.9%	28.9%
强制能力	军费占中央政府支出的比例	0.9%	0.9%
	每万人武装力量人数（人）	24.6	17.0
行政能力	官僚质量变量	0.0	0.0
制度能力	半民主政体	5	−3
	政权寿命	4	0

资料来源：笔者自制。

三、刚果（金）维和行动的成效提升

刚果（金）维和行动的一个重要特点是冲突管控和国家建设同时进行。其行动的逻辑在于刚果（金）的稳定取决于合法的民主政治制度的建立。这是典型的自由和平的逻辑。从当前行动评估结果来看，刚果（金）的冲突形势既没有得到有效的缓解，其国家能力也未得到明显的提升。刚果（金）已成为国际社会自由和平实践的一个失败案例，从国际公共安全产品角度究其原因，这是明显的决策者偏好聚合的结果。在自由和平思想指导下，维和行动的决策者根据教条的经验与臆想设计针对刚果（金）的公共安全产品，这些产品并未真正地满足刚果（金）的现实需求。产品的生产过程本身就存在资源不足、供给赤字的问题，而需求偏差更是造成了资源的错误利用与浪费，从而大大地削弱了刚果（金）维和行动的成效。

一方面，可供使用的有限资源造成了刚果（金）供给维和行动公共安全产品的效率较为低下。尽管联刚稳定团的维和行动是目前规模最大的一项维和行动，但是其规模仍不足以匹配刚果（金）辽阔的领土与复杂的任务环境。安理会不停地追加对联刚稳定团的任务授权，但始终未能对稳定团的实际能力进行战略评估。[1]联刚稳定团部队在全国范围内进行部署，这极大地分散了维和部队的力量，只有不到 1000 名联合国维和人员部署在拥有 950 万人口的首都金沙萨，稳定团没有能力处理大规模的暴力，特别是当暴力蔓延到城市地区时。这一责任仍然属于刚果（金）政府。为应对有限的维和人员与广阔的地理任务范围之间的差距，联刚稳定团采取了通过人员的快速投放以实现有效保护的策略（该策略的英文名称为"Protection Through Projection"）。这一策略将减少维和部队的基地，反之要求军事人员和文职人员具有高度的机动性，能够在没有建立基地的情况下快速临时地部署到安全局势正在恶化的地区。[2]这一策略虽然能减少建设基地的成本，但是对于维和人员的投放能力却提出了更高的要求，需要维和人员配备更为轻便的设备，碍于刚果（金）落后的地面交通基础设施，还需要更多的直升机等空中运输设备。可是目前的资源却无法满足这些需求。[3]随着联刚稳定团整体预算的逐渐削减，联刚稳定团将进一步减少在刚果（金）的部署，这将意味着需要进一步地削弱维和部队的早期预警和反应能力。总之，在刚果（金）整体安全形势尚未出现根本好转的情况下，国际社会已开始减少对于其公共安全产品供给资源的投入，这只能继续降低对其提供维和行动的供给效率，反之恶化其安全环境。

---

〔1〕 See Alan Doss, "United Nations Organization Mission in the Democratic Republic of the Congo (MONUC)", in *Oxford Handbook on United Nations Peacekeeping Operations*, Joachim A. Koops, Norrie Mac-Queen, Thierry Tardy, and Paul D. Williams eds., Oxford University Press, 2015, p. 660.

〔2〕 See Lauren Spink, "Protection with Less Presence: How the Peacekeeping Operation in the Democratic Republic of Congo is Attempting to Deliver Protection with Fewer Resources", *Center for Civilian in Conflict*, 2018, p. 3.

〔3〕 See Effectiveness of Peace Operations Network, *Assessing the Effectiveness of the United Nations Mission in the DRC/MONUC-MOUNUSCO*, 2019, p. 60.

另一方面，决策偏好导致的需求差异未能有效地通过国际公共安全产品塑造刚果（金）自身生产国内公共产品的能力。首先，未能处理好任务的优先次序。联合国确认了冲突后早期阶段建设和平的核心优先领域，包括提供基本的安全保障，支持政治进程，提供基本服务，恢复政府核心职能，振兴经济。[1]联合国没有指明这些优先领域之间的相互联系，似乎默认这些领域可以同步完成，而忽视了彼此是互为前提的。其中最重要的前提是，冲突后国家的政治进程、政府核心职能和基础经济的恢复应该在基本的安全得以保障的前提下实现。当一定的政治秩序和经济秩序得以恢复后，将进一步巩固安全形势。基本的安全保障也是国家能力最基本的维度，而强制手段则是基本安全保障的保障。根据马克斯·韦伯的国家理论，现代国家的根本特征是对强制手段的垄断。那么，国家建设的最低限度也应该是对于强制能力的建设，应确保国家对于其领土实行有效的控制。[2]不过，现实中，刚果（金）的建设和平工作却是在没有安全保障的前提下进行的。联刚特派团便是在伊图里地区安全形势十分严峻的情况下，支持过渡政府组织新宪法和举行大选。虽然选举过程得以顺利开展，但是武装反对派并没有被吸纳进政治进程，安全局势仍未缓解。同样选举并没有使刚果（金）实现自治，没有实现其政府机构特别是安全部队的独立运作。反之，联刚特派团更多地卷入了刚果（金）的国家事务中，其增加了50多项不同的任务。而且选举过程恶化了联合国与刚果（金）政府之间的关系。刚果（金）政府只是追求可操纵的选举结果而非自由公正的选举过程，这一点违背了联合国的初衷。而且约瑟夫·卡比拉错误地认为联合国始终是支持自己的。在2011年选举期间，约瑟夫·卡比拉意识到联合国并不能保证自身的利益时，与联合国的关系开始疏离，甚至阻挠联合国的维和行动。2018年9月25日，约瑟夫·卡比拉总统在联合国大会上发表演讲，呼吁联合国部队开始"有效和实质性"撤离。[3]并且，刚果（金）政府在2018年12月的总统和议会选举中也没有向联刚稳定团寻求帮

---

〔1〕 参见联合国大会、安全理事会：《秘书长关于冲突结束后立即建设和平的进展报告》，A/64/866-S/2010/386，2010年7月16日，第8页。

〔2〕 See Stein Sundstol Eriksen, "The Liberal Peace is Neither: Peacebuilding, State Building and the Reproduction of Conflict in Democratic Republic of Congo", *International Peacekeeping*, Vol. 16, No. 5, 2009, p. 653.

〔3〕 See UN News, "DR Congo President, in UN Speech, Vows 'Peaceful and Credible' Elections by Year End", https://news. un. org/en/story/2018/09/1021362, last access on August 12, 2019.

助。一旦得不到刚果（金）政府的支持，联合国的选举支持工作仅能发挥有限的作用，而且其他维和任务，尤其是人道主义援助工作同样也受到了阻碍。此外，选举有时还成了诱发刚果（金）武装冲突和社会冲突的导火索。

另外，刚果（金）政府具有集权不足与缺乏代表性的双重矛盾，不能公正地供给国内公共产品。在自由和平思想的指引下，联合国建和行动仅试图去解决问题的一方面，即试图解决公正性问题。可是，在联合国解决政体的公正性时却无意地削弱了刚果（金）政府的集权能力，这便削弱了其供给国内公共产品的能力。不同于国际无政府状态，国内社会则由具有最高权威的中央政府来提供公共产品。虽然通过多行为体合作可以提高公共产品供给水平，但是在诸多行为体中，政府仍是国内公共产品最主要的供给者。一个国家内部公共产品供给不足存在多项原因，其中最为关键的是一国的经济基础水平。但经济基础水平只是充分条件，在一定的经济基础条件下，高效地提供公共产品的能力则取决于该国政体与其社会经济发展水平是否相适应。同时，足够集权和强有力的国家政府则是必要条件。显然，现今的刚果（金）民主政治体制既缺乏集权又不具备公正性，并且与其社会经济发展水平存在显著差距。联合国建和行动先验地认为只要刚果（金）政府采用自由民主政体，就会自然地拥有供给公共产品的能力，至少会公正地分配公共产品。诚然，自由民主政体会确保公共产品得以公正地分配，不过前提在于该政体真正地吸纳社会中的不同群体的利益。从现实情况看，刚果（金）现有政体并非具有包容性，当权派与部分社会群体相互排斥。显然，联合国建和行动至多只能解决问题的一方面，即试图解决公正性问题。但是在联合国解决政体的公正性时，却同时又削弱了刚果（金）政府的集权程度。联合国建和行动中的一些权力去中心化、政府分权、市场经济的改革措施都严重地削弱了中央政府的强制性、汲取能力和合法性，反之赋予地方，甚至武装派别过多制衡中央政府的权力。因此，刚果（金）国家能力建设过程陷入了集权不足、代表性不足的两难境地。

那么，刚果（金）国家能力建设只能是一种僵局吗？如何突破国家集权与善治之间的闭环，是迫切需要解决的问题。显而易见，外部植入式的国家建设和民主化的努力收效甚微，刚果（金）要通过本土知识重建传统与现代的连接，在国家认同、制度建设和自主发展能力提升等方面寻求出符合自身逻辑的发展道路。而国际社会在对其援助实践中也应该以尊重刚果（金）本土知识为前提，设计出符合刚果（金）现实的公共安全产品。

其一，利用基于本土知识的冲突调解机制。国家机构缺乏或功能失调是冲突的因素，再加上传统领导人权威的削弱和争夺，这便为暴力冲突的恶化培育了土壤。刚果（金）国家机构往往不触及东部冲突地区的基层社群，并且基层社会对于国家权威也缺乏信任。从而，基层的一些部落首领、意见领袖等权威人士或是传统的民俗成了基层冲突重要的调解机制。例如，"Barazas"便是一个半正式的传统社区组织，其成员负责调解和解决纠纷，作出社区决策，管理包括农业和建筑在内的社区发展项目。这些重要的基层人士和组织掌握更为丰富和实用的当地情况和人际网络。而争端多围绕于土地问题，对于富含资源的土地的掠夺，以及被迫流离失所人群的返回通常会因土地问题而引起争端。但是，武装派别掠夺土地的过程中，往往也会驱逐或剥夺传统权威人士的利益和权威。这些权威人士同样也会试图重新整合社群以恢复权力，这个过程同样也是冲突的诱因。因此，联合国维和行动一方面应该利用这些基层人士和民俗来获取更为直接的冲突信息，并利用其人际网络来接触和沟通各利益攸关方。另一方面也应该积极疏导这些权威人士的利益诉求，避免其诱发争端。更为关键的是，联合国维和行动应将基层的冲突调解机制整合到国家层面的司法机制中，要帮助建立其国家与地方的沟通及仲裁渠道。

其二，建构基于本土知识的国家集体认同。集体身份认同对于有效的国家建设起着关键作用。当公民对他们是谁，以及他们应该如何合作有共同的观点时，更有可能产生促进和维持经济和政治发展所必需的国家合法性和善治。[1]显然，刚果（金）国家内部各群体间具有复杂的身份认同体系，认同的来源包括种族、宗教、部落或氏族等，有些群体的身份是多元的，在不同的社会语境下进行转化或是竞争。身份认同的差异并不必然导致冲突，但极易成为冲突的载体。为避免身份差异被过于放大，需要对于多元的身份认同进行一定的整合。在国家建设过程中，基于国家认同的集体身份和整合传统的多元身份认同既是现代国家建设的目标，同时也是建设过程的结果。国家

〔1〕 See Seth Kaplan, "Identity in Fragile States: Social Cohesion and State Building", *Development*, Vol. 52, No. 4, 2009, p. 466.

认同的构建是个求同存异的过程，是对既有的身份差异的超越。刚果（金）的本土知识有助于帮助寻求共同的身份记忆，黏合"国家"与"历史"的鸿沟。[1]在刚果（金）独立以来的各历史阶段几乎都存在构建国家认同集体身份的努力，特别是蒙博托时期。不同以往，现今的国家认同的建构是依附于国家的现代化和民主化过程的。在刚果（金）本土知识中的后殖民时代叙事，以及战乱所产生的共同伤痛记忆都可以作为凝聚国家意识和进行和平教育的重要素材，也是推动国家振兴的重要动力。同时，刚果（金）还可以从传统的政权制度中探寻现代国家建设的传统。例如，库巴王国时期的中央集权、官僚体制、法律体系都颇有现代国家制度的雏形，这也证明了刚果（金）传统本土知识中蕴含着现代化的基因。

其三，探索基于本土知识的国家发展模式。当前刚果（金）的发展模式存在寡头性和过度依赖资源部门的不可持续性双重问题。刚果（金）发展问题"最直接的政治因素是政治关系陷入依附主义、威权主义和庇护主义的泥淖，政治结构在供给公共产品上的低效率和低公正，政治制度在推进统合和发展上的孱弱无力等国家能力问题"[2]。而庇护性的政治制度必然会产生汲取性的经济制度。如何从汲取性的经济制度转向包容性和可持续性的经济制度，突破"寡头政治铁律"，则是国际社会援助刚果（金）经济建设的重要参考项。除去政治经济结构性的思考之外，从刚果（金）的本土知识中同样可以汲取出包容性和可持续性的发展理念。从包容性方面来讲，需要确保不同地区、不同族群的共同发展，仅通过市场原则难以实现这一目标，需要在经济成果分配过程中融合本土知识中的睦邻和社区互助等传统。从可持续性方面来讲，一方面应该寻求多部门、多领域的经济增长空间，避免过度依赖资源部门；另一方面，在发展资源经济的过程中，要注意兼顾资源开发与环境保护。国际社会也多鼓励刚果（金）基于基层社会、本土文化的资源保护措施，例如，一些国际发展组织与东部卡胡兹别加（Kahuzi-Biega）国家公园和伊托姆伯维（Itombwe）自然保护区附近的当地社区共同合作保护野生动植物，以及将社交媒体技术与当地居民的林木知识结合以保护森林等项目。

---

〔1〕　参见张永宏：《非洲：本土知识在国家建构进程中的作用》，载《自然辩证法》2016年第7期。

〔2〕　丁岭杰：《整合与能力：民族整合视域下国家能力构建探析》，载《世界经济与政治论坛》2019年第3期。

总而言之，刚果（金）的国家能力建设应是国际社会援助与本土知识相结合、政治制度与经济制度相互促进的共同结果。通过符合自身文化传统的发展模式来实现国家的政体模式与社会经济现实的契合，最终实现国内公共产品公正且充裕的供给。

结　语

　　自 1948 年联合国首次在中东地区设立联合国停战监督组织以来，联合国维和行动已经经历了 70 余年的发展历程。联合国维和行动是人道主义文明的曙光，体现了人类社会的博爱之心与责任，是国际社会通力协作贡献的重要国际公共安全产品。不过，联合国维和行动并非如水、空气那般不可或缺，它也一度遭到国际社会的质疑、批判，甚至成了权力政治的竞技场。即便如此，我们仍难以想象一个没有联合国维和行动的世界。缺乏这种集体的安全行动，冲突将更易蔓延，更多的人和社会将陷入人道主义危机，更多的国家将不得不提升防御和援助成本。不过，国际社会成员在提供联合国维和行动的过程中具有不同的积极性，主要取决于其联合公共安全产品的属性。供给维和行动的过程中会产生公利和私利不同程度的公共性结果，导致私有利益占维和总体利益的权重成了供给方的主要激励。从而，也意味着当激励不足时，供给维和行动的集体行动中也会存在"搭便车"现象和供给成效问题。在维和行动的人员供给方面，由于大部分维和人员由发展中的小国来提供，大国往往在搭小国的"便车"。正是基于其特有的公共产品属性，在 70 余年的发展历程中，联合国维和行动经历了独特的产品演化轨迹，形成了更为优化的供给模式，但是同时也存在决策和成效方面的诟病。

　　联合国维和行动在冷战前后经历了深刻的发展变化，即从一种单维的冲突管理方式演化为综合型的安全治理方式。本书使用"联合国维和"来指代联合国为维护国际和平与安全所从事的一切事务。联合国维和行动概念已经发展成了"维和+"的形式，即在以传统的监督停火、管控冲突为核心任务的基础上，向前延伸至冲突预防阶段，向后延伸至建设和平阶段，形成了一条完整的和平行动链条。不过，在实际操作中，维和行动越发偏离了这种纵向型的、阶段性的发展轨道，而是形成了横向型的、并列式发展的模式。也就是说，联合国希望将冲突预防和建设和平任务与维持和平任务同步进行。为此，联合国还提出了"保持和平"（sustaining peace）的概念。纵观联合国维和行动的产品演化轨迹，其经历了从单维型、多维型向综合型维和行动演化的过程，但这一过程也并非线性的。基于国际社会对于维和资源的节制、维和理念的演化以及对于伙伴关系的强调，联合国维和行动在未来的发展过程中将出现维和规模的精简化、维和任务的治理化、维和参与方的网络化等趋势。

联合国维和行动是国际社会成员最为广泛参与供给的国际公共产品，国际社会已经形成一个全球性的伙伴网络。联合国维和行动是国际多层次行为体合作和全球公私伙伴关系的集中体现。联合国维和供给是单一最大努力型与联合努力型相结合的模式，为实现一定的目标供给水平，既需要集体会员的共同努力，也需要个别大国发挥引领作用。联合国维和行动公私兼具的联合产品属性决定了其特有的生产供给模式，维和行动供给大体形成了一种会员间分工、伙伴间协作的具体模式。其中，发达会员国主要负责维和摊款与决策，发展中会员国负责人员贡献，联合国系统内机构发挥专业性职能，非联合国维和机制具有代理的职能，而非政府组织和企业发挥协助职能。需要指明的是，目前联合国发达会员国与发展中会员国间的分工并非完全基于比较优势的结果，而更近似于一种契约关系。本书还从维和行动供给方、需求方，以及维和制度变迁三个角度综合解释现有供给模式的成因。从供给方角度，会员间的分工是供给方私有利益占维和总体利益的比重计算的结果；从消费方角度，消费方的需求与偏好同样影响产品的多样性和复杂性，以及维和机制的竞合关系；从维和制度变迁角度，维和制度规则是维和行动供给方的利益与消费方的需求整合后的最终结果，维和制度规则决定了维和行动内容和维和手段、方式；维和内容以及执行手段、方式的变化和侧重不同，导致了维和组织结构、资源筹措机制的变化，最终形成了不同的供给模式。

从公共安全产品角度来看，联合国维和行动供给符合一定的经济规律，具有一定的合理性。不过，在对于维和行动的成效进行评估之后，并且基于国际社会和学界对于维和行动的批评，会发现联合国维和行动具有很大的成效问题，其作用结果远落后于预期。

　　从维和行动的决策角度来分析，维和行动决策表现出时效性差、内容宽泛且无法满足现实需求等问题的根本原因在于偏好差异。不同于其他公共产品存在消费者偏好汇聚的问题，维和行动决策结果是决策者们偏好集聚的结果，并未真正体现消费方的所需、所想，维和行动供给中的偏好问题本质变为了决策偏好难题。如同其他国际机制的决策模式，联合国维和行动的决策同样是一种代理决策制度。联合国秘书处、安理会和大会是主要的代理机构，也是维和行动的主要决策行为体。本书从维和行动决策的权力结构、决策规模（决策行为体数量和差异化程度）和决策结果三个方面解答维和决策存在弊端的原因。本书指出，在维和行动决策的权力结构方面，主要存在大国与小国、联合国系统内的组织部门间（主要表现为安理会、秘书处与大会之间）、联合国系统内的专家团体与冲突当事方的社会团体三个不同层面的权力差异，权力差异导致的最主要后果是维和决策的结果会倾向于权力优势方的偏好，这将严重影响维和行动作为公共安全产品所体现的公共性；在决策规模方面，维和决策的各行为体中会员数量规模和差异性并不一致，这将导致决策行为体内部和行为体之间形成不同的决策环境和决策成本，行为体间的协调难度过大，这不仅影响了决策的时效性，而且造成决策的偏好有时并没有明确指向；在决策结果方面，维和行动消费方由于在维和决策中缺乏合理的代表性而未能有效表述其真实需求，从而导致了一定的需求偏差。代表性的不合理具体体现为维和行动当事方不能参与决策，且当事方的社区民众的意见也未能被合理表达，以及缺乏女性代表参与决策。

　　那么，究竟该如何评估联合国维和行动呢？这既是一个基于实践的问题，也是基于价值取向的问题。基于既有的评估理论和框架，本书运用"成效"作为评估维和行动的总体标准，"成效"包含"效率"和"效力"两个维度，再分别以维和人员供给、资金供给、时效作为"效率"的子指标；冲突管控和国家能力作为"效力"的子指标，各子指标进一步包含相应的评估变量，从而构建出本书的评估框架。本书认为这样的评估框架不仅兼顾了维和行动国际公共安全产品属性中的商品属性和政治产品属性，而且还在一定程度上保持了价值中立。本书的评估结果认为，联合国维和行动具备一定的成效，主要表现为在多数时期内，联合国都有一定的资源保障维和行动的部署与实施，同时联合国维和行动也具备一定的效力。不过，维和行动供给仍存在明显的效率低下问题，维和人员供给不足、人员素质结构差异较大、维和人员部署和资金筹措时效性较差。而维和效率直接关系到维和行动的效力，但其并非唯一影响变量。就维和行动的效力而言，其冲突管控效力要明显好于对于当事方国家能力建设的效力。在冲突管控方面，维和行动可以很大程度上减缓暴力，遏制冲突的范围，并为冲突各方间的和解创造有利条件。在国家能力建设方面，联合国维和行动中的建设和平任务对国家能力的建设整体表现得不尽如人意，成效甚微。维和行动的国家建设任务在短、中期内都没有显示出明显的改善，某些国家的某项能力甚至出现了退转的趋势。而且也很难发现建设和平任务对于国家能力中的汲取能力、强制能力、行政能力和制度能力中的哪项更具影响力。但是，并不能排除建设和平任务会在更长期时间范围内发挥出明显效力的可能性。

那么，又该如何改善联合国维和行动的成效呢？从公共安全产品的角度，本书一方面从集体行动困境的层面来分析如何提高维和行动的效率问题，认为供给联合国维和行动的集体行动中也同样存在"搭便车"现象。但略不同于其他产品，发达国家往往在维和行动的人员供给方面搭小国的"便车"，而这种行为也似乎得到了发展中国家的默认。发达国家"搭便车"的行为不仅影响了维和行动整体人员的供给规模，也影响了维和人员的整体素质、能力。而且，大国的供给意愿有更为显著的示范效应，更容易影响到其他国家在提高维和行动效率方面的供给意愿，大国的贡献水平是极为重要的自变量。为实现一定的目标供给水平，个别大国发挥引领作用便显得极为必要。如果发展中会员持续默认发达国家的"搭便车"行为，即便这种近似分工的模式并不利于维和行动人员供给的整体水平，发达国家也务必为小国的维和人员提供更多的必要的培训以保证其业务素质，并为其配备优质的装备。此外，可以通过一些激励手段来减缓集体行动问题。这些激励手段既可以包括贸易、投资合作等"硬性"因素，也可以包括给予威望、自尊、社会存在感等的"软性"因素。再者，联合国维和框架外的不同维和机制间的复杂关系，也带来了供给的不确定性。多项不同机制共存或是创建新机制的成本较低的情况，会明显地稀释有限的维和资源，特别是造成联合国框架下的维和机制资源和权威流散较为明显，需要进一步完善和优化联合国维和行动供给的分工和代理机制。联合国应该在其伙伴关系网络中建立更为多元化的代理模式。这种代理模式实质上是联合国与其系统内专业机构、非联合国维和机制，以及其他国际、地区组织之间更为明确的分工体系。各伙伴间应凭借各自的比较优势，各取所长，承接维和行动中的各项专业任务，意味着联合国要为自身做减法，更多地发挥自身的政治和协调能力方面的优势。

　　另一方面，本书试图从国际公共产品与冲突后国家国内公共产品之间的关系着手来分析维和行动的效力提升问题。本书最根本的一点是探讨国际公共产品与冲突后国家国内公共产品的关系问题。两者之间是相互孤立的吗？如若不是，两者之间具备何种关系？相互补充性的，可以替代的，抑或其他？从公共产品的角度来看，针对国内冲突安全问题，和平路径大致可以分为两种，一种是国内公共产品的路径，也就是本书的根本理论出发点认为，国内公共产品充分和公正的供给是国内和平安全的根本保证。从这一路径出发，有效的供给公共产品是解决和平安全问题的主要出发点。另一种是国际公共产品的路径，即通过国际社会供给公共产品来解决和平安全问题。显然，这一路径是在冲突当事方无法提供公共产品时发挥作用。仅从联合国维和行动作为国际公共安全产品的角度，联合国维和建和行动可以作为国际公共产品与国内公共产品的有机结合。可以发现，对于冲突后的国家来说，国际公共产品与其国内公共产品之间并非孤立的关系。联合国维和行动在当事方冲突和冲突后初期可以发挥临时性安全部门的作用，这对于当事方的国内公共产品而言是补充性的。然而，联合国维和行动不能直接转化为或替代当事方的国内公共产品，尤其是联合国建设和平任务。这些任务仅能发挥塑造当事方国家能力的作用，间接地促进当事方供给国内公共产品的能力。这对于当事国的国内公共产品生产而言是塑造性的。

　　不过，从评估的结果来看，联合国维和建和的效力收效甚微。联合国过于教条地受制于"自由和平"思想，导致联合国建设和平的模式仍过于机械化和标准化，多数情况下未能真正反映当事方的实际情况。对于当事方来讲，联合国仅是外部干预者，未能转化为当事方国家能力建设的内部参与者。联合国提供的公共产品对于当事方的国家能力并没有内生性的生成能力。反之，本书认为一个国家政府有效地提供公共产品的先决条件是集权政府、一定的经济发展水平和与其相适应的政治体制。其中集权是必要条件，经济发展和合适的政体则是充分条件。因此，联合国对于冲突后的建设工作应首先聚焦在政府集权工作，主要体现在赋权和恢复职能两个方面。联合国应该将更多的资源集中于政府职能的恢复工作。其次，联合国应通过援助手段积极促进冲突后社会公共经济的恢复。最后，联合国还应该通过和平教育、公民教育等手段积极推动当事方国家认同的建构过程。需要明确的是，联合国维和建和行动的问题并不在于将自由、民主作为善治的目标，也并非民主制度与多民族发展中国家不相兼容，而是在于这些目标实现的路径。联合国目前也意识到了"地方所有权"的重要性，并且向"自下而上"的治理模式积极调整。相信联合国维和建和行动在不断改革发展的过程中会更具成效。

中国目前是联合国维和行动积极的参与者和贡献者。中国在冷战期间对于联合国维和行动抱持谨慎的态度，但从 20 世纪 90 年代开始，中国对联合国维和行动的态度从谨慎和不参与，逐步发展为越发关注和深入介入。[1]第一，在联合国的维和人员贡献中，中国呈现不断上升趋势，目前是安理会常任理事国中派出维和部队最多的国家，并且中国维和人员的素质、配备的装备都达到了西方国家的水准。中国不仅在联合国维和行动中同时部署民事和军事人员，而且中国的维和人员前往的多为和平脆弱地区，维和人员面临更为严峻的安全威胁。第二，中国的联合国维和摊款在不断攀升。自 2016 年超过日本后成为联合国维和行动第二大出资国，中国在维和总预算中的份额已占到 10.2% 左右。因此，中国在联合国维和分工中仍以资金贡献为主，但不同于西方国家，中国同时贡献着 2.8% 左右的维和人员，在资金和人员贡献间保持了一定的平衡。第三，中国参与的维和行动中并不存在明确的代理模式，但支持联合国建立广泛的全球维和伙伴关系，特别是与非盟之间的维和伙伴关系，与此同时，中国也与非盟保持着良好的安全伙伴关系。未来，随着中国的维和政策越加灵活与开放，不排除中国成为国际组织的维和代理方，或委托其他行为体执行维和行动的可能。为了更进一步履行好大国责任，推动国际社会的合作与联合国维和事业的发展，中国可以进行如下几方面的思考。

（一）中国增加国际维和资金与人员供给是否会引发大量"搭便车"问题

多方行为体间的博弈难免出现非意图性后果。维和产品因为其部分纯公共产品的属性，无法避免供给过程中的"搭便车"现象，这意味着中国扩大维和产品供给后，存在其他供给方减少或不愿提供供给的可能性，从而导致公共产品供给不可避免地出现"集体行动困境"。很难将西方国家对于联合国

---

〔1〕 参见［新西兰］马克·兰泰尼著，程子龙译：《试析中国维和观念的演变》，载《国际政治研究》2017 年第 4 期。

维和人员的消极贡献完全归咎于以中国为代表的发展中国家的积极表现，但
西方大国与发展中国家对于联合国维和人员的供给确实存在着此消彼长的趋
势。在中国增加了联合国维和摊款的份额时，美国政府却大幅削减了包括维
和经费在内的联合国经费。[1]即便如此，中国也应该继续做好榜样，履行大
国责任，努力寻求有效手段消除"搭便车"问题。

　　维和行动的"联合"属性为克服供给中的"搭便车"问题提供了可
能，[2]具体可以从如下两方面进行实践：一是中国应有针对性地选择对于维
和行动的供给。众所周知，国际合作难以达成的重要原因在于团体的大小与
合作的次数。[3]从加总技术的角度来看，维和产品的供给属于最佳表现
（Best shot）一类，即最大贡献者决定了产品的整体供给水平。[4]这就意味
着，在行动参与方过多且已经包含了贡献大国参与时，较易出现"搭便车"
现象。因此，当中国参与此种类型的维和行动时，很难承担领导角色，获得
额外收益。因为在安全公共产品的供给中，作为消费者的供给方获益大于其
他消费者，主导供给方往往可以获得一定的垄断性获益。[5]但这并不是说中
国应该回避与大国之间的维和合作，反之，中国可以与其他大国深化维和分
工，比如大国间可以分别主导自身利益比重较大的维和行动，或是在同一行
动中发挥各自的比较优势。二是中国应创造更多的选择性激励机制（selective
incentives）。维和产品中的私有产品属性同时会激励供给方的供给行为。当一
国为了获得更多的私有利益时，就必须在共同行动中作出自己的贡献。如果
这些由某一特定国家享有的私有利益是互补性的，各个国家希望在消费它们

---

　　[1] 参见毛瑞鹏：《特朗普政府改革联合国财政制度的目标及策略分析》，载《国际论坛》2017
年第 6 期。

　　[2] 公共产品如果不具有完全的消费的非排他性或非竞争性，那么排他性的消费机制和成本分
担机制就有可能建立，使国际合作成为可能。参见庞珣：《国际公共产品中集体行动困境的克服》，载
《世界经济与政治》2012 年第 7 期。

　　[3] See Mancur Olson, "Increasing the Incentives for International Cooperation", *International Organi-
zation*, Vol. 25, No. 4, 1971, pp. 866-874.

　　[4] See Daniel G. Arce M., "Asymmetric Leadership and International Public Goods", *Public Finance
Review*, Vol. 32, No. 5, 2004, p. 532.

　　[5] 参见张春：《国际公共产品的供应竞争及其出路——亚太地区二元格局与中美新型大国关系
建构》，载《当代亚太》2014 年第 6 期。

的同时也消费纯粹的公共收益，将有助于推动更多的而不是更少的供给。[1]中国可以选择为他国的维和人员提供更多的培训、一定的装备支持，或是在冲突后重建中为供应方营造更多的贸易、投资机遇等，也可以将在非安全领域的合作作为激励他国增加维和供给的手段。此外，中国还应认识到短期内的投入不仅会为国际社会带来更多的公共利益，而且从长远来看也会为自身带来更多的私有利益回报。

（二）中国应在通过建立代理模式实现自身利益的同时，维护国际维和行动的规范和原则

随着地区冲突形势越加复杂，维和任务越加广泛，单一的行为体越发难以单独胜任一项维和行动。联合国主导的维和行动存在着一定的局限和弊端，因为单边的维和行动在委托给另一方执行强制维和时，容易导致维和行动的武力使用有失规范。在此背景下，中国如何确保通过维和代理模式实现国家利益，既确保自身的自主性，还要达到维和效果，又要保证国际维和行动不违背联合国维和原则。本书认为，联合国仍然是中国参与国际维和行动的主要平台，"如果联合国需要，中国在联合国外自主开展的国际行动或项目，如海外发展援助项目、和平与安全项目、医疗队派遣项目、人道主义救助项目等"[2]。因此，中国应通过代理模式保持维和行动的灵活性和自主性。同时，中国也可以通过国家意愿联盟、其他国际组织执行维和行动。在联合国之外的维和行动中，中国既可以是行动发起者、重要参与方，也可以是某些任务的代理方或委托方，这取决于维和目标对于中国自身利益的权重大小。因此，代理模式有助于中国在维和行动的有限参与和全面参与间保持自由选择的空间，也有助于在实现自身利益的同时兼顾好国际责任的履行。更重要的是，中国在通过代理模式贡献维和行动时，仍将继续维护国际维和行动的规范与原则。中国一向对于维和行动中的强制手段和对于当事方政权的干涉持反对态度，强烈反对国际社会假借人道主义援助和平民保护干预他国内政。即便采取了代理模式供给维和产品，中国仍应规避强制和平和政权更迭等敏感问

---

〔1〕 参见［美］托德·桑德勒：《评估公共产品的最佳供应：寻找圣杯》，载［美］英吉·考尔等编，张春波、高静译：《全球化之道——全球公共产品的提供与管理》，人民出版社2006年版，第121页。

〔2〕 李东燕：《中国国际维和行动：概念与模式》，载《世界经济与政治》2018年第4期。

题领域，既不委托他方执行这些职能，也不接受他方的代理。中国应将合作重点集中在自身具有比较优势的领域，例如基础设施建设、发展援助、医疗救助、扫雷等领域。

（三）中国应思考如何在既有供给模式中精细化维和行动内容，同时建立更加广泛的维和伙伴关系网络

目前，国际维和行动的发展越发近似于安全治理。中国在参与国际维和行动时应转变思维模式。在不同的安全治理阶段，中国应该因时、因地提供相适宜的维和行动产品。实际上，中国在非洲的维和供给已经超越了传统安全范畴，已经拓展到了粮食、水、疾病等非传统安全问题领域，例如派遣技师、工程师重建冲突地区的水利设施、农业基础设施等。但中国的投入仍过于集中在"硬"基础设施层面，在诸如维和制度设计、塑造和平安全理念，以及传播治国理政经验等这些"软"基础设施层面还存在很大欠缺。未来，中国应进一步精细化、精准化维和产品的设计与供给。另一个值得注意的问题是，维和产品的充分供给、维和行动的有效执行更需要建立全球范围的伙伴关系网络。从国家层面，中国应加强与其他世界大国和地区大国之间的维和合作关系。虽然中国与西方大国，特别是美国，在维和重点、原则理念以及议程设置等方面有所不同，但在维和合作上具有共同利益，例如在维和训练、能力建设和联合国维和改革等领域，双方存在广阔的合作空间。[1]从国际组织层面，中国在维护联合国在维和行动中主导地位的同时，还应强化与地区组织、次区域组织之间的合作，注重和尊重东道主的地方所有权（local ownership），以便更好地协助地区组织和次区域组织发挥更大的作用。不仅如此，中国还应与国际非政府组织、市民社会建立良好的关系，重视这些组织在维和治理中扮演的角色和发挥的作用，这有助于传播中国的维和贡献。此外，中国还可以适当鼓励本国的非政府组织前往维和任务区协助执行人道救援、冲突预防等领域的任务，这既顺应了自下而上的安全治理发展趋势，也有助于维护中国的人道主义形象。

---

〔1〕　参见刘铁娃：《中美联合国维和行动比较与合作空间分析》，载《国际政治研究》2017 年第 4 期。

参考文献

A. 联合国官方文件

[1]《联合国宪章》，1945 年 10 月 24 日。

[2]《和平纲领：预防性外交、建立和平与维持和平》，1992 年 6 月 17 日，A/47/277-S/2411。

[3]《联合国和平行动小组报告》（《卜拉希米报告》），2000 年 8 月 21 日，A/55/305-S/2000/809。

[4]《一个更安全的世界：我们的共同责任——威胁、挑战和改革问题高级别小组的报告》，2004 年 12 月 2 日，A/59/565。

[5]《大自由：实现人人共享的发展、安全和人权》，2005 年 3 月 21 日，A/59/2005。

[6] 联合国和平行动问题高级别独立小组报告：《集中力量，促进和平：政治、伙伴关系和人民》，2015 年 6 月 17 日，A/70/95-S/2015/446。

[7]《联合国和平行动的未来——执行和平行动问题高级别独立小组的各项建议》，2015 年 9 月 2 日，A/70/357-S/2015/682。

[8]《联合国建设和平架构审查》，2016 年 5 月 12 日，A/RES/70/262。

[9]《建设和平和实现持久和平——建设和平委员会第九届会议的报告》，2016 年 6 月 22 日，A/70/714-S/2016/115。

[10] The United Nations General Assembly, *Restructuring of the United Nations Peace and Security Pillar Report of the Secretary-General*, 13 Oct 2017, A/72/525.

[11] The United Nations Department of Peacekeeping Operations and Department of Field Support, *United Nations Peacekeeping Operations*: *Principles and Guidelines*, 2008.

[12] The United Nations Department of Peacekeeping Operations and Department of Field Support,

Authority, *Command and Control in United Nations Peacekeeping Operations*, 2008.

[13] The United Nations Department of Peacekeeping Operations, *Handbook on United Nations Multidimensional Peacekeeping Operations*, 2003.

[14] The United Nations Department of Peacekeeping Operations, *United Nations Stand-by Arrangements System Military Handbook*, 2003.

[15] United Nations Department of Public Information, *The Blue Helmets-A Review of United Nations Peacekeeping*, 1996.

[16] The United Nations Department of Peacekeeping Operations, *General Guidelines for Peacekeeping Operations*, New York, 1995.

[17] United Nations Department of Peacekeeping Operations, *United Nations Military Observers Handbook*, 1995.

[18] United Nations Department of Peacekeeping Operations, *United Nations Civilian Police Handbook*, 1995.

[19] International Peace Academy, *Peacekeepers Handbook*, 1978.

B. 中国政府文件

[1]《中华人民共和国国防法》，1997年3月14日。

[2]《中国人民解放军参加联合国维持和平行动条例（试行）》，2012年3月22日。

[3]《习主席国防和军队建设重要论述读本》，解放军出版社2016年版。

[4] 中国国防白皮书《1998年中国的国防》《2000年中国的国防》《2002年中国的国防》《2004年中国的国防》《2006年中国的国防》《2008年中国的国防》《2010年中国的国防》《中国武装力量的多样化运用（2013年4月）》《2015年中国国防白皮书：中国的军事战略》。

[5]《中国为和平而来——习近平在联合国维和峰会上的讲话》，2015年9月28日。

[6]《携手构建合作共赢新伙伴 同心打造人类命运共同体——习近平在第七十届联合国大会一般性辩论时的讲话》，2015年9月28日。

C. 中文学术文献（依出版年份排列）

著作类：

[1] 张贵洪等：《中国与联合国》，江苏人民出版社2019年版。

[2] 张贵洪主编：《联合国与和平行动——联合国维和行动七十周年纪念文集》，时事出版社2019年版。

[3] 蒋圣力：《联合国维持和平行动法律问题研究》，法律出版社2019年版。

[4] 何银：《大国崛起与国际和平：联合国维和建和研究文集》，时事出版社 2018 年版。

[5] 扈大威：《冷战后国际关系中的冲突预防》，世界知识出版社 2018 年版。

[6] 胡建国主编：《维和改革与领导力构建论文集》，中国人民公安大学出版社、群众出版社 2017 年版。

[7] ［美］伊恩·赫德著，毛瑞鹏译：《无政府状态之后：联合国安理会中的合法性与权力》，上海人民出版社 2018 年版。

[8] 刘丹：《联合国维和行动的困境及前景》，时事出版社 2015 年版。

[9] 陆建新等：《国际维和学》，国防大学出版社 2015 年版。

[10] 中国联合国协会编：《联合国 70 年——成就与挑战》，世界知识出版社 2015 年版。

[11] 杜农一等：《新中国军事外交与国际维和研究》，国防大学出版社 2015 年版。

[12] ［美］德隆·阿西莫格鲁、詹姆斯·A. 罗宾逊著，李增刚译：《国家为什么会失败》，湖南科学技术出版社 2015 年版。

[13] ［美］乔·B. 史蒂文斯著，杨晓维等译：《集体选择经济学》，格致出版社、上海三联书店、上海人民出版社 2014 年版。

[14] ［美］保罗·F. 戴尔、丹尼尔·德鲁克曼著，聂军译：《和平行动的评价》，知识产权出版社 2013 年版。

[15] ［美］乔尔·S. 米格代尔著，李杨、郭一聪译：《社会中的国家：国家与社会如何相互改变与相互构成》，江苏人民出版社 2013 年版。

[16] 况守忠：《美国维和行动研究》，中国社会科学出版社 2012 年版。

[17] 尚昌仪：《中国维和行动：国之剑锋 至仁忘远》，长江文艺出版社 2012 年版。

[18] 陈东晓主编：《全球安全治理与联合国安全机制改革》，时事出版社 2012 年版。

[19] 聂军：《冲突中的守望——联合国维和行动成功条件研究》，世界知识出版社 2011 年版。

[20] 赵磊等：《中国参与联合国维持和平行动的前沿问题》，时事出版社 2011 年版。

[21] ［美］约翰·米勒著，王俊生、文雅译：《残留的战争》，中国人民大学出版社 2011 年版。

[22] ［英］奈尔·麦克法兰、云丰空著，张彦译：《人的安全与联合国：一部批判史》，浙江大学出版社 2011 年版。

[23] 赵磊：《构建和谐世界的重要实践——中国参与联合国维持和平行动研究》，中共中央党校出版社 2010 年版。

[24] ［美］保罗·肯尼迪著，卿劼译：《联合国过去与未来》，海南出版社 2008 年版。

[25] 赵磊：《建构和平：中国对联合国外交行为的演进》，九州出版社 2007 年版。

[26] ［美］查尔斯·蒂利著，魏洪钟译：《强制、资本和欧洲国家（公元 990-1992 年）》，上海人民出版社 2007 年版。

［27］中国国际战略学会军控与裁军研究中心编：《当代国际维和行动》，军事谊文出版社
　　　2006年版。

［28］孙萌：《联合国维和行动违法责任研究》，知识产权出版社2006年版。

［29］盛红生：《联合国维持和平行动法律问题研究》，时事出版社2006年版。

［30］［美］英吉·考尔等编，张春波译：《全球化之道——全球公共产品的提供与管理》，
　　　人民出版社2006年版。

［31］陈东晓等：《联合国：新议程和新挑战》，时事出版社2005年版。

［32］马约生、钱澄：《和平之愿——20世纪冲突与化解》，南京出版社2005年版。

［33］杜农一、陆建新主编：《维和行动概论》，军事谊文出版社2004年版。

［34］唐永胜、徐弃郁：《寻求复杂的平衡：国际安全机制与主权国家的参与》，世界知识
　　　出版社2004年版。

［35］贾永兴编译：《联合国及维和行动》，白山出版社2004年版。

［36］中国国际战略学会军控与裁军中心编：《国际维和行动新视角》，军事谊文出版社
　　　2003年版。

［37］王逸舟主编：《磨合中的建构——中国与国际组织关系的多视角透视》，中国发展出
　　　版社2003年版。

［38］魏宗雷等：《西方"人道主义干预"理论与实践》，时事出版社2003年版。

［39］门洪华：《和平的纬度：联合国集体安全机制研究》，上海人民出版社2002年版。

［40］李铁城主编：《世纪之交的联合国》，人民出版社2002年版。

［41］［美］小约瑟夫·奈著，张小明译：《理解国际冲突：理论与历史》，上海人民出版
　　　社2002年版。

［42］王杏芳主编：《联合国重大决策》，当代世界出版社2001年版。

［43］孙建中：《国家主权——理想与现实》，世界知识出版社2001年版。

［44］［美］伊莉莎白·埃克诺米、米歇尔·奥克森伯格主编，华宏勋等译：《中国参与世
　　　界》，新华出版社2001年版。

［45］李景龙等：《20世纪十大维和行动》，解放军出版社2000年版。

［46］刘明：《国际干预与国家主权》，四川人民出版社2000年版。

［47］梁西主编：《国际法》，武汉大学出版社2000年版。

［48］［美］理查德·N.哈斯著，殷雄、徐静译：《新干涉主义》，新华出版社2000年版。

［49］刘恩照：《联合国维持和平行动》，法律出版社1999年版。

［50］冯勇智、曾芳编著：《蓝箭出击——联合国维和行动大纪实》，辽宁人民出版社1999
　　　年版。

［51］李一文编著：《蓝盔行动——联合国与国际冲突》，当代世界出版社1998年版。

［52］张植荣主编：《联合国行动内幕》，海南出版社1998年版。

[53] 陈友谊等：《蓝盔在行动——联合国维和行动纪实》，江西人民出版社 1997 年版。

[54] 李铁城：《联合国五十年》，中国书籍出版社 1995 年版。

[55] 阎学通：《中国国家利益分析》，天津人民出版社 1996 年版。

[56] 袁士槟、钱文荣主编：《联合国机制与改革》，北京语言学院出版社 1995 年版。

[57] ［美］曼瑟尔·奥尔森著，陈郁等译：《集体行动的逻辑》，上海三联书店、上海人民出版社 1995 年版。

[58] 李铁城主编：《联合国的历程》，北京语言学院出版社 1993 年版。

[59] 陈鲁直、李铁城主编：《联合国与世界秩序》，北京语言学院出版社 1993 年版。

文章类：

[1] 李因才：《超越自由主义：建设和平的多元论争》，载《国际政治研究》2019 年第 1 期。

[2] 任晓：《从世界政府到"共生和平"》，载《国际观察》2019 年第 1 期。

[3] 何银：《反思联合国维和行动中的安全风险及应对》，载《世界经济与政治》2018 年第 5 期。

[4] 李东燕：《中国国际维和行动：概念与模式》，载《世界经济与政治》2018 年第 4 期。

[5] 蒋圣力：《论国际人道法在联合国维持和平行动中的适用》，载《西部法学评论》2018 年第 2 期。

[6] 周玉渊：《非洲维和伙伴关系：联合国维和改革与中国的角色》，载《外交评论（外交学院学报）》2018 年第 2 期。

[7] 张贵洪：《联合国与人类命运共同体》，载《当代世界与社会主义》2018 年第 1 期。

[8] 陈楷鑫、张贵洪：《联合国维和行动武力使用规范的思考》，载《湘潭大学学报（哲学社会科学版）》2018 年第 1 期。

[9] 李廷康：《美国通过联合国安理会授权使用武力问题研究——基于委托—代理理论》，载《国际关系研究》2018 年第 1 期。

[10] 盛红生：《中国参与联合国维持和平行动的国内法依据》，载《法学评论》2018 年第 1 期。

[11] ［澳］萨拉·泰特著，杨宏译：《"保护的责任"与中国的联合国维和政策》，载《国际政治研究》2017 年第 4 期。

[12] 刘铁娃：《中美联合国维和行动比较与合作空间分析》，载《国际政治研究》2017 年第 4 期。

[13] 孟文婷：《中国参与联合国维和行动的研究述评》，载《国际政治研究》2017 年第 4 期。

[14] ［新西兰］马克·兰泰尼著，程子龙译：《试析中国维和观念的演变》，载《国际政

治研究》2017 年第 4 期。

[15] 何银：《发展和平：联合国维和建和中的中国方案》，载《国际政治研究》2017 年第 4 期。

[16] 张晓磊：《日本参与联合国维和行动的新变化与战略动机分析》，载《东北亚学刊》 2017 年第 2 期。

[17] 何银：《联合国维和事务与中国维和话语权建设》，载《世界经济与政治》2016 年第 11 期。

[18] 卢张哲、濮方圆：《试析区域主导型维和行动对非洲恐怖主义威胁之应对》，载《武警学院学报》2016 年第 9 期。

[19] 胡二杰：《联合国马里维和行动的反恐挑战与成就》，载《当代世界》2016 年第 7 期。

[20] 张永宏：《非洲：本土知识在国家建构进程中的作用》，载《自然辩证法研究》2016 年第 7 期。

[21] 张逸潇：《大国政治意愿对联合国维和行动的影响》，载《武警学院学报》2015 年第 11 期。

[22] 汤蓓：《规则制定与联合国维和部队武力使用》，载《世界经济与政治》2015 年第 3 期。

[23] 吕蕊：《中国联合国维和行动 25 年：历程、问题与前瞻》，载《国际关系研究》2015 年第 3 期。

[24] 张逸潇：《从管理冲突到管理和平——联合国维和行动与冲突后国家的安全治理》，载《国际安全研究》2015 年第 1 期。

[25] 周琦、陈楷鑫：《联合国在非洲的维和行动与非盟的伙伴地位浅析》，载《当代世界与社会主义》2014 年第 6 期。

[26] 何银：《规范竞争与互补——以建设和平为例》，载《世界经济与政治》2014 年第 4 期。

[27] 何银：《联合国建设和平与人的安全保护》，载《国际安全研究》2014 年第 3 期。

[28] 李东燕：《从平民保护到安全治理——加强联合国与所在国政府及民间组织的合作》，载《国际安全研究》2014 年第 3 期。

[29] 方华：《联合国维和的原则与机制》，载《国际研究参考》2013 年第 11 期。

[30] 李东燕：《全球安全治理与中国的选择》，载《世界经济与政治》2013 年第 4 期。

[31] 贺建涛：《中等强国在联合国维和行动中地位边缘化的根源——以加拿大为例》，载《外交评论（外交学院学报）》2013 年第 4 期。

[32] 简军波：《欧盟参与联合国全球治理——基于"冲突性依赖"的合作》，载《欧洲研究》2013 年第 2 期。

［33］赵磊：《日本参与联合国维和行动的历史脉络及特征分析》，载《教学与研究》2012年第3期。

［34］赵磊：《冷战后美国维和政策的演变及特征》，载《美国研究》2011年第4期。

［35］余凯等：《试析冷战后美国维和行动政策的演变及未来走向》，载《南京政治学院学报》2010年第1期。

［36］张永义、周琦：《联合国维和机制改革问题析论》，载《湘潭大学学报（哲学社会科学版）》2009年第1期。

［37］聂军：《联合国维和行动成功的条件》，载《国际政治科学》2008年第2期。

［38］夏路：《联合国维和：集体安全?》，载《国际政治研究》2006年第3期。

［39］徐纬地：《摇摆与彷徨中的探索——联合国维和行动面临的困难与挑战》，载《世界经济与政治》2005年第5期。

［40］门洪华：《联合国维和机制的创新》，载《国际问题研究》2002年第6期。

［41］唐永胜：《联合国维和机制的演变及决定其未来走势的主要因素》，载《世界经济与政治》2001年第5期。

［42］陈鲁直：《美国与冷战后的联合国维持和平行动》，载《国际问题研究》2001年第2期。

［43］仪名海：《联合国和区域组织在解决地区冲突中相互关系初探》，载《前沿》2000年第5期。

［44］何曜：《联合国维和行动：冲突管理的理论框架分析》，载《欧洲》2000年第2期。

［45］黄仁伟：《冷战后联合国维和机制改革的影响及其与国家主权的冲突》，载《上海社会科学院学术季刊》1995年第4期。

D. 英文学术文献（依出版和发表年份排列）

著作类：

［1］Cedric de Coning, Mateja Peter eds., *United Nations Peace Operations in a Changing Global Order*, Palgrave Macmillan, 2019.

［2］John Karlsrud, *The UN at War: Peace Operations in a New Era*, Palgrave Macmillan, 2018.

［3］Kwame Akonor, *UN Peacekeeping in Africa: A Critical Examination and Recommendations for Improvement*, Springerlink, 2017.

［4］Moritz P. Moelle, *The International Responsibility of International Organizations: Cooperation in Peacekeeping Operations*, Cambridge University Press, 2017.

［5］Naazneen Barma, *The Peacebuilding Puzzle: Political Order in Post-Conflict States*, Cambridge University Press, 2016.

［6］Eirin Mobekk, *UN Peace Operations: Lessons from Haiti, 1994-2016*, Routledge, 2016.

［7］Malte Brosig, *Cooperative Peacekeeping in Africa: Exploring Regime Complexity*, Routledge, 2015.

［8］Nadège Sheehan, *The Economics of UN Peacekeeping*, Routledge, 2011.

［9］Paul F. Diehl, Alexandru Balas, *Peace Operations (second edition)*, Polity Press, 2014.

［10］Lesley J. Pruitt, *Youth Peacebuilding: Music, Gender, and Change*, State University of New York Press, 2013.

［11］Daniel H. Levine, *The Morality of Peacekeeping*, Edinburgh University Press, 2013.

［12］Alex J. Bellamy, Paul D. Williams, *Providing Peacekeepers: The Politics, Challenges, and Future of United Nations Peacekeeping Contributions*, OUP Oxford, 2013.

［13］Daniel Druckman, Paul F. Diehl, *Peace Operation Success: A Comparative Analysis*, Martinus Nijhoff Publishers, 2013.

［14］Jane Boulder ed. , *Responding to Conflict in Africa*, Palgrave, 2013.

［15］Linnéa Gelot, *Legitimacy, Peace Operations, and Regional-Global Security*, Routledge, 2012.

［16］Marc Lanteigne, Miwa Hirono, *China's Evolving Approach to Peacekeeping*, Routledge, 2014.

［17］Terry M. Mays, *Historical Dictionary of Multinational Peacekeeping*, Scarecrow Press, 2012.

［18］Adekeye Adebajo, *UN Peacekeeping in Africa: From Suez Crisis to the Sudan Conflicts*, Jacana Media, 2011.

［19］Dennis J. D. Sandole, *Peacebuilding*, Polity Press, 2011.

［20］Dominik Zaum, Christine Cheng, *Corruption and Post-Conflict Peacebuilding: Selling the Peace?* Routledge, 2011.

［21］Frederick Soderbaum, Rodrigo Tavares eds, *Regional Organizations in African Security*, Routledge, 2011.

［22］Laura Zanotti, *Governing Disorder: UN Peace Operations, International Security, and Democratization in the Post-cold War Era*, Pennsylvania State University Press, 2011.

［23］Alex J. Bellamy, Paul D. Williams, *Understanding Peacekeeping*, Polity Press, 2010.

［24］SeverineAutesserre, *The Trouble with the Congo: Local Violence and the Failure of International Peacebuilding*, Cambridge University Press, 2010.

［25］Lesley J. Pruitt, *The Women in Blue Helmets: Gender, Policing, and the UN's First All-Female Peacekeeping Unit*, State University of New York Press, 2010.

［26］Bates Gill, Chin-Hao Huang, *China's Expanding Role in Peacekeeping: Prospects and Policy Implications*, SIPRI, 2009.

［27］Tristan Anne Borer, John Darby, Siobhan McEvoy-Levy, *Peacebuilding After Peace Accords: The Challenges of Violence, Truth, and Youth*, University of Notre Dame Press, 2006.

［28］Sandra Whitworth, *Men, Militarism, and UN Peacekeeping: A Gendered Analysis*, Lynne

Rienner Publishers Inc, 2004.

[29] Scott Barrett, *Why Cooperate? The Incentive to Supply Global Public Goods*, Oxford University Press, 2007.

[30] William J. Durch, *Twenty First Century Peace Operations*, United States Institute of Peace Press, 2006.

[31] Terry M. Mays, *The A to Z of Multinational Peacekeeping*, Scarecrow Press, 2006.

[32] Norrie MacQueen, *Peacekeeping and the International System*, Routledge, 2006.

[33] Tristan Anne Borer, *Telling the Truths: Truth Telling and Peacebuilding in Post-conflict Societies*, University of Notre Dame Press, 2006.

[34] Siobhan McEvoy-Levy, *Troublemakers or Peacemakers? Youth and Post-accord Peace Building*, University of Notre Dame Press, 2006.

[35] Mely Caballero-Anthony, Amitav Acharya, *UN Peace Operations and Asian Security*, Routledge, 2006.

[36] Volker C. Franke, *Terrorism and Peacekeeping: New Security Challenges*, Greenwood Pubilshing Group, 2005.

[37] Francis Fukuyama, *State-building Governance and World Order in the 21st Century*, Cornell University Press, 2004.

[38] Todd Sandler, Daniel G. Arce M., *Regional Public Goods: Typologies, Provision, Financing and Development Assistance*, Almqvist & Wiksell International, 2002.

[39] Dennis Jett, *Why Peacekeeping Fails*, Palgrave Macmillan, 2001.

[40] Louise Olsson, Torrun L. Truggestad, *Women and International Peacekeeping*, Routledge, 2001.

[41] Oliver Ramsbotham, Tom Woodhouse, *Peacekeeping and Conflict Resolution*, Routledge, 2000.

[42] Jim Whitman, *Peacekeeping and the UN Agencies*, Routledge, 2013.

[43] Olara A. Otunnu, Michael W. Doyle, Nelson Mandela, *Peacemaking and Peacekeeping for the New Century*, Rowman & Littlefield, 1998.

[44] A. B. Fetherston, *Towards a Theory of UN Peacekeeping*, St. Martin's Press, 1994.

[45] Paul F. Diehl, *International Peacekeeping*, The Johns Hopkins University Press, 1993.

[46] William J. Durch, *The Evolution of UN Peacekeeping*, Palgrave Macmillan, 1993.

[47] Mark A. Boyer, *International Cooperation and Public Goods: Opportunities for the Western Alliances*, The Johns Hopkins University Press, 1993.

文章类:

[1] Cedric De Coning, "Adaptive Peacebuilding", *International Affairs*, Vol. 94, No. 2, 2018.

[2] Lisa M. Howard, Anjali K. Daval, "The Use of Force in UN Peacekeeping", *International*

Organization, Vol. 72, No. 1, 2018.

[3] Andrea Ruggeri et al. , "Winning the Peace Locally: UN Peacekeeping and Local Conflict", *International Organization*, Vol. 71, No. 1, 2017.

[4] Paul D. Williams, "Global and Regional Peacekeepers: Trends, Opportunities, Risks and a Way Ahead", *Global Policy*, Vol. 8, No. 1, 2017.

[5] Cedric de Coning, "From Peacebuilding to Sustaining Peace: Implications of Complexity for Resilience and Sustainability", *Resilience*, Vol. 4, No. 3, 2016.

[6] Sabrina Karim, Kyle Beardsley, "Explaining Sexual Exploitation and Abuse in Peacekeeping Missions: The Role of Female Peacekeepers and Gender Equality in Contributing Countries", *Journal of Peace Research*, Vol. 53, No. 1, 2016.

[7] Lisa Hultman et al. , "United Nations Peacekeeping Dynamics and the Duration of Post-Civil Conflict Peace", *Conflict Management and Peace Science*, Vol. 33, No. 3, 2016.

[8] John Karlsrud, "The UN at War: Examining the Consequences of Peace-enforcement Mandates for the UN Peacekeeping Operations in the CAR, the DRC and Mali", *Third World Quarterly*, Vol. 36, No. 1, 2015.

[9] Kyle Beardsley, Kristian Skrede Gleditsch, "Peacekeeping as Conflict Containment", *International Studies Review*, Vol. 17, No. 1, 2015.

[10] Paul D. Williams, Arthur Boutellis, "Partnership Peacekeeping: Challenges and Opportunities in the United Nations-African Union Relationship", *African Affairs*, Vol. 113, No. 451, 2014.

[11] Szymon Stojek, Jaroslav Tir, "The Supply Side of United Nations Peacekeeping Operations: Trade Ties and United Nations-Led Deployments to Civil War States", *European Journal of International Relations*, Vol. 21, No. 2, 2015.

[12] Gearoid Millar, "Disaggregating Hybridity: Why hybrid Institutions do not Produce Predictable Experiences of Peace", *Journal of Peace Research*, Vol. 51, No. 4, 2014.

[13] Åse Gilje østensen, "In the Business of Peace: The Political Influence of Private Military and Security Companies on UN Peacekeeping", *International Peacekeeping*, Vol. 20, No. 1, 2013.

[14] Benjamin Reilly, "Political Parties and Post-Conflict Peacebuilding", *Civil Wars*, Vol. 15, No. S1, 2013.

[15] Lisa Hultman et al. , "United Nations Peacekeeping and Civilian Protection in Civil War", *American Journal of Political Science*, Vol. 57, No. 4, 2013.

[16] Lisa Hultman, "UN Peace Operations and Protection of Civilians: Cheap Talk or Norm Implementation?", *Journal of Peace Research*, Vol. 50, No. 1, 2013.

[17] Oliver P. Richmond, "Resistance and the Post-liberal Peace", *Millennium-Journal of International Studies*, Vol. 38, No. 3, 2010.

［18］ Jonah Victor, "African Peacekeeping in Africa: Warlord Politics, Defense Economics, and State Legitimacy", *Journal of Peace Research*, Vol. 47, No. 2, 2010.

［19］ Jing Chen, "Explaining the Change in China's Attitude toward UN Peacekeeping: a norm change perspective", *Journal of Contemporary China*, Vol. 58, No. 18, 2009.

［20］ Randall W. Stone et al., "Choosing How to Cooperate: A Repeated Public-Goods Model of International Relations", *International Studies Quarterly*, Vol. 52, No. 2, 2008.

［21］ Michael Lipson, "Peacekeeping: Organized Hypocrisy?", *European Journal of International Relations*, Vol. 13, No. 1, 2007.

［22］ lex J. Bellamy, Paul D. Williams, "Who's Keeping the Peace? Regionalization and Contemporary Peace Operations", *International Security*, Vol. 29, No. 4, 2005.

［23］ Christopher Spearin, "Between Public Peacekeepers and Private Forces: Can there be a Third Way?", *International Peacekeeping*, Vol. 12, No. 2, 2005.

［24］ Oldrich Bures, "Private Military Companies: A Second Best Peacekeeping Option?", *International Peacekeeping*, Vol. 12, No. 4, 2005.

［25］ Virginia Page Fortna, "Does Peacekeeping Keep Peace? International Intervention and The Duration of Peace After Civil War", *International Studies Quarterly*, Vol. 48, No. 2, 2004.

［26］ Francis Kofi Abiew, "NGO-Military Relations in Peace Operations", *International Peacekeeping*, Vol. 10, No. 1, 2003.

［27］ Henry F. Carey, "Conclusion: NGO Dilemmas in Peace Process", *International Peacekeeping*, Vol. 10, No. 1, 2003.

［28］ James D. Fearon, David D. Laitin, "Ethnicity, Insurgency, and Civil War", American Political Science Review, Vol. 97, No. 1, 2003.

［29］ Todd Sandler, "Global and Regional Public Goods: A Prognosis for Collective Action", *Fiscal Studies*, Vol. 19, No. 3, 1998.

［30］ M. Taylor Fravel, "China's Attitude toward U. N. Peacekeeping Operations Since 1989", *Asian Survey*, Vol. 36, No. 11, 1996.

［31］ Paul Diehl et al., "United Nations Intervention and Recurring Conflict", *International Organization*, Vol. 50, No. 4, 1996.

［32］ William J. Durch, "Building on Sand: UN Peacekeeping in the Western Sahara", *International Security*, Vol. 17, No. 4, 1993.

［33］ Charles P. Kindleberger, "International Public Goods Without International Government", *American Economic Review*, Vol. 76, No. 1, 1986.

［34］ Todd Sandler, A. J. Culyer, "Joint Product and Intern-Jurisdictional Spillovers: Some Public Goods Geomerty", *Kyklos*, Vol. 35, No. 4, 1982.